DISCARD

Phillip C. McGraw

TÚ IMPORTAS

Cómo recrear la vida desde el interior

Traducción del inglés de
David González Raga

editorial **K**airós

Numancia, 117-121
08029 Barcelona
www.editorialkairos.com

Título original: SELF MATTERS

© 2001 by Phillip C. McGraw
All Rights Reserved.
Published by arrangement with the original publisher, Free Press,
a Division of Simon & Schuster, Inc.

© de la edición en castellano:
   2005 by Editorial Kairós, S.A.

Primera edición: Abril 2005

I.S.B.N.: 84-7245-587-4
Depósito legal: B-19.303/2005

Fotocomposición: Beluga y Mleka, s.c.p. Córcega 267. 08008 Barcelona
Impresión y encuadernación: Índice. C/Fluvià, 81-87. 08019 Barcelona

A mi esposa Robin,
sin la cual jamás hubiera podido llegar a sacar lo mejor de mí;
a mis hijos Jay y Jordan,
dos adolescentes maravillosos cuyo modo de ser es,
para mí, toda una lección de humildad
y a mi madre,
"abuela Jerry",
por hacerme sentir especial día tras día
y por mostrarme el verdadero significado de la gracia y el
coraje necesarios para afrontar las situaciones más difíciles.

También dedico este libro a la memoria de mi padre Joseph,
que jamás renunció y,
finalmente y tras superar grandes dificultades,
acabó conectando con su yo verdadero,
a la edad de setenta y dos años.

SUMARIO

AGRADECIMIENTOS

Escribir este libro ha sido una experiencia profundamente transformadora aunque, en ocasiones, personalmente muy difícil para mí, una empresa que jamás hubiera podido llevar a cabo sin la ayuda y el apoyo de un gran número de personas muy importantes y, en algunos casos, hasta esenciales en mi vida.

Debo comenzar dando las gracias a Robin, mi esposa y compañera desde hace casi treinta años. Robin ha sido para mí una fuente de orientación e inspiración para que mi vida brotara desde el interior. Su fe en mí y su apoyo me han proporcionado el valor necesario para buscar y encontrar el camino de regreso a mi yo verdadero y finalmente poder llegar a ser quien realmente soy, en lugar de limitarme a ser la persona que los demás querían que fuese. Sin su espíritu de aventura, hoy en día me hallaría atrapado en una vida que no tendría nada que ver conmigo.

También debo expresar mi agradecimiento a mis hijos, Jay y Jordan, por creer en mí y animarme. Ambos me apoyaron incondicionalmente sin caras largas que me hicieran sentir culpable por las muchas horas que tuve que invertir en la elaboración de este libro. Les doy las gracias por haberme permitido concentrarme en algo que, para mí, ha sido muy importante. En aquellos momentos en que dudé si el esfuerzo merecía el

9

trastorno vital que conllevaba, me bastó con mirarles a los ojos para que su esperanza y energía me respondieran con toda claridad. Sólo espero que, cuando sean adultos, sigan siendo tan especiales como lo son de adolescentes.

También estoy especialmente agradecido a Oprah, una amiga muy querida y una persona "esencial" que ha influido muy positivamente en mi vida. Fue precisamente una conversación que mantuve con ella durante un viaje en coche por una carretera desierta de Texas en lo más crudo del invierno la que me movilizó para comprometerme un día en desmitificar el concepto de yo y esbozar un mapa que pudiera ser de utilidad a quienes quisieran recuperar su autenticidad. Muchas gracias, Oprah, por «elevar tu listón y el mío», por aspirar a la excelencia y por alentarme a hacer lo que más me gusta. También te doy las gracias por participar de mi mundo y por dejarme participar del tuyo.

Cualquier mérito literario que el lector pueda descubrir en este libro debe agradecérselo a Jonathan Leach. Todavía no he escrito una sola página –en éste o en el resto de mis libros– que Jonathan no haya revisado, corregido y mejorado considerablemente. En mi opinión, eres una gran persona y espero que nuestra relación me haga mejorar como escritor y, en el proceso, también como persona. Es por ello por lo que te doy las gracias por haberme dedicado tantas noches y tantos fines de semana. (Aprovecho esta ocasión para decirle a su esposa Linda que ahora, al menos durante un tiempo, podrá disfrutar de él.)

Gracias también al doctor Frank Lawlis por todos los comentarios relativos a la forma y al contenido de este libro. Frank fue mi tutor en la universidad, dirigió mi tesis y, de un modo u otro, ha supervisado toda mi obra. Él permaneció a mi lado cuando le hubiera resultado mucho más sencillo no hacerlo y ha estado muy cerca durante toda mi vida. ¡A menudo hemos hablado de si fue él quien me enseñó todo lo que sé o de si, por casualidad, he llegado a las mismas conclusiones que él! Frank es, en mi opinión, la mayor autoridad en el campo de la psicología actual, y su comprensión y capacidad de análisis han desempeñado un papel muy importante en la elaboración de este libro. Su inhabitual especialización en los ámbitos de la psicología clínica y de la asesoría ha aportado a este libro la solidez de su experiencia, lo que me ha proporcionado una gran confianza.

También estoy en deuda con mi colega y amigo Gary Dobbs, padrino de mis hijos, por su permanente apoyo en todo lo que he emprendido a lo largo de la vida. Decididamente le siento a mi lado tanto en lo personal como en lo profesional y en lo espiritual. Desde hace mucho tiempo, Gary forma parte de la más reducida de las listas de "personas esenciales" de mi vida y su relación es, para mí, extraordinariamente importante.

Gracias asimismo a Jan Miller y a todo el personal administrativo de Dupree Miller. Jan es, actualmente, la agente literaria por excelencia y ha dedicado toda su energía y esfuerzo a que mi mensaje llegase a «todas las personas del planeta que sepan leer» (¡no se contenta con menos!). Su capacidad de aliento es tan asombrosa e inagotable que resulta imposible estar a su lado sin sentirse bien. Muchas gracias, Jan, por ser tan buena agente y una profesional de primera clase que nunca se cansa y, mucho más importante todavía, gracias también por tu amistad y aliento.

Asimismo estoy en deuda con Dave Khan, publicista, relaciones públicas, asistente, amigo, persona que nunca dice que no, mi pareja en los dobles de tenis y persona que sabe llevar las cosas a buen término. Dave vive y alienta mi intento de conectar con la gente. Su espíritu amable y su predisposición a zambullirse por completo en cualquier proyecto han contribuido muy positivamente a crear el espacio, el tiempo y la energía necesarios para que este proyecto acabase viendo la luz. Le estoy muy agradecido por su apoyo mientras estaba recluido, escribiendo como un ermitaño.

Gracias también a Scott Madsen, que cada mañana parece despertarse diciendo: «¿Qué podría hacer para ayudarte a que lleves a cabo lo que estás haciendo?». Scott es también un amigo y un apoyo que creó el espacio, el tiempo, la confianza y la energía necesarios para mantenerme lo suficientemente concentrado para que mi proyecto llegara a buen puerto.

También agradezco a Carolyn Reidy, presidente de Simon & Schuster, su apasionado compromiso con este libro.

En último lugar, pero no por ello menos importante, doy también las gracias a Dominick Anfuso, mi jefe de redacción en Simon & Schuster Source, por su implicación personal. Dominick, tu apoyo ha sido muy valioso y ha contribuido a que *Tú importas* fuese un libro mejor. Por ello te estoy sumamente agradecido.

TÚ IMPORTAS

La vida que no es analizada no merece la pena ser vivida.

PLATÓN

1. ¿Y SI…?

De algún modo, aprendemos a ser quienes realmente somos y luego vivimos en función de esa decisión.

ELEANOR ROOSEVELT

El sol caía a plomo sobre el joven que permanecía de pie en el solitario estacionamiento. No corría ni un soplo de aire y el reflejo de la solana de la tarde sobre el asfalto negro parecía fundirlo y abofetear su rostro como si alguien acabase de abrir la puerta de un horno. Difícilmente se hubiera visto en aquella situación de no haber estado de viaje y de no haber tenido que realizar aquella llamada a través de operadora desde un teléfono público.

No era la primera vez que llamaba a casa a cobro revertido pero, en aquella ocasión, las cosas eran muy diferentes y se aseguró bien de aclarar a la telefonista que el remitente no era el "señor X", sino el "doctor X". ¡Qué extraño le resultó oírle decir, cuando su padre respondió desde el otro lado de la línea, «Le llama el doctor X». Finalmente, y tras un periplo largo y difícil, el "doctor hijo" llamaba por teléfono al "doctor padre". Para ser exactos, había sido un viaje de once años, trescientas horas de créditos universitarios, decenas de miles de páginas leídas y estudiadas, muchos cientos de noches en vela preparando trabajos y exámenes, y miles y miles de caminatas desde el estacionamiento hasta el hospital, en donde los alumnos, los internos y los residentes eran tratados como los últimos monos. En los últimos meses había soportado los omnipresentes efluvios acres de la orina mezclada con la Thorazina que impregnaban la fría y desangelada sala de psiquiatría –a la que algunos llamaban "almacén"– del hospital estatal de veteranos en donde había pasado tantos y tantos días y noches tratando –aunque algunos insistirían en decir que "almacenando"– a los internos.

No menos difíciles habían sido los días, semanas y hasta meses de relación con una amplia diversidad de profesores inseguros y "emocionalmente interesados", muchos de los cuales eran simples jefecillos de bata blanca ansiosos por ejercer el poder en sus diminutos feudos. Sus tormentos habían concluido un inolvidable día del último curso, cuando atravesó los pasillos de la facultad para llegar a tiempo al hospital, provisto de una carta de dimisión firmada y dispuesto a presentarla a un tutor hambriento de poder cuyo carácter "retentivo-anal" había acabado convirtiéndole en un verdugo.

Pero todo aquello había quedado ya decididamente atrás. Recordó a uno de sus profesores favoritos diciéndole que nunca lo conseguiría porque tenía una "actitud negativa" y se negaba a "hacer la pelota". Él fue quien le dijo: «Tienes demasiadas posibilidades y no estás tan desesperado como para conformarte con aceptar el fracaso de que no sirves». Pero finalmente todo esto había quedado atrás. Uno tras otro, los distintos jefes de departamento habían aprobado formalmente sus exámenes finales, le habían dado la mano y le habían felicitado por haber conseguido doctorarse. ¡Ya era doctor! Por eso sabía muy bien lo orgulloso que iba a estar su padre al recibir aquella llamada telefónica que representaba un importante paso hacia delante en la realización del sueño de su padre ¡Padre e hijo trabajando codo con codo en la misma consulta!

El conocimiento de los deseos y sueños de su padre había pesado mucho durante toda aquella larga pugna. Su familia era de origen muy humilde. De hecho, el joven doctor y su padre eran los únicos de toda la familia que habían ido a la universidad y, obviamente, también los únicos en haber conseguido el título de doctor. No es de extrañar que aquella llamada telefónica fuese tan importante. El largo viaje había concluido, estaba a punto de lograrse el objetivo y sus padres y el resto de la familia se sentían muy orgullosos de él.

Pronto abriría una floreciente consulta y se embarcaría en ella con toda su energía y dedicación, lo que significaría acabar de una vez con los problemas económicos para él y su joven esposa. Se acabó conducir un coche de segunda mano, se acabó vivir en apartamentos tan pequeños que les obligaban a salir al exterior para estirar las piernas y, por encima de todo, el joven doctor tendría finalmente la oportunidad que tanto había esperado de ayudar a la gente. ¿Qué podía haber de malo en todo eso?

Pero mientras permanecía de pie en aquel estacionamiento pronunciando emocionado las esperadas palabras y escuchó el tono eufórico de la respuesta de su padre, dirigió la mirada hacia su esposa –la única persona del mundo que le conocía bien–, que aguardaba sentada en el coche y, apenas la vio, supo que algo iba mal. ¿Cómo podía estar todo tan bien y, sin embargo, sentirse tan mal? La miró a los ojos y, sin mediar palabra, supo que ella también lo sabía.

Pero estaba decidido a ser un buen chico y a no crear problemas, de modo que desoyó aquella sensación y siguió adelante. A partir de aquel momento las cosas se precipitaron, los pensamientos inquietantes pasaron a un segundo plano y, en su lugar, se dedicó a tratar de satisfacer las esperanzas de las personas que le querían. Entonces se dijo que, muy probablemente, sólo sería un poco de ansiedad; nada, en suma, de lo que hubiera de preocuparse. Así que se armó de una buena dosis de obediencia y, con una ingenuidad que sólo puede hallar justificación en su juventud e ingenuidad, dejó atrás alguna que otra duda y un ligero desasosiego –que se resistía a desaparecer– y se puso manos a la obra. Todo el mundo, a fin de cuentas, estaba orgulloso de él.

Entonces se hizo con toda solemnidad la siguiente promesa: Gane el dinero que gane, en el mismo momento en que descubra que hago las cosas por rutina y que sólo estoy trabajando para ganarme la vida, daré media vuelta y lo abandonaré todo. ¡Nunca me venderé ni viviré una vida estéril por el hecho de que sea más seguro y más sencillo o de que sea lo que los demás esperan de mí! No soy una bestia de carga. Si consigo tener éxito en esto, también podré tenerlo en muchas otras cosas, de modo que no habrá ningún problema.

Diez años más tarde…

Diez años y miles de pacientes más tarde, el ya no tan joven, ya no tan simple y ya no tan ingenuo doctor y su esposa bajaban del *jet* privado de uno de sus clientes en el ajetreado aeropuerto de una bulliciosa ciudad. Era una tarde fresca y hermosa de domingo del mes de octubre. Su clientela había aumentado hasta llegar a ser una de las más nutridas de todo el país. ¿Podría decirse, aunque dominaba su profesión que había alcanzado el éxito? Desde luego que sí, desde cualquier punto de vista. Tenía la vida asegurada, vivía en una casa preciosa, conducía los mejores coches, tenía dos hijos extraordinarios, una esposa maravillosa y unos padres que estaban muy orgullosos de él. Realmente lo tenía todo.

¿Pero por qué no se sentía, entonces, mejor que diez años atrás, cuando llamó por teléfono a su padre desde el teléfono público de aquel estacionamiento soleado y desértico? Su antigua promesa le pesaba tanto que a veces deseaba no haberla pronunciado. Había ocasiones en que "la verdad" parecía imponérsele, especialmente cuando estaba muy cansado o en esos raros momentos en que se permitía estar sin hacer nada. Odiaba aquellos momentos porque entonces era cuando su realidad interna parecía burlarse de él… «En el mismo momento en que descubra que hago las cosas por rutina y que sólo estoy trabajando para ganarme la vida, daré media vuelta y lo abandonaré todo. ¡Nunca me venderé ni viviré una vida estéril por el simple hecho de que sea más seguro y más sencillo o de que sea lo que los demás esperan de mí!».

Aquella promesa le aterraba porque, en su fuero interno, sabía que había acabado "vendiéndose" al dinero y a la posición social, cosa que se juró que jamás ocurriría. Lejos, pues, de estar apasionadamente comprometido con su vida, se sentía atrapado por ella. Una parte de su ser todavía recordaba lo que era vivir con entusiasmo, esperanza, optimismo y energía. Era la parte que se había negado a sucumbir y a contentarse con los papeles que le asignaba un mundo indiferente y, en ocasiones, implacable. Aquella era la parte de su idea del yo que sólo quería volver a jugar el juego que a él la gustaba, el único juego que, para él, tenía sentido, aunque no lo tuviera para nadie más. Éste es el aspecto íntimo y habitualmente negado de nosotros mismos que no quiere depender de lo que los demás esperan de nosotros, el aspecto –habitualmente silencioso– que sabe bien lo que es la autenticidad.

Porque lo cierto era que su vida, si bien satisfacía a muchas personas bienintencionadas, le resultaba profundamente insatisfactoria y, de haberlo sabido, jamás la hubiera elegido deliberadamente. Estaba haciendo lo que hacía simplemente porque era lo mismo que había hecho su padre. Vivía en un lugar que no le gustaba y que, de hecho, era el último que hubiera elegido. Por más que muchos admirasen su posición, su corazón no se sentía a gusto y, en consecuencia, no vivía de manera natural, sino que todo le costaba un gran esfuerzo. El entusiasmo y la pasión hacía tiempo que habían desaparecido de su vida. Ignoraba sus verdaderos sueños y la vida le resultaba cada vez más difícil. Y es que tratar de ser alguien que uno no es resulta ciertamente agotador.

Evidentemente, esto no es ninguna tragedia porque, a fin de cuentas, «¡vaya problema tener que trabajar en una cómoda oficina todo el día!». No es el tipo de problema del que se hacen eco las noticias de la noche. ¿Acaso no podía ser feliz? Después de todo, su matrimonio y su familia funcionaban muy bien. ¿No podía contentarse con ello y seguir adelante? Sí, pero, a medida que pasaban los días, las semanas, los meses y los años, las cosas le resultaban cada vez más difíciles. En ocasiones escuchaba una voz –la suya– diciéndole que lo abandonara todo, pero no reaccionaba. A veces le parecía más fácil no pensar. ¿Es tan importante, después de todo, sentirse bien y entusiasmado con lo que uno hace? ¿No será que, a fin de cuentas, la expectativa de ser fiel a sí mismo no es más que un sueño romántico? ¿Acaso no debería estar agradecido por las muchas bendiciones con que le había bendecido la vida y que parecía advertir en las miradas de los demás?

Entonces pensó que tal vez necesitara un cambio, que quizás debiera abandonarlo todo y buscar algo que realmente le apasionase. Pero no resulta tan fácil olvidarse de sus "responsabilidades". ¡Por el amor de Dios, tenía esposa e hijos! ¿Cómo iba a pedirles que renunciasen a sus amigos, sus escuelas y sus vidas para que él pudiera dedicarse a perseguir lo que tal vez no fuese más que un sueño? A veces se preguntaba si no era el miedo lo que le mantenía atado, y en otras se consideraba una simple bestia de carga. Tal vez no tenía el menor talento. Tal vez simplemente había tenido suerte y nunca alcanzaría el éxito en otra actividad. Ya no confiaba tan fácilmente en sí mismo como tiempo atrás. Es cierto que esa parte todavía estaba allí, pero la conexión iba debilitándose y la imagen que antaño le resultaba tan clara y definida iba haciéndose cada vez más oscura y borrosa.

En el mismo momento en que estaba pensando todas estas cosas, su esposa le preguntó: «¿Dónde estabas ahora mismo? ¡Tienes que contarme lo que piensas! Dime dónde estás cuando tus ojos parecen perderse en la lejanía». Fue como si le hubiera leído los pensamientos. «Es como si –insistió– cada día perdiese una parte de ti. Cuando estamos a solas o con nuestros hijos vuelvo a recuperarte y todo vuelve a ser como antes de esto a lo que nos hemos acostumbrado a considerar nuestra vida. Pero, apenas reaparece el mundo es como si te desconectases de nuevo y, cuando suena el teléfono, se rompe el hechizo y te conviertes en una persona completamente diferente, como si no fueras más que un robot.»

Por alguna razón, aquella hermosa tarde de otoño, atravesando la ciudad con la capota bajada y sintiendo la fresca brisa del aire, decidió dejar de negarse a sí mismo de una vez por todas. Entonces tomó la resolución de expresar sus sentimientos y decir la verdad: «¡Estoy haciendo el tonto! ¡Odio decirte todo esto, pero estoy harto de buena parte de mi vida! Me odio a mí mismo por haberme metido en este callejón sin salida. Odio mi trabajo, odio el lugar en que vivimos y odio casi todo lo que hago. Lo he odiado incluso desde antes de empezar. Cuando, hace diez años, llamé por teléfono a mi padre desde aquel estacionamiento, sabía que no quería vivir en este pueblo de mala muerte y dedicarme a esta profesión abandonada de la mano de Dios. He malgastado mi tiempo y ahora me encuentro atrapado en una vida que aborrezco. Sólo tuve en cuenta lo que los demás querían de mí y me olvidé de lo que yo mismo quería. No tengo las menores ganas de hacer lo que estoy haciendo. Hago sólo lo que tengo que hacer y cada vez me resulta más difícil. Mi vida debería entusiasmarme, pero no lo hace, ni de lejos. Os estoy engañando a ti y a los niños, porque hace tiempo que he dejado de ser yo. Me siento atrapado y me siento agotado, completamente agotado. Estoy a punto de cumplir los cuarenta, he malgastado diez años de mi vida y ya no podré recuperarlos. Me siento muy mal diciéndote todo esto. No quiero crear problemas, pero odio mi vida y, si por mí fuera, lo abandonaría todo, me mudaría a otro lugar y me dedicaría a hacer lo que quiero en un lugar en el que me encontrase a gusto. Lo siento mucho, pero ésta es la verdad. Me siento fracasado. Lamento mucho contarte todo esto, pero tú me has pedido que te lo contase. Estoy tan cansado de estar cansado que ya no me queda energía. Estoy cansado de no despertarme entusiasmado cada mañana. Estoy harto de no estar orgulloso de lo que hago ni de lo que soy. Y no hay nadie, sino yo mismo, que sea culpable de esto porque, en el fondo, no tuve la valentía de crear mi propia vida. ¿Tan estúpido te parece?».

Conozco todos los detalles de esta historia, incluyendo lo que se dijo en aquel coche, porque yo estaba allí y esa historia, incluida la "confesión", es la mía. Yo era el joven que, en 1979, llamó desde aquel estacionamiento y que, en 1989, abandonó en coche Love Field en Dallas (Texas), con mi esposa, Robin.

Durante estos diez años viví una vida completamente absurda. Lo que en ese tiempo hice y las decisiones que tomé no tenían nada que ver con lo que yo era ni con lo que quería. Había renunciado a las cosas que me apasionaban y me dedicaba a hacer otras en las que no tenía puesto mi corazón. Por un lado, me hallaba en una zona cómoda en la que mi vida se sentía "segura", porque todo era tan estable y previsible como el tic-tac de un reloj. Pero el problema era que todo lo que hacía estaba destinado a complacer y a satisfacer las expectativas de los demás, al tiempo que ignoraba completamente las mías. Era un miserable. Si, en aquella época, alguien me hubiera preguntado: «¿Es éste el tipo de vida que quiere?» «¿Es ésta la carrera que quiere?» «¿Está cumpliendo sus objetivos?», mi respuesta sincera hubiera debido ser: «¡No, de ninguna manera!». Yo sabía que no vivía la vida que quería vivir, sabía que había algo incorrecto en mi vida pero, durante estos diez años, miré hacia otro lado porque me pareció más sencillo seguir adelante que llevar la contraria a los demás. En lugar de ocuparme del sufrimiento sordo que experimentaba continuamente, en lugar de tratar de arrancar de raíz lo que me molestaba, tomé la decisión de "seguir adelante". Ésa era, por más estúpido que parezca, la verdad.

Llegué a familiarizarme tanto con el molesto y constante vacío de una vida despojada de sentido que acabó convirtiéndose en una especie de amigo al que conocía desde casi toda la vida. Me ignoraba a mí mismo y vivía para personas y objetivos que no eran los míos. Me traicioné a mí mismo y mi lugar lo usurpó un sustituto ficticio definido desde el exterior. Me traicioné a mí mismo y mi vida y mi experiencia se convirtieron en un engaño y una ficción.

Todo lo que hice –perfecto, por otra parte, para cualquiera que se hubiera sentido apasionado por ello– era para mí tan antinatural como lo sería para un perro tratar de volar. No hay nada equivocado en tratar de volar, a menos que uno sea un sabueso, en lugar de un águila. Yo quería a mi familia, pero cualquier otro aspecto de mi vida era para mí una experiencia difícil y dolorosa, porque no salía de mi corazón y no brotaba de mi yo verdadero. Pero a todos los problemas derivados de ser y hacer algo ajeno a mi verdadero yo había que agregar la casi completa ausencia de todo aspecto positivo. No me divertía ni me interesaba nada de lo que estaba haciendo. No hacía nada que, para mí, tuviera algún significado. Y, al no hacer lo que quería, no cumplía mi misión en la vida, el propósito, en suma, por el que estoy aquí. Nunca me fui un día a dormir diciéndome: «¡Buen trabajo! ¡Hoy estoy orgulloso de lo que he hecho!». Necesitaba experimentar ese sentimiento, un sentimiento que perdí apenas me miré en el espejo. Necesitaba sentir que ocupaba mi lugar y cumplía con mi cometido pero, como no lo hacía, no podía sentirlo. No había nada que me entusiasmase, absolutamente nada, y les aseguro que no me sentía nada bien.

Finalmente estaba en condiciones de despojarme de las facetas de mi vida que, en realidad, no eran "mías", y construir otras que sentía que eran más adecuadas. En el mismo momento en que renuncié a aquella vida sin sentido y empecé a escuchar mi propia voz y mis propias necesidades, mi experiencia se vio completamente transformada. Es cierto que no por ello recuperé los diez años perdidos, pero no es menos verdad que ese período ha acabado convirtiéndose en un recuerdo difuso que, poco a poco, se ha visto reemplazado por una vida auténticamente mía. (En breve les contaré cómo lo conseguí.)

Jamás olvidaré del todo –y tampoco quiero hacerlo– el sufrimiento y el vacío que experimenté durante aquellos diez años. Después de haber perdido diez años en ese desierto, sé que es un lugar al que nunca volveré. Moriría de hambre o trabajaría sólo para poder comer y pagar el alquiler antes que traicionar de nuevo a mi verdadero yo. Todo el que, en alguna ocasión, haya hecho algo estúpido durante tanto tiempo sabrá bien lo que, en tal caso, se siente. Uno mira hacia atrás y dice: «¡Dios mío! ¿Cómo he podido ser tan estúpido como para desperdiciar así mi vida?». Conozco muy bien este sentimiento porque he tenido la misma revelación después de tomar decisiones relativamente triviales, como acabar poniéndome gafas o construir una cerca para no tener que perder más tiempo buscando al perro. ¡Imagínense cómo me sentí al cambiar mi vida después de diez años! ¡Les aseguro que experimenté un alivio extraordinario! Yo salí de ahí y, si usted se encuentra en ese mismo punto, me gustaría enseñarle el camino de salida. No se asuste, no pretendo arruinar su matrimonio ni su familia porque, para ello, no es imprescindible mudarse, cambiar de trabajo ni modificar siquiera la relación con las personas con quienes comparte su vida. El "cambio" del que voy a hablarle es un cambio que procede del interior y que tiene que ver con el modo en que hace lo que hace, y supone un cambio que siempre consiste en ser auténtico consigo mismo. Yo todavía sigo haciendo muchas de las cosas que antes hacía, pero las hago de manera diferente, y no son los demás, sino yo, quien establece las prioridades. Este cambio, en suma, tiene que ver con aprender a estar con usted hasta el punto de convertirse en su mejor amigo.

¿Es posible que, al igual que me ocurrió a mí, tenga usted la oportunidad también de vivir una vida mucho más satisfactoria, pero que no se trate como se merece y esté malgastándola porque no lo sabe o, en el caso de que lo sepa, se encuentra atrapado y no sabe cómo salir de ahí? ¿Es posible que usted sea, de hecho, un individuo único que tenga la necesidad de hacer y ser todo lo que es, pero que siga negando su individualidad y permanezca estancado y enterrado en un mundo lleno de "responsabilidades" y que, para no crear problemas, se conforme con ello?

¡Debo confesarle que estoy poniéndole una trampa, porque todas mis preguntas están "cargadas", hasta el punto de que no tengo la menor duda de que su respuesta será total o parcialmente positiva! En el caso de que esté en lo cierto, la imagen que tiene de sí mismo se encuentra en apuros, y no sólo está, como lo estaba yo, engañándose a sí mismo, sino que también está engañando a sus hijos, a su pareja y a las personas que le rodean. Siga leyendo y ya veremos si estoy en lo cierto, pero, en tal caso, no se desespere, porque le prometo que estoy en condiciones de ahorrarle los diez años que yo desaproveché y que juntos podremos echar luz sobre su vida de un modo que antes ni siquiera se hubiera podido imaginar.

Le advierto que éste es un libro muy sencillo y muy claro que le dice directamente y sin ambages lo que debe hacer para recuperar el control de su vida, un control que se deriva del hecho de volver a establecer contacto con lo que yo denomino su yo verdadero. Y, para entender lo que quiero decir con el término "yo verdadero", sólo necesita remontarse a las mejores épocas de su vida, en los períodos más felices de toda su vida, de los más plenos y, muy en especial, de los más reales que jamás haya vivido. Recuerde quién era en los momentos en que su vida estaba llena de energía y entusiasmo, y en los que, al mismo tiempo, sentía una profunda calma interna. Tal vez se hallara en el trabajo, pero el trabajo era un juego. Probablemente se sentía como si estuviera exactamente donde tenía que estar, haciendo exactamente lo que tenía que hacer y con la gente adecuada. Usted tenía una comprensión inequívoca de su propia valía o, dicho de otro modo, confiaba en sí mismo. Lo pasaba bien y no le importaba lo que pensaran los demás. No había lugar entonces en su vida para el miedo, la ansiedad o la desconfianza en sí mismo. Las distintas parcelas de su vida se hallaban en armonía con todas las demás. Usted vivía plenamente el momento presente, pero tenía una sensación optimista de que mañana iba a ser tan interesante y gratificante como hoy. La vida parecía impregnada de vivos colores. Era la vida más interesante que jamás había conocido, y le importaba muy poco lo que pudiera ocurrir después. Lo más importante de todo tal vez fuese el hecho de que usted se aceptaba a sí mismo tal y como era. Era como si llevase un chaleco antibalas que le mantuviera a salvo de las opiniones y de los juicios de los demás. Se sentía tan bien consigo mismo porque sentía que su vida dependía de usted y, en consecuencia, le importaba muy poco lo que los demás pudieran pensar. Usted era lo que más importaba, pero no de un modo egoísta sino confiado. Se sentía seguro y orgulloso de sí mismo. Es cierto que ignoraba lo que el futuro podía depararle, pero estaba completamente seguro de que, fuera como fuese, podría hacerle frente. La aceptación de uno mismo es el fundamento del período más feliz de nuestra vida, el motor que pone en movimiento el resto del tren.

Conectar nuevamente con este yo verdadero significa encontrar el camino de regreso al yo real y no ficticio que existía antes de que el mundo empezara a dejarle a un lado. Éste es un control que procede del interior. Todo esto significa que éste es un libro sobre usted, no sobre otra persona, sino sobre usted, un manual diseñado para que pueda llenar su vida con lo que realmente le importa, en lugar de hacerlo con actividades absurdas y rutinarias, o heredadas o asignadas por los demás. Estoy hablando de controlar casi cualquier aspecto de su experiencia en este mundo. Pero, para poder sentir del modo en que quiere sentir, para poder hacer las cosas que quiere y, más importante todavía, que necesita hacer, deberá reorganizar su vida y también deberá cambiar lo que sea necesario para poder respetarse a sí mismo y respetar lo que hace. De este modo, cuando se mire al espejo sabrá que lo importante para usted no es sentirse enterrado en una mentalidad del tipo "empuja para llegar antes". Debe aprender a vivir de un modo que le permita sentir que aquellas cosas con las que siempre soñó todavía siguen vivas. Debe reorganizar su vida de un modo que no tenga que parar a preguntarse: «¿Y todo esto para qué sirve?» «¿Por qué estoy haciendo todo esto?». Yo no creo que «la vida es un mal trago y al final uno acaba muriéndose» sea una buena filosofía ni una buena estrategia vital. Si usted quiere ser completa y conscientemente responsable de sí mismo y de todo lo que piensa, siente y hace, y usar este control para poder respetarse a sí mismo y, en consecuencia, poder respetar a todos los que le rodean, ha llegado al lugar adecuado, pero antes tiene un trabajo que hacer.

Yo sostengo la teoría de que usted, yo y todos nosotros hemos estado y/o estamos "enredados" en este juego al que llamamos vida. Son tantas las personas que actualmente están tan ocupadas ganándose la vida, tan ocupadas en ocuparse, que han acabado dejando que su vida acabase perdiendo los colores. Se han acostumbrado a vivir con muy poco, con demasiado poco. Piense en que su vida, a puerta cerrada, puede ser completamente absurda. Tal vez sea un verdadero sinsentido y, cuando se levante cada mañana, en lugar de dedicar cinco minutos a su mente y a su corazón, se obsesione durante un par de horas en prestar toda su atención a su apariencia. Si su vida discurre por esos derroteros, haría bien en detenerse y pensar cuánta energía derrocha en cuestiones superficiales, en lugar de hacerlo en aquello que, en su intimidad, sabe que es realmente importante. Consideremos, por ejemplo, el modo en que habitualmente se aborda el tema del "matrimonio" ¡Veo muchas parejas que se casan cada año y le aseguro que el 90% de ellas pasan meses y aun años planificando su boda y casi no tienen tiempo para planificar su matrimonio! ¿No le parece una auténtica locura perder más tiempo planificando el banquete y las flores para un acontecimiento que sólo dura unas horas y apenas hablar de los hijos, del dinero y del proyecto de vida? (¡Y no lo digo porque sea un hombre y no le presto tanta importancia a la boda como lo hace una mujer, porque tengo tres hermanas, todas ellas casadas! ¡Lo único que estoy diciendo es que también convendría planificar el matrimonio!) Lo mismo podríamos decir con respecto a toda la vida. La vida se crea desde el interior y, en consecuencia, debería acomodarse a su interior. Pero ello exige tiempo y concentración en usted, no en su máscara social, sino en usted.

Todas estas cuestiones sobre el yo, sobre quién es uno internamente, importan, realmente importan mucho. ¿Por qué? Porque una vida sin color es una vida sin entusiasmo y sin pasión, una existencia gris en la que uno pone rutinariamente un pie delante del otro y ejecuta como un autómata los movimientos que tiene que hacer. Cuando uno malgasta su energía tratando de satisfacer las expectativas de los demás y llevando a cabo trabajos y deberes, deja de vivir y comienza simplemente a existir. Se levanta, prepara el desayuno de los niños, se preocupa por el dinero, va a trabajar, vuelve a casa, hace la colada, prepara la cena, se preocupa por los niños, corta el césped del jardín, vuelve a preocuparse por el dinero, mira un poco la televisión, vuelve a comer, se preocupa una vez más y se va a la cama... y, a la mañana siguiente, vuelve a levantarse y repetir la misma rutina una y otra vez, una y otra vez, y así trescientos sesenta y cinco días al año. No nos equivoquemos porque, cuando el único objetivo de la vida gira en torno a las obligaciones, la rutina y la búsqueda de seguridad, hemos perdido nuestro objetivo y debemos apresurarnos a encontrarlo. Usted necesita saber cuál es su "mejor y más elevado objetivo" en este mundo y luego debe dedicarse a tratar de alcanzarlo. ¿No le parecería estúpido que Einstein hubiese malgastado su vida trabajando de comerciante o marinero? ¿Qué pensaría si Elvis hubiera seguido siendo conductor de camión o que la madre Teresa hubiera sido contable o camarera? Cuando aceptamos sin cuestionar una vida sin sentido y una existencia rutinaria, y nuestro único objetivo es la seguridad, no puede haber autenticidad porque usted, como todo el mundo, también tiene una misión, un propósito en la vida y, si quiere vivir plenamente, no puede negarse a él. Cuando su vida carece de objetivo, desaparece la pasión y, en tal caso, es que ha vendido su yo. Lo sé porque dentro de cada uno de nosotros hay pasiones que, cuando se admiten y liberan, llenan de energía y entusiasmo toda nuestra vida.

En una vida desapasionada, las cosas que realmente nos importan se ven sustituidas por la superficialidad. En tal caso, los objetivos falsos como el dinero, la aprobación de los demás y la acumulación de "bienes" acaban dominando su vida y despojándole de toda su energía. Entonces es cuando uno se siente atrapado en la espiral de una existencia sin sentido. Si usted no se siente comprometido con nada, si no cree en nada, ni siquiera en sí mismo, puede verse arrastrado y absorbido por cualquier cosa. Usted está excepcionalmente preparado para llevar a cabo una misión en este mundo y, cuando no la reconoce y, en consecuencia, no se compromete con el logro de esa misión, está marchitando su cuerpo, su mente y su espíritu. Es imposible jugar el juego de la vida tratando de ganar siempre y no perder nunca. Es cierto que uno debe vivir para ganar pero, personalmente, creo que debería matizarse muy bien el significado de "ganar" porque, en caso contrario, corre el peligro de acabar negándose a sí mismo.

Tal vez ahora esté convencido de que su vida ha perdido el color y la pasión. ¿Pero puede recordar cuándo los perdió? Reflexione en esto y pregúntese: «¿Cuánto empezó mi vida a tornarse gris?». Tal vez entonces advierta que tal cosa ha ocurrido un poco aquí y otro poco allí, pero, en cualquiera de los casos, ha pasado de vivir una vida en technicolor a otra en blanco y negro. Pregúntese también cuánto tiempo hace que no hay nada que le entusiasme. No le hablo de comprarse un coche, una joya o una caña de pescar, sino de la pasión y el entusiasmo de saber que está cumpliendo, del mejor modo posible, con su cometido. Le hablo de la confianza que se deriva de confiar en sí mismo, de la seguridad y el sosiego que experimenta cuando sabe que tiene el valor de ser quien realmente es y de saber estar consigo mismo cuando tal cosa es necesaria. Ése es el tipo de coraje que le ayudará a salir en defensa de sí mismo ante una agresión de su cónyuge, al elegir la carrera que usted quiere y cuando deba decidir tener o no tener hijos. La pasión, el entusiasmo y la confianza son remedios importantes que todos necesitamos a diario, y para ello es necesario reconocer el derecho que todos tenemos a una vida alegre y divertida ahora, no como un destello fugaz del pasado, sino en este mismo instante.

Éste es un punto muy importante. ¿Es usted una de esas personas que se quedan absortos pensando en "lo locos y divertidos" que solían ser? ¿Recuerda su pasado diciendo: «¿Te acuerdas de cuando solíamos…?». En tal caso deberá aceptar que lo más divertido y satisfactorio que le ha ocurrido ha quedado varado en el pasado, porque ahora tiene responsabilidades, deudas, hijos o cualquier otra cosa en la que puede excusarse para justificar el hecho de que hace ya tiempo que no se presta atención a sí mismo ni a lo que le importa. Si es eso lo que piensa, permítame decirle que está muy equivocado. No hace mucho que asistí a una reunión de antiguos compañeros de la universidad. Algunos tenían vidas maravillosas y estaban muy satisfechos con sus esposas, sus familias y sus carreras, pero la inmensa mayoría se habían quedado "atrapados" en el recuerdo de los gloriosos días en que jugaban al rugby. Aquellos tipos se deleitaban con el apagado rescoldo de los resplandores del pasado: «¿Recuerdas, Phil, aquel partido en el que machacamos a tal o cual otro equipo? ¡Eso sí que era jugar!». «Es verdad –respondí–. ¡Vaya partido!», pero lo que realmente estaba pensando era «No puedo acordarme de eso. Habré hecho unos nueve millones de cosas desde ese partido que ocurrió treinta años atrás y parece que tú no hayas hecho nada más. Además, ese glorioso recuerdo en el que tanto te regodeas no es más que un montón de basura. ¡La verdad es que jugábamos pésimamente! ¡De hecho, ahora recuerdo ese partido con el que sueles aburrir a tus hijos y debo decirte que acabamos perdiendo! ¡Acéptalo y renuncia de una vez a todo eso! ¡Pareces mi padre cuando nos hablaba de que, para ir a la escuela, tenía que caminar casi cinco kilómetros de ida y otros tantos de vuelta a través de un camino nevado... ¡que era cuesta arriba en ambas direcciones!».

La única razón por la que alguien se queda atrapado dándole vueltas y más vueltas a algún recuerdo fantástico del pasado es porque su presente ya no es tan bueno. No sé lo que usted pensará al respecto, pero yo no quisiera tener de nuevo veinte años. Es cierto que, en ocasiones, pasaron cosas muy buenas, pero también lo es que la mayor parte de las veces no fue así. Mi padre solía decir, cuando recordaba los tiempos de la marina o de la universidad: «Lo cierto es que no pagaría un millón de dólares por la experiencia. ¡Ni diez céntimos siquiera por tenerla de nuevo!». ¡Así es como yo me siento con respecto a las cosas que me han ocurrido... aunque haya alguna por la que tal vez pagase "diez céntimos"!

Cuando lo mejor de su vida ha quedado en el pasado es que

algo anda mal en el presente. Se supone que cuando uno crece es más competente, no menos. Se supone que, en la medida en que pasa el tiempo, nuestra vida es cada vez mejor, porque vamos aprendiendo a vivirla. Intentar racionalizar o justificar el hecho de que se ignore a sí mismo y a lo que realmente quiere y necesita es una auténtica barbaridad.

Quisiera ahora centrar nuestra atención durante un rato en la idea que tiene de sí mismo, para que no siga postergando sus deseos, sus sueños, sus necesidades y sus visiones.

Quizás ahora mismo piense: «¿Por qué es tan duro conmigo si ni siquiera me conoce? ¡Déjeme respirar! ¿Cómo puede creer que lo sabe todo de mí y de mi vida si ni siquiera me conoce?».

Pero yo no creo que usted realmente quiera que le "dé un respiro" y espero que no desconecte porque yo sea sincero y le diga cosas que no quiere escuchar. Cualquiera puede decirle las cosas que usted quiere oír y, a decir verdad, me resultaría bastante más sencillo hacer precisamente eso pero, en tal caso, este libro sería como centenares de otros libros y seguramente ni siquiera estaría leyéndolo. Usted compró este libro porque está preocupado por su vida y quiere aprender a ocuparse de sí mismo y de la gente que le importa.

Yo creo saber muchas cosas de lo que puede estar ocurriendo con su vida y lo creo por dos razones fundamentales. ¡La primera de ellas es que también he vivido mi propia vida y la segunda es porque he tratado directamente con miles y miles de personas como usted y como yo, y he prestado atención a lo que me han dicho sus vidas, su rostros y sus ojos! Están demasiado ocupados, demasiado atrapados en su roles, demasiado enredados en otras cosas como para ocuparse de sí mismos. Tal vez ahora piense: «¡Vaya! ¡Yo creía estar bien hasta que compré este condenado libro y ahora viene usted y me dice que esa felicidad no es más que una creencia! ¡Muchísimas gracias!».

Lo siento pero, como decían siempre mis padres: «Algún día me lo agradecerá», con la única diferencia de que, en este caso, es cierto.

Escúcheme bien y si, al finalizar, concluye que realmente es feliz y está haciendo las cosas que tiene que hacer, le doy la enhorabuena. Entonces al menos lo sabrá con la conciencia de haber prestado atención a su vida, su mente y su espíritu. Pero una vez más le apuesto que descubrirá que lo que vamos a ver le interesa y que, finalmente, estará agradecido por tener la posibilidad de despertar. Le aseguro que lo único que intento es despertarle, porque no me gustaría que pasara diez años de su vida durmiendo, como lo hice yo.

USTED Y EL MUNDO

Creo que gran parte del problema se debe a que nuestro mundo se ha acelerado tanto que hemos perdido casi todo el control. Las cosas se han precipitado y los estímulos que provienen del exterior ya no nos permiten escuchar las voces y los mensajes procedentes del interior. Nos hemos perdido en un mundo cada vez más apresurado.

Quinientos canales de televisión, internet, vídeos de alquiler y dos o tres trabajos conspirando para secuestrarnos de nosotros mismos. Los niños no tienen un minuto de tiempo libre y sin programar y, cuando salen de la escuela, van desfilando de una actividad extraescolar, como la danza, el fútbol, el kárate o el teatro, a otra. Estamos sumidos en un carrusel que gira demasiado deprisa como para poder apearnos y, en respuesta a ello, nos acurrucamos en el suelo esperando que acabe toda esa locura. Y cuando, por mera casualidad, tenemos la ocasión de disponer de un período de tiempo libre, no lo aprovechamos para centrarnos y ocuparnos de nosotros sino que, en lugar de ello, nos ponemos nerviosos, nos entra el pánico y empezamos a buscar algo que hacer o alguien que nos diga lo que tenemos que hacer. Habitualmente, sin embargo, estamos demasiado ocupados haciendo cosas que no hemos elegido y que muy probablemente tampoco elegiríamos si pensáramos en lo que realmente queremos, necesitamos y nos importa.

Veamos ahora un "indicador" lógico que puede servirle para determinar si está aceptando pasivamente o incluso decidiendo comportarse de un modo que no tiene nada que ver con usted o si, por el contrario, elige libremente conductas y circunstancias vitales que están directamente relacionadas con su yo verdadero y auténtico.

Si usted está fatigado y estresado de continuo y si emocionalmente se siente chato, deprimido, preocupado o infeliz, no le quepa duda de que está ignorando su verdadero yo y viviendo una existencia meramente rutinaria. Si hace cosas que afirma odiar pero, a pesar de ello, sigue haciéndolas, tiene un indicador claro de que se está traicionando a sí mismo. ¿Se queja, por ejemplo, de hallarse siempre desbordado, pero no hace nada por cambiar? ¿No consigue hacer ejercicio, volver a la universidad, cambiar de trabajo, enfrentarse a un matrimonio muerto, entablar una relación, dedicarse a un *hobby* o afrontar de una vez por todas el dolor del maltrato o del abndono de que fue objeto en la infancia y que dejó en usted una honda cicatriz que todavía lleva consigo? Si esto es así, probablemente no esté viviendo su mejor vida posible. También es un mal signo el hecho de que su vida se halle continuamente dominada por la preocupación y la ansiedad y no haga absolutamente nada por cambiarla. (Mi padre solía decir que «preocuparse es como mecerse en una silla, una actividad en la que estar ocupado, pero que no nos lleva a ninguna parte».)

Si su mente se ha embotado y no se siente tan inteligente como antes, o si se siente viejo y estúpido, es porque su yo verdadero está enterrado y debe esforzarse desesperadamente en conseguir el aire que necesita para vivir. Si sus emociones están teñidas de desconfianza, apatía, desesperación y pesimismo es porque ha renunciado a sí mismo y a lo que realmente le importa. Si no elige lo que piensa ni lo que hace, y coloca, en su lista de prioridades, lo que piensan los demás por encima de lo que usted piensa, debo decirle que se ha contagiado de "la infección de lo ficticio", una enfermedad que le lleva a ignorarse a sí mismo y acabar reemplazando su yo verdadero por un yo falso.

Ignorarse a uno mismo puede llegar literalmente a matarle. Sí, he dicho "literalmente" porque el hecho de ignorar al yo verdadero acaba estresando todo su "sistema", lo cual le hace envejecer antes de tiempo. Reprimirse y obligarse a ser quien uno no es tiene un coste extraordinario que acaba acortando nuestra vida. Me pregunto cuántas necrológicas de los periódicos deberían realmente decir algo así como:

Robert Jackson. El señor Robert Jackson murió ayer a causa de las complicaciones ocasionadas por una vida dedicada a hacer lo que no quería hacer. Su estado se complicó porque no pudo hacer muchas de las cosas que quería hacer, si es que pudo hacer alguna. Los expertos afirman que murió a consecuencia de haber tratado de embutir en su cerebro, en su cuerpo y en su vida las ideas de otras personas. Los intentos realizados por el señor Jackson para llenar el vacío de vida con el trabajo, los coches, la comida, el alcohol, tres esposas y dos mil partidos de golf, y para satisfacer las expectativas de todos los demás, desoyendo las suyas propias, resultaron desalentadoramente infructuosos. Resulta lamentable que todo ese esfuerzo acabara consumiendo al señor Jackson y le llevase a morir veinte años antes de lo debido. Desgraciado en sus últimos años, murió en plena batalla consigo mismo ayer en su casa, rodeado de compañeros de trabajo a los que aborrecía y de miembros de su familia que son tan desgraciados como lo era él.

Es cierto que todo eso es una exageración, pero le aseguro que no estoy bromeando. La medicina afirma que el estrés prolongado como el que acabo de describir acaba reduciendo nuestra esperanza de vida hasta catorce años. Por ello me interesa que se dé cuenta de que, en este sentido, está jugando con fuego.

¿Cómo sucedió, si estoy en lo cierto, todo esto? Obviamente, nadie le dio una píldora y tampoco es usted ningún estúpido que debería estar internado, sino que se encuentra atrapado en este tren de alta velocidad al que llamamos vida. Al comienzo no le gustaba pero, con el paso del tiempo, aprendió a decirse "no" a sí mismo antes que decírselo a los demás. Probablemente ése no fue más que el resultado de una programación, según la cual, ocuparse de uno mismo es egoísta. Y los artífices de esa programación, obviamente, fueron personas que se aprovecharon de que usted se desentendiera de sí mismo y se ocupase, en su lugar, de ellos y de lo que ellos querían.

Por el contrario, si su vida le resulta apasionante y se siente bien consigo mismo y con lo que hace, es muy probable que viva en consonancia con su yo verdadero. Si suele estar tranquilo y satisfecho, y siente que está en contacto consigo mismo y centrado en su misión y objetivo en este mundo, es muy probable que esté viviendo en consonancia con su yo verdadero.

Permítame decirle lo que me gustaría que pensara y dijera ahora, durante y después de la lectura de este libro:

Espera un momento. Deja a un lado las expectativas, deja de vivir en función de los demás. ¡Ellos (quienesquiera que sean) no pagan mi alquiler, no vuelven a casa conmigo por la noche, no bañan a mis hijos y no me preparan la cena! ¿Por qué, entonces, estoy viviendo en función de lo que un puñado indefinido de personas espera de mí? Voy a dejar de hacerles caso, no seguiré dejando mi poder en sus manos, sino que voy a recuperarlo y lo emplearé para ser yo mismo.

Quiero hacerme feliz siendo yo mismo y haciendo lo que me interesa. Si me gusta la música, quiero que la música forme parte de mi vida. Si quiero tener una determinada profesión, deberé hacer lo necesario para conseguirla. Si estoy cansado de estar gordo, tendré que cambiar las prioridades y modificar mi estilo de vida. No está bien, ni ahora ni nunca, que no me sienta tratado con dignidad y respeto. Es mejor estar solo que mal acompañado. Si he dejado a Dios fuera de mi vida porque mi pareja no es espiritual, será ella quien deba adaptarse, no yo. Estoy harto de estar continuamente asustado, asustado por la falta de dinero, asustado por lo que pueda ocurrirles a mis hijos, asustado por la posibilidad de perder el trabajo, asustado por lo que pueda decirme mi jefe, mis padres y por la necesidad, en suma, de que todos me acepten. Quiero cambiar todo eso de una vez por todas. Quiero sentirme vivo. Quiero sentirme valorado por los demás y por mí mismo. Quiero levantarme con ganas cada mañana, en lugar de temer la llegada de un nuevo día. Quiero saber con claridad por qué estoy en este mundo y qué es lo que tengo que hacer mientras permanezca aquí. Quiero darme clara cuenta de que esto no es un ensayo, sino mi vida, y de que no tengo más que esta oportunidad. Quiero que mis hijos me conozcan y disfruten completamente de mí, en lugar de contentarse tan sólo con una versión de medio pelo. Quiero que conozcan cómo soy realmente y cuáles son mis intereses, mi sentido del humor, mis valores, etcétera, etcétera, etcétera. Creo que los niños aprenden lo que viven, y quiero enseñarles con el ejemplo a estar orgullosos de sí mismos, en lugar de enseñarles a complacer exclusivamente a los demás. Quiero vivir una vida tranquila, plena, alegre y apasionada. Quiero poder acostarme con la sensación de haber hecho lo que tenía que hacer. Quiero poder decir que estoy orgulloso de mí y orgulloso de lo que he hecho. Quiero poder decir: «me gusta ser como soy y me gusta lo que hago». Quiero sentirme sosegado y tranquilo.

Quiero sentirme satisfecho. Quiero poder decir: «me siento bien». Quiero sentirme como lo que soy y que merezco lo que quiero precisamente por ello, porque lo quiero. Quiero disfrutar de la vida y ubicar mis intereses en la parte superior de mi lista de prioridades.

¿Sigue todavía ahí? Probablemente esté pensando que me he vuelto loco, que no entiendo nada y que no soy más que un egoísta.

¡Está equivocado! Esa respuesta sólo indica que su pensamiento políticamente correcto, del tipo "dime sólo lo que quiero escuchar", ha asumido el control. ¿Cómo puede ser egoísta ocuparse de usted cuando sabe que es absolutamente cierto que nadie pueda regalar aquello de lo que carece? Pretender lo contrario, por más bienintencionado que sea, es una forma de engañar a todo el mundo, a sus hijos, a su esposa, a sus amigos, a sus compañeros de trabajo y a todos los que le rodean. Hasta la Biblia nos invita a «amar al prójimo como a nosotros mismos». Pero, antes de poder ocuparnos de los demás, debemos aprender a cuidar de nosotros mismos.

¿Cuánto tiempo hace, hablando en serio, que no se siente libre de culpa y que no se ocupa de sí mismo? Pregúntese cuánto tiempo ha pasado desde la última vez que se dijo: «hoy estoy haciendo esto porque es lo que quiero hacer», en lugar de «hoy hago esto porque es lo que hice ayer».

No quiero que su vida vaya dando tumbos de un día sin sentido a otro más absurdo todavía. Quiero que tome la decisión profunda y libre de poner su vida en consonancia con su yo verdadero y real. No quiero que viva de acuerdo a algún ideal falso que no tiene nada que ver con usted ni con lo que le importa. Quiero que se cuestione las cosas que realmente le importan. ¿Qué es lo que usted quiere? ¿Qué es lo que echa en falta en su vida? Considere ahora la siguiente lista y vea si encuentra en ella algunas cosas que, si bien en el pasado formaban parte importante de su vida, hace tiempo que han dejado ya de serlo:

Música
Arte
Trabajo
Hijos
Vida espiritual
Honradez
Tiempo libre
Sentirme orgulloso de mi trabajo
Sentirme orgulloso de mi aspecto
Vivir con dignidad
Salud
Estar en la naturaleza
Un trabajo que ponga en funcionamiento mi talento
Permiso para decir, hacer y ser quien soy
Dedicarme al voluntariado
Tener alguna afición
Cambiar de estilo de vida
Pasión
Entusiasmo
Independencia
Relaciones significativas
Cambiar de tipo corporal
Sentir que puedo ofrecer algo a los demás

Podría seguir enumerando muchos más puntos, pero bastará con éstos para que empiece a pensar en las cosas que podría querer en su vida. Si esas cosas no están aquí –y estoy seguro de que muchas no lo estarán– voy a mostrarle exacta y precisamente cómo las ha perdido y luego veremos también exacta y precisamente el modo de recuperarlas.

La buena noticia es que la única persona que puede corregir

todo esto es usted. Con ello quiero decir que usted no necesita a sus padres, a su esposa, a su jefe ni a ninguna otra persona, sino tan sólo a usted mismo. Y lo creo así porque ha sido precisamente usted quien, de manera activa o pasiva, se lo ha arrebatado o lo ha permitido, respectivamente, ubicándose en la parte inferior de su lista de prioridades. Lo sepa o no, usted es el único responsable de esa situación. Y, cuando tal cosa ocurre, es decir, cuando nos traicionamos a nosotros mismos, comenzamos renunciando a las cosas que sólo nos importan a nosotros. ¿Por qué? Porque, de ese modo, ¡Dios nos libre!, no decepcionamos a nadie. Pero recuerde que, cuando se coloca en la parte inferior de su lista de prioridades, no sólo se engaña a sí mismo, sino que también engaña a todos los que le rodean.

Sólo pretendo decirle que usted no sólo tiene el derecho, sino también la responsabilidad, de encontrar el camino de regreso a su yo verdadero y auténtico. Tenga en cuenta que estamos hablando de su vida y de la única persona que puede cambiarla. Si es tan estricto que no puede justificarse emprender este trabajo por sí mismo, hágalo por sus hijos, por su familia o por cualquier otra persona a la que quiera. De otro modo, usted no estará bien y tampoco lo estarán las personas que le rodean.

Quiero que, cuando concluya la lectura de este libro, esté en condiciones de decir: «Lo entiendo y ahora estoy dispuesto a dedicarme a mí mismo y a todas las personas que me interesan». Ahora le presentaré una realidad fundamental que constituye la esencia del trabajo que estamos a punto de emprender y que es su "verdad personal".

EL PUNTO DE PARTIDA PERSONAL

Para que pueda imaginarse y hacerse una idea clara de cómo llegar a donde quiere ir, antes tiene que saber exactamente dónde se encuentra. El lugar en que ahora está, todo lo que es y todo lo que hace, comienza y se basa en lo que yo llamo su verdad personal. Y con ello me refiero a lo que usted, en su esencia más profunda y no censurada de su ser, ha llegado a creer sobre sí mismo. Esta verdad personal es esencial porque, si usted cree en ella, es decir, si es real para usted, constituye la realidad concreta en la que vive día tras día. Lo queramos o no, todos tenemos una verdad personal y vivimos en función de ella. Si reconoce sinceramente lo que piensa y siente sobre usted mismo en los momentos más espontáneos, sabrá que estoy diciéndole la verdad, porque la habrá visto ponerse de manifiesto cuando menos lo esperaba. ¡Usted no puede contarme a mí ni a los demás una historia y pretender que le creamos, porque lo único que en tal caso estará haciendo será contarse a sí mismo la que usted considera que es la "verdadera realidad", aunque todos sepamos que no es más que su versión de las cosas! Lo que usted se dice a sí mismo es la historia que vive, la que salta a escena y le complica las cosas cuando menos se lo espera. Usted siempre se pregunta si hoy será el día en que acabará esa mascarada y todos le "descubrirán". Jamás podrá, por más que lo intente, escapar a su verdad personal, ya que ésta siempre acabará atrapándole, por ello es tan importante que lo tenga claro y disipe toda duda y toda distorsión. No hay que ir muy lejos para encontrar ejemplos de verdades personales que irrumpen súbitamente sorprendiendo a quienes tratan de ocultarlas, como el matón del barrio que se desploma como una tienda de campaña barata al primer vendaval cuando finalmente alguien se atreve a desafiarle, porque su verdad personal es que no es más que un cobarde, el atleta jactancioso pero inseguro que se desmorona en el momento más crítico de la carrera o la aparentemente segura reina de la belleza que, en lo más profundo, se siente sola y asustada.

La suya puede ser una verdad positiva y exacta o los "restos de un naufragio" de falsas creencias asentadas en una historia de miedo, sufrimiento y confusión, aunque lo más probable, sin embargo, es que sea una combinación de todas esas cosas. Mi trabajo –nuestro trabajo, en realidad– consiste en empezar a prestar atención a esas partes de lo que cree de sí que parecen estar trabajando en su contra. Nadie puede ocultarse ni ir más allá de los límites impuestos por lo que internamente cree saber sobre sí mismo. Nadie puede jugar el juego de la vida con confianza y seguridad si su verdad personal está llena de miedo y de temores. Su "mejor desempeño personal" jamás podrá superar lo que dicte su verdad personal. Es por ello por lo que, si está deformada y es ficticia, tenga por seguro que se pondrá de manifiesto en la peor de las situaciones y en los momentos más inoportunos, porque esa voz autocrítica siempre está susurrándole al oído. La verdad personal es un tema importante, muy importante, y, si no la comprende, arruinará hasta el mejor de los planes diseñados para revitalizar su vida y todo lo que la compone. No se engañe con alguna forma ilusoria de pensar, porque no tiene el coraje de decirse a sí mismo "en voz alta" lo que realmente opina en su interior. Hasta que no se enfrente con su verdad personal, no tendrá la oportunidad de ser todo lo que puede ser. Como cualquier otra persona, usted también se halla confundido por los mensajes erróneos del mundo y de toda su experiencia, con lo cual no hace más que distorsionar su verdad personal y, en consecuencia, negarse a afrontarla es traicionarse a sí mismo. Veamos ahora por qué digo que la verdad personal es tan importante.

Le confesaré que, la mayor parte de las veces, no sé a qué se refieren los "expertos" que hablan y escriben sobre todos estos temas cuando utilizan palabra tales como "autorrealización", "yo interior", "yo actualizado", estar "centrado" y cualquier otra expresión de moda que tan bien suena. Me temo que muchos de estos conceptos están más allá de mí y son demasiado fantásticos y complicados para este pobre provinciano. Pero, en mi humilde opinión, la persona que usted es en este mundo y la persona en que puede convertirse giran en torno a esta verdad personal, a este sistema de creencias que está en su interior. La verdad personal es tan importante porque es lo que establece y define lo que yo denomino la idea que uno tiene de sí mismo. Si sus creencias al respecto constituyen un fiel reflejo del ser que usted realmente es, vivirá con una idea del yo que le permitirá ser la persona más eficaz y auténtica del mundo. Sin embargo, en el caso contrario, es decir, en el caso de que la visión que tenga de sí sea inexacta y distorsionada, vivirá desde una idea limitada y falsa de sí mismo que traicionará su yo verdadero y obstaculizará todas sus búsquedas.

En el siguiente capítulo hablaremos con más detalle del yo verdadero y del yo falso. Entre tanto, vale la pena que intente comprender que usted sólo tiene un "yo", pero que ese yo es como un camaleón que asume el ropaje emocional de la historia y del entorno en que se ha desarrollado. Los movimientos de su yo ideal se mueven en torno a un continuo que, por un lado, se halla anclado en una imagen verdadera de sí mismo (la persona que fue creada para ser) y, por el otro, en una imagen falsa y distorsionada de sí mismo (lo que el mundo le ha dicho que es). El lugar que cada uno ocupa en ese continuo depende de cuáles hayan sido nuestras experiencias externas en la vida y de la verdad personal que cada uno haya creado observándose e interpretándose a sí mismo a lo largo de los años.

Esta verdad personal y la idea del yo que se deriva de ella constituyen, por así decirlo, el "ADN" de la personalidad. Conozca ese ADN y entonces sabrá cuál es su punto de partida del viaje que le llevará a restablecer el contacto con su vida.

En la medida en que avancemos trataré de mostrarle cómo, sea cual fuere su ADN, llegó a ser. Luego le ayudaré a "deconstruir" los aspectos erróneos o inútiles. También le señalaré los pasos necesarios para reconstruir una idea verdadera de sí mismo que pueda garantizar su éxito.

El proceso funciona del siguiente modo. Yo trataré de desmitificar toda esta cuestión de la idea del yo y de lo que piensa, siente y cree acerca de sí. Trataré de mostrarle, con un lenguaje sencillo y claro, el modo en que esa verdad personal determina la calidad de su vida y cómo puede cambiarla eliminando la distorsión. Se trata de un proceso que podemos fragmentar en pasos muy sencillos, pasos que implican acontecimientos que han ocurrido externamente y acontecimientos que ocurren y han ocurrido internamente.

Mientras vayamos avanzando revisaremos los aspectos más relevantes de su historia, identificando las vivencias cruciales que han ido garabateando, en la "pizarra de su yo", su verdad personal y la idea que actualmente tiene de sí mismo. No tenemos que diseccionar todos los acontecimientos de su vida porque, en tal caso, nos quedaríamos atrapados en un montón de detalles y minucias carentes de importancia. En lugar de eso vamos a centrarnos exclusivamente en los pocos acontecimientos externos e internos que han determinado el curso de toda su existencia. ¡Le aseguro que se quedará asombrado cuando vea los pocos eventos que han acabado determinado tan poderosamente su existencia! Pero afortunadamente las cosas son así, lo que hace mucho más sencillo nuestro trabajo. Para ello le propondré que responda algunas preguntas muy concretas, que reflexione en los distintos factores que hayan contribuido a establecer su idea del yo y le invitaré a que lleve a cabo una revisión lo más sincera que pueda de su vida, con lo que empezará a experimentar un poder y una paz que ya había olvidado, si es que alguna vez la había experimentado. Éste es un trabajo que todo el mundo, sean cuales fueren sus circunstancias, puede llevar a cabo. Lo único que se requiere es estar dispuesto a ello y no negarse a reconocer lo que en tal caso pueda presentarse. Esto es todo lo que usted debe hacer. ¿Acaso hay otro momento mejor que éste para volver a establecer contacto con su yo verdadero? Es cierto que se trata de un trabajo difícil y quizás, en este momento concreto, pueda usted incluso cuestionar si el esfuerzo merece realmente la pena o si "concuerda" con usted y desata su entusiasmo, su fuerza, sus dones y sus talentos. Confíe en mí cuando le digo que todo eso es posible y que realmente merece la pena. También quiero que entienda que, independientemente de que le exija una semana, un mes o un año, ese tiempo limitado y precioso va a pasar tanto si hace algo con su vida como si no lo hace. Le garantizo que, exactamente dentro de un año, su vida será distinta; que sea mejor o peor es una decisión completa y absolutamente suya. Yo sólo le indicaré el camino. Si necesita un poco de "perfeccionamiento" o se siente perdido, no tema, porque acudiré en su ayuda, pero para ello necesito que abra su mente y se disponga a trabajar.

2. EL YO VERDADERO

Sólo podemos cambiarnos a nosotros mismos… lo que
ciertamente supone un cambio extraordinario.
CHER

No quisiera empezar este libro poniéndome crítico pero, si
quiere que las cosas realmente mejoren, deberé decirle la verdad
tal y como yo la veo. Como dice el viejo refrán: «¡Engaña a tus
amigos y yo haré lo propio con los míos, ¡pero no vamos a engañarnos el uno al otro!». Está a punto de conocer el modo en que,
en mi opinión, vive la mayor parte de la gente. Y, cuando digo
"vivir", no me refiero a la imagen que tratan de proyectar sino al
modo personal e íntimo en que experimentan su vida. En cualquiera de los casos, sin embargo, sólo usted sabrá si estoy en lo
cierto. Tampoco pretendo que reemplace sus ideas por las mías;
lo único que le pido es que considere con mucha atención lo que
voy a decirle y que sea muy sincero consigo mismo… aunque
ello implique reconocer algunas cosas desagradables sobre usted y sobre su propia vida. Recuerde que únicamente podemos
cambiar aquello que antes hayamos reconocido.

Si su vida es como la de la mayor parte de la gente –y, ciertamente, como lo solía ser la mía– debe admitir, le guste o no,
que hace tiempo que ha perdido el control. Quizás los demás

no le vean así, pero no olvide que la opinión de quienes le rodean está basada en una apariencia. No vamos a ocuparnos ahora de lo que los demás quieren de usted, sino que centraremos completamente nuestra atención en lo que usted quiere. Luego ya tendrá tiempo de prestar atención a otras cosas.

Como el pato que parece deslizarse sin esfuerzo por la superficie del estanque, a usted también parece irle bien en la vida. Pero todos sabemos el bullicioso esfuerzo que subyace a toda esa apariencia. Así es la vida.

Imagine, por un momento, la siguiente situación: ¿qué haría si, de repente, tuviera la oportunidad de reescribir el guión de su vida desde el momento en que quisiera hasta el día de hoy? ¿Qué es lo que modificaría, si no se hubiera visto absorbido por el agujero negro de la vida y los mensajes que le transmite? ¿Qué es lo que cambiaría si no hubiera caído en la trampa de "las responsabilidades y las expectativas", si no hubiera heredado una determinada posición, si no hubiera nacido en una familia y una situación social concreta y no se hallara tan profundamente implicado que le parece que no tiene otra alternativa? ¿Qué le gustaría hacer si no tuviera tantas personas de las que ocuparse y no estuviera económicamente hipotecado? ¿Viviría acaso, si pesara unos kilos menos y no estuviera tan fatigado, de manera diferente? ¿Cuál sería su vida si, en lugar de estar atrapado, pudiera vivir del modo que más le gusta? ¿Qué es lo que cambiaría y cómo lo haría? ¿Realmente es tan importante el coche que conduce, la casa en que vive, el dinero que gana o el hecho de caerle bien a todo el mundo?

¿Cambiaría algo, en el caso de que tuviera una segunda oportunidad o llegaría acaso a la conclusión de que lo "conocido" es más seguro y seguiría viviendo como ahora? ¿Aprovecharía esta segunda oportunidad o, temeroso de adentrarse en lo desconocido, daría un paso atrás en el último momento? ¿Se resignaría porque cree que ésa es, para usted, su única vida posible?

No tardará en descubrir que todas estas preguntas distan mucho de ser meras "hipótesis" y que su margen de elección es mucho mayor de lo que habitualmente cree. Está a punto de aprender a desenredar su pasado para que no siga minando su presente y su futuro. Este viaje comienza en el mismo momento en que se niega a aceptar las excusas con las que antes se justificaba y justificaba su vida. Si su vida le resulta insatisfactoria, debe estar dispuesto a decirlo en voz alta y con completo convencimiento.

Son muchas las respuestas diferentes que recibirá si pregunta a la gente ¿Quién es usted?, como «soy una madre», «soy un médico», «soy un fontanero», «soy una esposa», «soy un contable», «soy el alcalde» o «vivo en Beverly Hills». Y, en este sentido, los niños responden igual que los adultos: «soy una animadora», «soy un jugador de fútbol», «soy un buen estudiante», «soy un alumno problemático», etcétera. Pero la respuesta de los niños, como la de los adultos, no se refiere tanto a quiénes son como a lo que hacen, a cuál es su posición social o a cuál creen que es su función en la vida o, dicho de otro modo, se definen en función del trabajo o del rol que desempeñan. Y si lo hacen así es porque, en el fondo, ignoran "quiénes son". Existimos a muchos niveles diferentes y el nivel conductual es sólo uno de ellos. Es cierto que lo que hacemos es uno de los elementos constitutivos de nuestra identidad, pero los cimientos de nuestra existencia se asientan en otro nivel completamente diferente, un nivel que representa la esencia de nuestro ser, nuestra substancia real, verdadera y auténtica. Es a esa esencia a la que, a falta de mejor expresión, me refiero como "yo verdadero". Y no me extrañaría que usted tuviera dificultades para describir a otra persona su yo verdadero, porque es muy probable que simplemente lo desconozca o que haga mucho, mucho tiempo que ha perdido el contacto con ese dominio de su ser… si es que tal cosa ha ocurrido alguna vez.

Seamos serios, ¿quién es usted? ¿Por qué está haciendo lo que hace? ¿Refleja lo que hace en la vida su verdadero yo? ¿Cambiaría acaso algo, si tuviera la oportunidad de hacerlo? ¿Sabe lo que, en tal caso, cambiaría? ¿Está usted en contacto con su yo verdadero? ¿"Entiende", al menos, de qué estoy hablando o todo esto no es, para usted, más que cháchara psicológica? ¿No le parecería una auténtica tragedia que se limitase a vivir para satisfacer las expectativas de los demás, mientras su yo verdadero agoniza bajo una pila interminable de actividades pendientes? Dentro de cada uno de nosotros hay un yo verdadero y quizás vivamos de acuerdo a él o tal vez, por el contrario, lo mantengamos enterrado. ¿No le parece que ésta es una cuestión muy interesante? ¿Y si…?

¿Cuál es, entonces, ese yo verdadero del que estoy hablando? El yo verdadero es su esencia más profunda, esa parte de sí que no se halla limitada a su trabajo, la función o el rol que desempeñe. El yo verdadero es el conjunto de dones, capacidades, habilidades, intereses, talentos, comprensiones y sabiduría característicamente suyos. El yo verdadero incluye todas las fortalezas y valores únicos que le caracterizan y que necesitan expresarse, y no tiene que ver con lo que le hayan dicho que debe ser y hacer. Es lo que floreció, sin que usted fuera consciente, en aquellos momentos de su vida en que realmente se sintió feliz y pleno. El yo verdadero era su yo antes de que hicieran acto de presencia el dolor, las experiencias y las expectativas, y lo que perdura cuando ésas desaparecen de su vida; el yo antes de que su psiquismo quedara marcado por el divorcio de sus padres, antes de que sus compañeros de escuela se burlasen de sus tirantes o de sus pantalones, antes de que su esposa le humillara, mientras usted permanecía callado por miedo a ser abandonado, antes de que su esposa o sus hijos acabasen marchándose de casa. El yo verdadero, en suma, es el yo que se resiste a acomodarse y resignarse, y le exige avanzar más allá de donde ahora se encuentra.

¿Sabe usted con total seguridad cuál es su auténtico yo?

Si su respuesta a esta pregunta es negativa, está malgastando su energía vital en una existencia anodina que le escamotea la posibilidad de ser realmente feliz y de vivir en paz consigo mismo y con los demás.

¿Ha escuchado, en alguna ocasión, esa voz, o cree que, en algún momento, ha perdido el contacto con ella?

En tal caso, no se contente con escuchar tan sólo la voz del mundo y de todos aquellos que quieren controlarle, y esfuércese en restablecer el contacto con esa voz interior y escuche atentamente su mensaje.

¿Se opone su vida conductual, es decir, su personaje público, a los valores, creencias, deseos, pasiones y visiones característicos de su yo verdadero?

Si es así, ha perdido el control y no vive una vida que usted haya definido, sino una vida que le ha sido asignada desde el exterior.

Vivir en desacuerdo con el yo verdadero genera un vacío, una sensación omnipresente de incompletitud, inquietud y carencia de los que resulta imposible desembarazarse. En tal caso, uno trata –inútilmente, por cierto– de llenar el vacío de su alma de mil modos diferentes, fumando, bebiendo, trabajando sin parar o volcándose desproporcionadamente en su esposa o en sus hijos. Pero ese vacío no se llena comiéndose un pastel de chocolate, bebiéndose un batido de medio litro, embarcándose en una nueva aventura amorosa, teniendo hijos, divorciándose, casándose o cambiando de trabajo… porque nada de eso sacia la sed de plenitud que experimenta en lo más profundo de su corazón.

A veces también puede sentirse solo, muy solo, y lo más curioso es que tal cosa puede ocurrir aun cuando se halle en medio de una multitud. Habla con los demás pero aunque, en ocasiones, sea lo suficientemente valiente como para arriesgarse a compartir sus sentimientos, siente que no le escuchan, lo que puede llegar a hacerle sentirse incomprendido. A veces puede llegar incluso a temer el contacto porque, independientemente de lo próxima que sea la persona y aun en el caso de que se trate de un miembro de su familia, le resulta imposible discernir claramente sus intenciones. También puede cobrar dolorosamente conciencia de que sus amigos o su familia pueden abandonarle e, ignorando las necesidades de su yo verdadero, optar por lo que a ellos más les interese. Y si es mucho el tiempo que lleva inmerso en esta situación, tal vez haya desarrollado una actitud pesimista que contemple pasivamente la posibilidad de cambiar y alcanzar una vida más plena. En suma, hay muy pocas ocasiones en que su vida esté en paz y equilibrio.

Aquí no cabe la menor ambigüedad ya que, cuando no vivimos desde el yo verdadero sino que lo hacemos en función de los roles que nos han sido asignados, estamos desperdiciando una energía vital preciosa que resulta imprescindible para la búsqueda constructiva de las cosas que realmente merecen la pena. Si, por el contrario, aprendemos a vivir desde el yo verdadero, toda la energía que anteriormente malgastábamos moviliza positivamente nuestra vida y contribuye a aumentar también nuestra eficacia, habilidad y desenvoltura. La vida es mucho más exitosa cuando uno es quien quiere y necesita ser.

Para cobrar conciencia de la energía que requiere la represión de su yo verdadero, piense en los recuerdos felices de aquellos veranos de su infancia en que iba a nadar. En tal caso recordará, si fue lo suficientemente afortunado como para tener una pelota de playa, lo divertido que era tratar de mantenerla sumergida debajo del agua (de hecho, si era como yo, estoy seguro de que pasó muchas horas placenteras con este pasatiempo intelectualmente tan estimulante). ¿Recuerda las dificultades que tenía para hundirla y cómo, al menor descuido, acababa emergiendo a la luz del sol? ¿Recuerda el tiempo y la energía que invertía en gritar y moverse de un lado a otro intentando reprimir su tendencia a flotar y mantenerla hundida? ¿Recuerda cómo se fatigaba? ¿No es eso, exactamente, lo que sucede cuando uno se empeña en reprimir la expresión natural de su yo verdadero? Imagine la fatiga que debe haber acumulado empeñándose en esa lucha cada minuto de cada hora de cada día de su vida.

Piense por un momento en la energía que desperdicia tratando de mantener la vida ficticia de la que estamos hablando, una vida que ignora sus dones y talentos y se limita a desempeñar los papeles asignados heredados que nada tienen que ver con su verdadero yo. Piense en el trabajoso esfuerzo que supone subir una gran roca redonda hasta lo alto de una colina larga y pronunciada. Imagínese ahora en lo alto de esa loma dándole un ligero empujón y advierta la facilidad con la que cae rodando hacia el otro lado. Compare el esfuerzo invertido en ambas tareas. Tal vez, al finalizar una jornada larga y agotadora, sólo pueda subir una roca mientras que, en ese mismo tiempo, podría lanzar sin el menor esfuerzo mil rocas grandes cuesta abajo porque, en este último caso, estaría trabajando de acuerdo al orden natural del universo y contaría con la colaboración de la fuerza de la gravedad. Este mismo principio es aplicable a la vida. Cada uno de nosotros posee rasgos, cualidades, dones talentos, necesidades y deseos que le son propios. Cada uno de nosotros tiene un propósito esencial para estar en este mundo y, cuando reprimimos nuestro yo verdadero, estamos haciendo algo completamente antinatural. Es por ello por lo que vivir en función del yo falso es como esforzarse innecesariamente en mantener una pelota de playa bajo el agua con una mano mientras que, con la otra, tratamos de subir una gran roca cuesta arriba. Cuando luchamos contra la naturaleza estamos malgastando una energía vital preciosa que, de otro modo, podríamos dedicar a las cosas que realmente nos interesan.

♠ ♠ ♠

Este libro le enseñará a soltar esa pelota y a dejar de esforzarse en desempeñar los roles que le han sido asignados y que, de haber tenido la ocasión, jamás hubiera elegido. Pretender otra cosa sería defraudarle mental, emocional, espiritual y físicamente.

Todo eso, como ya hemos señalado en la "necrológica" del Capítulo 1, tiene consecuencias muy importantes para su salud. Es un hecho médico bien conocido que la enfermedad no depende tanto de la exposición a la enfermedad como de la vulnerabilidad del sistema inmunológico. También está muy documentado que la tensión, tanto emocional como física, debilita nuestro sistema inmunológico. Son muchas las investigaciones que han demostrado un incremento, en presencia del estrés, de la incidencia de gripe y del resfriado. El número de visitas de los estudiantes universitarios a la enfermería también aumenta considerablemente cuando se acerca la época de exámenes. Independientemente de la edad, la inmensa mayoría de los viudos acaba muriendo un par de años después de la muerte de su cónyuge. Es como si el estrés y el desorden interno colapsaran seriamente nuestro sistema inmunológico.

No hay mayor estrés que el generado por la negación del yo verdadero, porque ello requiere un esfuerzo que acaba consumiendo nuestra energía vital y abocándonos a una situación física, emocional, mental y espiritualmente peligrosa. ¿Y cuáles cree usted que son los efectos acumulados de esta situación? No estaba usando una simple figura retórica cuando antes le dije que su yo verdadero puede llegar a matarle. En su libro *Real Age*, el doctor Michael Roizen afirma que cada año de estrés acorta unos tres años nuestra esperanza de vida. Según los resultados de su investigación, cuando su pasión no encuentra una vía de expresión adecuada son seis años los que se pierden y, si consumimos nuestra energía en la confusión y el conflicto, perdemos otros ocho años. ¡Son, pues, treinta y dos años los que podemos dejar de vivir si sumamos el número de años que supone vivir asentados en el yo falso! ¡Piense detenidamente en ello! ¡Treinta y dos años, más de un tercio de la esperanza media de vida, por el simple hecho de seguir atrapados en la jaula de la ficción, en lugar de descubrir su yo verdadero y de vivir en consonancia con él!

Conociendo, como conozco, la naturaleza humana, sé muy bien lo poco motivadores que resultan argumentos tan remotos como los problemas de salud que no le afectarán hasta dentro de unos treinta años. Es cierto que, durante la adolescencia y la madurez, cosas como éstas pueden parecer irrelevantes, pero déjeme advertirle que, en algún momento, pasan a ser algo muy, pero que muy real.

¿Qué cree usted que respondería si, llegado el caso, alguien se acercara a su lecho de muerte y le dijese: «Aquí tiene catorce años más para vivir, catorce años más para poder seguir disfrutando de ver crecer a sus nietos, catorce años más para poder experimentar la vida del modo que más le guste»?

Esforzarse en ser lo que uno no es consume mucha energía y, por el contrario, ser lo que uno es requiere muy poca. Ya no tiene, pues, motivo alguno para seguir esperando en el caso de que haya respondido afirmativamente a la pregunta que acabo de formularle.

Es fácil advertir que, cuando uno mantiene una buena relación consigo mismo, dispone de un gran caudal de energía. En tal caso, uno se siente inspirado y curado o, dicho en pocas palabras, se siente fortalecido, porque la fortaleza no es más que la capacidad de extraer la fuerza vital de un solo lugar. Esta fortaleza es la que permite que los padres levanten la esquina de un coche de dos toneladas para rescatar a un hijo que ha quedado atrapado bajo sus ruedas, la que proporciona al guerrero una gran ventaja sobre su enemigo y la que permite que una simple banda derrote a un ejército varias veces superior.

Cuando uno está realmente conectado con su yo verdadero, contempla desde una nueva perspectiva las tareas rutinarias que tan fastidiosas se le antojaban anteriormente. Se acabaron los enfados con esa cajera tan mal educada del supermercado que antes le preocupaban y acababan arruinándole la tarde. Cuando uno ha recuperado el equilibrio interno, no hay nada externo que pueda hacérselo perder. En tal caso, uno tiene en sus manos las herramientas necesarias para revisar el falso yo, distinguir lo que está bien de lo que está mal, lo que resulta doloroso y lo que, por el contrario, le aporta alegría, es decir, quién es usted y quién no es.

Es muy importante tener muy claro lo que es una vida realmente auténtica, y para ello resulta muy útil tomar como referencia a aquellas personas que viven e irradian una vida verdadera. En mi infancia yo conocí a una de esas personas, una persona muy especial, con una ocupación muy especial y que dejó en mí una huella indeleble. Su nombre era Gene Knight y acabó convirtiéndose para mí en el ejemplo vivo de la pasión y de la autenticidad.

En algún momento de nuestra vida todos hemos conocido a personas que, de una u otra manera, parecen más reales que la realidad, personas que irradian entusiasmo o, dicho en otras palabras, personas que se divierten con la vida y para las cuales no hay diferencia alguna entre el trabajo y el juego. Es por esto por lo que, cuando uno las ve trabajar, es como si estuvieran jugando y todo resultara muy sencillo. Esas personas son el ejemplo vivo de la autenticidad, y su vida es de todos los colores menos gris.

Gene Knight fue, para mí, una de esas personas. Debo comenzar diciéndole que Gene no creció en una familia de sangre azul y que tampoco creció en un entorno exquisito. ¡Gene Knight, uno de mis iconos de la autenticidad, era –por más que aquí hubiera podido atribuirle otra profesión más respetable– un contrabandista!

A finales de los cincuenta vivíamos en un pequeño pueblo de Oklahoma que se hallaba sometido a la llamada "ley seca", que prohibía la venta de bebidas alcohólicas. Gene formaba parte de una red informal que se ocupaba de suministrar algo que, en aquel momento y aquellos condados, tenía mucha demanda, cajas y más cajas de *Jim Beam* y de cualquier otro whisky que uno pudiera imaginar. Retrospectivamente considerado, hoy en día me resulta evidente que la verdadero profesión de Gene hubiera sido la de ir de un lado a otro presentando espectáculos o pronunciando discursos, pero ya tenía treinta años y era demasiado mayor para eso. Así pues, Gene se ganaba la vida transportando cajas de whisky por los cielos de Oklahoma, pero también hubiera sido igualmente feliz llevando suministros médicos de un lado a otro de la sabana africana o de la selva amazónica. El caso es que Gene Knight había nacido para ser piloto y, cuando montaba en su avión, no cabía la menor duda de que estaba haciendo lo que, de manera absoluta, apasionada e inequívoca, más le gustaba.

La primera vez que le vi, yo tendría unos ocho o nueve años, porque recuerdo que, mientras nos acercábamos a la avioneta, iba subido a hombros de mi padre. Aquel día abandonamos temprano nuestro pueblo y luego nos desviamos un par de veces por caminos de tierra hasta llegar a un enorme campo de algodón en el que había un pequeño cobertizo de madera que probablemente servía para almacenar las herramientas del campo. Con toda seguridad, la ubicación había sido estratégicamente elegida para poder divisar con tiempo suficiente a un vehículo que se aproximara desde cualquier dirección. Entonces pensé que, de ese modo, se evitaría todo enfrentamiento con la ley… ¡aunque no logro recordar ninguna ocasión en que el sheriff Tucker no nos ayudase a descargar la "mercancía"! Todavía recuerdo mi primer viaje al cobertizo. Era una fría tarde pero, cuando se puso el sol, se hizo gélida. Una vez dentro del cobertizo me arrastré como un gusano por entre las piernas de un grupo de hombres acuclillados en torno a una pequeña estufa de madera. Apenas había empezado a frotar mis manos al calor de la estufa cuando se oyó un zumbido como de mosquito que fue intensificándose poco a poco hasta que uno de los hombres dijo: «¡Éste debe ser Gene!», y todos nos apresuramos a salir al exterior.

Después de aterrizar traqueteando, el viejo aeroplano se detuvo y de él salió Gene Knight y, por más teatral que pueda sonar, les aseguro que cualquiera podría haberle confundido con Errol Flynn. Tenía el pelo negro como el carbón, llevaba una chaqueta de aviador de cuero y mediría casi dos metros. Bajó del avión de un salto sonriendo de oreja a oreja y luego estrechó las manos, palmeó las espaldas e intercambió algunas palabras amistosas con todos los presentes, con una alegría completamente contagiosa. Cuando todos se aprestaron a descargar las cajas de whisky, Gene seguía sonriendo, como si dijese: «¿Qué os parece? ¿Acaso hay algo más grande que esto». Hablaba de su avión como si se tratase del *Concorde*, presentándonos todas las novedades y mostrándonos las cicatrices que, en un vuelo reciente, había dejado en el fuselaje la copa de un árbol. Luego entró en el cobertizo, donde se calentó las manos al calor de la estufa, y se puso a charlar con mi padre. Los demás no tardaron en seguirle, pero no tanto para calentarse como para contagiarse de la libertad que parecía brotar de él. Frotándose las manos y golpeando los pies contra el suelo me pareció un caballo de carreras, apenas capaz de contener su excitación hasta el comienzo de la próxima carrera.

Como es natural, aquellas tardes de sábado se convirtieron para mí en mi ritual favorito, y esperaba ansiosamente el paseo en coche con mi padre hasta el campo de algodón. Cuando Gene hablaba de volar, sus ojos resplandecían. Amaba su "trabajo", amaba su vida y amaba a la gente que se encontraba en su camino. Finalmente llegó el día de mi "bautismo del aire" y Gene me llevó consigo a dar mi primer paseo en avión. ¡Permítanme decirle que Buck Rogers ya no tiene nada que enseñarme! Apenas estuvimos en el aire, me dije a mí mismo que yo también sería piloto y, en cuanto tuve la edad requerida, obtuve la licencia de vuelo. Desde entonces he volado toda mi vida, un legado indiscutible de la influencia que Gene Knight dejó en mí.

Hoy en día, más de cuarenta años después, reconozco que Gene no debía ganar mucho dinero. Su avioneta era vieja, lenta y destartalada. Sé que él, como mi padre y el resto de los presentes, tenían cuentas que pagar y promesas que mantener, pero la huella más imperecedera que dejó en mí era que Gene no vivía para pagar sus deudas, sino para volar. Había nacido para volar y era consciente de ello. Le gustaba lo que hacía y estaba muy satisfecho de sí mismo, aunque no tenía la menor necesidad de pavonearse. Era un hombre humilde y contagiosamente feliz. Sólo contaba con su vida y todos sus "ingresos" consistían en elevar a los cielos aquella vieja avioneta y aterrizarla en medio de un campo de algodón, a miles de kilómetros del aeropuerto más próximo, hacer su trabajo y charlar con sus amigos. Estoy seguro de que, cuando bajaba del avión, sólo esperaba poder volar de nuevo, sin importarle el destino. Conocí a Gene durante treinta y cinco años y puedo asegurarles que siguió volando hasta el año mismo de su muerte. Fue un hombre feliz y satisfecho.

♠ ♠ ♠

Pero ya es hora de hablar de usted. ¿No cree que ya ha llegado el momento de dar una nueva vuelta de tuerca a su vida? ¿No sabe acaso que ya ha perdido demasiado tiempo? Sospecho que usted se dedica a cuidar a todo el mundo y que casi siempre relega sus necesidades para más adelante, si es que alguna vez se ocupa de ellas. Pero el hecho mismo de que ahora esté leyendo este libro pone de manifiesto que debe tener alguna necesidad. En algún nivel, está en condiciones de hacer algo diferente con su vida y quisiera aprovechar esta ocasión.

Usted sabe que estoy en lo cierto, lo que no sabe es lo mucho que me interesa que sea serio consigo mismo y recupere cuanto antes el increíble poder que tal vez todavía no sepa que ha perdido. Usted puede vivir más plenamente, usted es capaz de mucho más de lo que tiene y experimenta, su vida puede ir viento en popa si conecta con su yo y con su mundo verdadero… pero antes deberá establecer contacto consigo mismo.

Lo primero que debe hacer es responder a ciertas preguntas –las preguntas adecuadas– que puedan ayudarle a establecer un diagnóstico. De ese modo podrá tomar una cierta distancia de la situación, ser sincero consigo mismo y empezar a considerar las alternativas de que dispone. Si responde «estoy bien» sólo para salir del paso debe saberlo. Consecuentemente, éste es un libro interactivo y, cada vez que introduzcamos un nuevo concepto, le pediré que se tome el "tiempo libre" necesario para aplicarlo a su vida.

Pero pongámonos de acuerdo antes de empezar, porque sólo deberá ocuparse de los hechos puros y objetivos. Así pues, ésta es una invitación a dejar de lado, desde ahora mismo, las opiniones y las creencias, y empezar a relacionarse exclusivamente con los hechos.

Con ello quiero decir que no tendrá que prestar atención a las creencias que no se hayan visto corroboradas. No crea, por tanto, de manera automática, que todo lo que piensa de sí mismo ha sido o es objetivo. El simple hecho de haber creído en algo durante mucho tiempo o de haber acabado convenciéndose de que "es" de un determinado modo no confiere realidad alguna a las creencias. Debe prepararse para poner en cuestión casi todo lo que hasta ahora ha creído de sí mismo. Por ejemplo, ¿dónde está la prueba que demuestra que usted es un ciudadano inferior o de segunda clase, en el caso de que ésa sea su creencia? ¿Tiene algún argumento racional que pueda convencer a los miembros del tribunal de que usted es un ciudadano de segunda categoría? ¿Es ése un hecho o no es más que una opinión que sostiene desde hace mucho tiempo? Pongámonos de acuerdo, pues, en usar el enfoque de Joe Friday, de la vieja obra de teatro *Dragnet*: «Sólo los hechos, señora, sólo los hechos».

Tal vez ahora le parezca sencillo, pero debe reconocer que, en lo que respecta a la relación consigo mismo, las cosas pueden ser muy diferentes y que es muy probable que hace ya muchos años dejara de relacionarse con los hechos. Recuerde el dicho de que «una mentira repetida acaba convirtiéndose en una verdad». Son tantas las tonterías que le han repetido los demás –o que se ha repetido a sí mismo–, que no es de extrañar que haya acabado creyendo en ellas a pies juntillas. Eso jamás hubiera sucedido si se hubiera atenido exclusivamente a los hechos. Nadie, por ejemplo, puede convencerle de que usted es un ladrón porque, teniendo en cuenta los hechos, eso es algo que usted conoce muy bien. Usted sabe, de manera indiscutible y objetiva, que jamás ha robado y punto. Conoce tan bien ese hecho que puede rechazar de plano cualquier acusación al respecto y, por más que otra persona "piense" lo contrario, ese conocimiento no cambiará. Dicho en otras palabras, ésa es una información que no encuentra la menor justificación en la idea que usted tiene de sí mismo y, por ello, la creencia de que «yo soy un ladrón» jamás acabará formando parte de su verdad personal.

Pero supongamos que alguien le enfrenta a un aspecto de sí mismo que no es tan objetivo ni tan mensurable, algo sobre lo que no pueda haber tanto acuerdo, como el valor, la importancia, el atractivo o la sensibilidad, pongamos por caso. ¿Acaso alguien le ha mostrado alguna vez un kilo de valor o un litro de dignidad? Poco importa, en tal caso, que sea usted u otra la persona que "opine" que usted, por ejemplo, no vale nada porque si desconoce los hechos estará completamente despistado. ¡Quien no está en contacto con los hechos está completamente extraviado!

Una y otra vez observo que, por alguna extraña lógica que nunca deja de sorprenderme, las personas se dejan engañar. Cualquiera (el novio, la suegra, el jefe, el amigo, etcétera) formula una crítica vaga e infundada y, puesto que no nos hemos esforzado en atenernos a los hechos, les creemos y acabamos asumiendo esa etiqueta e integrándola en la idea que tenemos de nosotros mismos. ¡Y eso es algo que hacemos hasta con nuestras propias opiniones! Sin embargo, para examinar la idea que tenemos de nosotros mismos debemos tener muy claro cuáles son los hechos y cuáles no, puesto que las opiniones no son más que ocurrencias que varían con el paso del tiempo. Lo único que pretendo ahora es que deje de ocuparse de las opiniones que tiene de sí mismo y, en lugar de ello, se ocupe en restablecer el contacto con los hechos.

En el mismo momento en que conozca los hechos se relacionará con el mundo de un modo completamente diferente. Entonces dejará de decirse «Tengo que ganarme el derecho a estar aquí, tengo que ser inteligente, rico, divertido, guapo o lo que fuere». En el momento mismo en que conozca los hechos se relacionará con el mundo sintiendo que tiene derecho a estar aquí porque sabrá, desde el interior, que posee cualidades que merecen su aprobación. Tal vez necesite un tiempo para reconocer lo que es y lo que no es pero, cuando lo sepa, no dude de que las cosas funcionarán mucho mejor.

Insisto en este punto porque parece muy importante y porque sé que son muchas las percepciones y pensamientos distorsionados (basados en opiniones infundadas) que se introducen de manera subrepticia y acaban determinando nuestra vida. Y no hay que olvidar que esto es algo que, en ocasiones, ocurre de un modo completamente inadvertido. Es como si su yo verdadero fuera una imagen proyectada sobre una pared. Al comienzo, esa imagen era clara y precisa, los colores eran brillantes y su perfil tan nítido y perfilado que usted no tenía la menor duda de quién era. Si alguien entonces le hubiera preguntado: «¿Quién es usted?», hubiera señalado la imagen y habría dicho con completa confianza: «Ése soy yo».

Luego el proyector empezó a verse maltratado por el mundo. Los problemas, los retos, las dificultades y hasta sus propias respuestas fueron sacudiéndolo y golpeándolo de mil modos diferentes y la imagen fue volviéndose cada vez más y más borrosa. Esta situación permaneció a lo largo de los años, usted acabó acostumbrándose a no corroborar la exactitud y las cosas empezaron a desdibujarse. Hoy en día, cuando contempla la imagen, sólo puede ver una mancha de colores y formas difusas. Es así como sus opiniones y las opiniones de los demás (que, no lo olvide, pueden tener sus propios intereses ocultos) acaban desenfocando y distorsionando la imagen de su yo verdadero.

Le recomiendo, pues, que se prepare a poner a prueba todos los pensamientos, sentimientos o reacciones que tenga sobre sí mismo. Es natural y normal que confíe en su pensamiento pero ¿qué ocurre si está equivocado?, ¿qué ocurre si soslaya aspectos muy importantes? Tenga en cuenta que, si trata a sus pensamientos como si fueran hechos, dará por sentado que conoce todas las respuestas y, en consecuencia, dejará de buscar nueva información. Sin embargo, de ese modo dejará de lado aquellas realidades objetivas esenciales de sí mismo que no puede permitirse olvidar, y en este caso obtendrá su información de una imagen completamente desenfocada y, por ende, muy poco fiable.

Le invito a poner en cuestión la información con que está familiarizado y a descubrir en su lugar cuáles han sido sus "distorsionadores", es decir, las cosas que han maltratado su proyector. El viaje que estamos a punto de emprender le permitirá advertir todas estas cosas y empezar a corregirlas. Recopile nueva información sobre sí mismo, porque estoy seguro de que habrá aspectos de sí mismo, aspectos de su yo verdadero, que emergerán del interior de esa maraña de experiencias del mundo y de decisiones sobre sí mismo. ¡Sería lamentable que ignorase su verdadero yo porque tiene la cabeza en otra parte y se ha olvidado de ver lo que realmente encierra!

Si, por el contrario, está dispuesto a relacionarse "exclusivamente con los hechos", éste es el momento adecuado para poner algunos sobre el tapete. Veamos unos pocos hechos que son universales, hechos que pueden convertirse en la piedra angular de este viaje de descubrimiento o de redescubrimiento de su yo verdadero.

HECHO: *Cada uno de nosotros, usted incluido, tiene en su interior todo lo que necesita para ser, hacer y tener todo lo que pueda querer y necesitar.*

Dios es más sabio de lo que nosotros podemos imaginar y realmente creo que nos ha dotado con todo lo que necesitamos para vivir adecuadamente nuestra vida. En mi opinión, pues, todos tenemos las herramientas y elementos que necesitamos para enfrentarnos al mundo y vivir desde nuestro yo verdadero. Pero el conjunto de dones con que contamos es distinto, y Dios le ha proporcionado a usted unos diferentes a los míos y a los de su vecino. Sin embargo, más allá de esas diferencias cada uno de nosotros posee los recursos internos que necesita. Esos recursos se encuentran en el yo verdadero. Si usted se siente inadecuadamente equipado para relacionarse con la vida –un hecho, en ocasiones, difícil de aceptar– créame cuando le aseguro que, bajo toda la basura que pueda haber acumulado en su viaje por este mundo, se ocultan dones y habilidades que usted ignora que están ahí. Quizás, si se siente desconectado personal, profesional, emocional, física o espiritualmente de sus objetivos, no se trate de que haya algo incorrecto o inadecuado en usted, sino simplemente de que persigue metas equivocadas.

En el ámbito de la psicología industrial se habla, en ocasiones, de la "interfase hombre-tarea" más adecuada. El objetivo consiste en encontrar a la persona más adecuada para desempeñar un determinado trabajo. Y es que, en este sentido, dos personas que, por ejemplo, posean el mismo nivel de desarrollo intelectual, pueden obtener rendimientos muy distintos en el mismo trabajo a causa del diferente equipamiento de rasgos esenciales con que cuentan en su yo verdadero. No es de extrañar, por tanto, que ambos tengan el mismo nivel de inteligencia, pero uno posea los requisitos concretos necesarios para desempeñar ese trabajo, mientras que el otro no.

Es muy probable, si está abordando determinada faceta de su vida –su profesión, el mundo de las relaciones, las finanzas, la familia o los sentimientos y esperanzas que tenga sobre sí mismo– que la cuestión no tenga tanto que ver con usted como con su interfase personal hombre-tarea. Tal vez, por ejemplo, esté dirigiéndose hacia personas, metas, objetivos o experiencias del yo que no sean congruentes con su yo esencial. Como anteriormente hemos dicho, no conviene quedarse atrapado en una forma de pensar demasiado estricta. Usted debe estar dispuesto a cuestionarlo casi todo, incluyendo el hecho de que puede querer y buscar cosas que sencillamente no son adecuadas para usted.

HECHO: *El yo verdadero siempre ha sido y sigue siendo completamente accesible. Ésta es una verdad que no tiene ninguna excepción.*

Cada uno de nosotros posee rasgos y características individuales y un depósito de conocimiento exacto y sin distorsionar que nos define y diferencia de los demás. Pero esta distinción sólo es cierta si está en contacto con su yo verdadero. Conviene, pues, servirse de estas características genuinas y dejar que asuman el lugar central que ocupan en su vida. Y esto es algo que se encuentra al alcance de cualquiera. Redescubrir el yo verdadero no es una tarea esotérica o mística que sólo pueda ser llevada a cabo por algún filósofo retirado en la cima de una remota montaña, sino un trabajo que podemos llevar a cabo todos y cada uno de nosotros. Pero usted no puede ser si antes no se conoce, ya que, para poder acceder a ello, deberá ejercitarlo. ¡En caso contrario se convertirá en la "oveja" ochenta y tres empezando por la izquierda de la fila 487.000.946!

HECHO: *El yo que ahora gobierna su vida no es algo que simplemente suceda, sino que es el resultado de*
1. Ciertos acontecimientos cruciales que ha experimentado a lo largo de su vida, es decir, sus circunstancias externas, y de
2. un proceso de interpretación y reacción que tiene lugar en su interior, es decir, sus factores internos.

Vivir en este mundo supone una serie de interacciones, tanto externas como internas. Mediante las interacciones externas, el mundo le confirma y fundamenta o, por el contrario, le anula, ataca y erosiona. Los factores y reacciones internas a través de las cuales interpreta y reacciona a lo que le sucede son tan poderosas –y, en ocasiones, mucho más– que los factores externos. Como resultado de todo ello, si usted es el producto de un viaje desagradable e insensible por su vida, es un yo falso. Y digo que es un yo falso porque las experiencias negativas de su vida y –quizá mucho más importante– el modo en que interpreta esas experiencias y reacciona a ellas, le alejan cada vez más de quien una vez supo que era hasta llegar a ignorar quién es, lo que quiere y lo que necesita. Este yo acaba resignándose y convirtiéndose en un conformista que sólo se preocupa por no crear problemas (¡Acéptalo! ¡No crees problemas! ¡Toma las cosas tal como son!). Pero, por más conveniente que pueda ser para el mundo este conformismo, resulta frustrante, desesperanzador y muy debilitador para el individuo. Para desconectarse de este yo falso y volver a establecer contacto con el yo verdadero, antes deberá comprender el papel desempeñado por este conjunto de influencias, las externas y las internas, en el establecimiento de su vida actual y el modo en que pueden ser controladas por usted para crear lo que realmente quiere y necesita.

Si, por ejemplo, usted se ha visto rechazado (acontecimiento externo) y es muy duro consigo mismo y se culpa por no ser lo suficientemente bueno (acontecimiento interno), está desconectándose de su yo verdadero y conectando, en su lugar, con un yo falso que, muy probablemente, tenga muy poco que ver con usted y mucho, por el contrario, con los demás.

HECHO: *Su yo falso es la fuente de una identidad y de una información equivocada.*

El yo falso no sólo le transmite una información falsa sobre quién es usted y lo que debería hacer con su vida, sino que también bloquea activamente la información que necesita para mantener la conexión con su verdadera identidad. Es por ello por lo que confiar en la información procedente del yo falso es como dirigir su vida valiéndose de una brújula rota.

Imagine que llega a un cruce en el que, en lugar de girar a la derecha, como debería, gira hacia la izquierda. Éste es un doble problema porque, por un lado, no necesita ir a la izquierda pero, de ese modo, tampoco va en la dirección correcta. Si viaja diez kilómetros a la izquierda cuando debería haberse desplazado hacia la derecha, habrá cometido un error de treinta kilómetros, los diez kilómetros que ha avanzado en la dirección equivocada, los diez kilómetros que necesitará para regresar al punto en que se desvió y los diez kilómetros más que podría haber recorrido si hubiera tomado directamente la dirección adecuada. Éste es el tipo de errores que caracterizan a una vida asentada en el yo falso. ¿Entiende ahora por qué necesita tomarse un "tiempo libre" que le permita determinar dónde se encuentra exactamente? ¿De hecho, su vida está encaminándose en la dirección adecuada?

Hecho : *La vida no es un ensayo.*

Si es cierto que su vida actual es muy limitada y puede ser mucho más rica, deberá preguntarse ¿por qué no estoy viviéndola ahora mismo? Necesita preguntarse ahora mismo cómo recuperar el control de su vida. Quizás no se pida demasiado, porque crea que está atrapado y que no tiene otra alternativa. Quizás se encuentre atrapado por la falta de dinero, de oportunidad o en manos de personas que se sentirían amenazadas por su éxito o tal vez, simplemente, no sepa por dónde empezar o qué es lo que quiere.

Pero, seas cuales fueren sus circunstancias, no puede permitir que esas "razones" acaben convirtiéndose en "excusas". Poco importa que sea fácil o difícil, lo que estoy diciéndole es que usted tiene la responsabilidad, por su familia, por usted mismo y por el resto del mundo, de ser todo lo que puede ser. Ésta es su vida y el tiempo no se detiene. Si sigue negándose a sí mismo, desaprovechará los días, las semanas, los meses y los años, y malgastará mucho tiempo.

¿Es hoy un ejemplo perfecto de ello? Piense en que, como tantos otros días, hoy ya es un día perdido. Sea lo que fuere lo que hizo o no hizo, sintió o no sintió, padeció o disfrutó, compartió o no compartió, ya ha pasado. La diferencia es que, leyendo este libro y abriendo su mente y su corazón a la posibilidad de hacer las cosas de manera diferente, ya está empezando a cambiar. Usted ya ha emprendido un viaje, un viaje que le llevará a profundizar más allá de la confusión de la vida y del mundo, el viaje de regreso a sí mismo.

Comenzaremos este viaje realizando un par de tests que aspiran a proporcionarle un "vistazo" sobre la energía vital que invierte en su yo verdadero y en su yo falso. Para ello necesitará papel, lápiz y el tiempo necesario para responder sinceramente a las preguntas que voy a realizarle.

LA ESCALA DE LA AUTENTICIDAD

Cada uno de los apartados que presentamos a continuación le brinda dos opciones de respuesta diferentes a las que puede considerar como los dos "polos" o extremos opuestos de un mismo continuo del espectro y entre las que deberá elegir la que más se acomode a su caso. Veamos el primer apartado a modo de ejemplo. Considere las dos respuestas y pregúntese cuál de ellas describe más claramente su motivación ¿Cree usted que está motivado por factores externos o sería, por el contrario, más exacto decir que se encuentra más motivado por los factores internos? Una vez que haya decidido cuál de ambas respuestas le describe mejor –la de la izquierda o la de la derecha–, deberá considerar con qué frecuencia o con qué congruencia le define la respuesta elegida. Si resulta, por ejemplo, que usted tiende a estar motivado por la necesidad de complacer a las personas que representan la autoridad y que se trata de un rasgo que suele ocurrir la mayor parte de las veces, deberá señalar con una X en la segunda columna de paréntesis empezando por la izquierda del apartado número l, una columna que se refiere a las conductas que son ciertas la mayor parte de las veces. Pasemos ahora al apartado número 2. Considere las dos opciones que le propongo, elija cuál de ellas le describe mejor y decida si es cierta todas las veces o la mayor parte de las veces y señale con una X el paréntesis correspondiente al apartado número 2. Haga lo mismo con los treinta y ocho apartados.

✍ ✍ ✍

Yo falso	1. Siempre verdadero	2. Verdadero la mayor parte de las veces	3. Verdadero la mayor parte de las veces	4. Siempre verdadero	Yo verdadero
1. Me siento motivado por la necesidad de complacer a la autoridad y conseguir la aprobación de los demás	( )	( )	( )	( )	Me siento motivado por factores internos como la sensación de ser sincero conmigo mismo y tener una misión en la vida
2. Cumplo órdenes por miedo a la desaprobación	( )	( )	( )	( )	Tomo decisiones basándome en mis propios intereses
3. No tengo la confianza necesaria para funcionar sin figuras de autoridad. Carezco de iniciativa	( )	( )	( )	( )	Confío en mis propias decisiones
4. Mi autoestima se basa en lo que piensan los demás, por ello busco desesperadamente su aprobación	( )	( )	( )	( )	Con o sin la aprobación de los demás, mi autoestima está definida internamente
5. Me resulta difícil ver la relación que existe entre mi conducta personal y sus consecuencias sin tener en cuenta las reacciones de los demás	( )	( )	( )	( )	No tengo dificultades en advertir la relación que existe entre mi conducta y sus consecuencias

(Continúa en la página siguiente)

Yo falso	1. Siempre verdadero	2. Verdadero la mayor parte de las veces	3. Verdadero la mayor parte de las veces	4. Siempre verdadero	Yo verdadero
6. Me resulta difícil tomar decisiones basándome exclusivamente en mis prioridades personales	( )	( )	( )	( )	No tengo dificultad alguna en tomar decisiones basándome en mis propias prioridades
7. Me siento dependiente y tengo miedo	( )	( )	( )	( )	Me siento fuerte y confío en mí mismo
8. Evito los sentimientos internos	( )	( )	( )	( )	Busco el conocimiento interno
9. Complazco a los demás	( )	( )	( )	( )	Coopero con los demás
10. Me muevo tratando de evitar castigo	( )	( )	( )	( )	Me oriento hacia la autorrealización
11. Me molestan las expectativas que los demás suelen poner en mí	( )	( )	( )	( )	Confío en los demás
12. Muchas veces tengo miedo	( )	( )	( )	( )	Habitualmente me siento feliz

Yo falso	1. Siempre verdadero	2. Verdadero la mayor parte de las veces	3. Verdadero la mayor parte de las veces	4. Siempre verdadero	Yo verdadero
13. Me siento perdido en la vida	( )	( )	( )	( )	Mi vida tiene sentido
14. Tengo la sensación de no pertenecer a nada ni a nadie	( )	( )	( )	( )	Me siento cercano a la gente
15. Odio tomar decisiones	( )	( )	( )	( )	Disfruto tomando decisiones
16. No me gusto	( )	( )	( )	( )	Estoy a gusto conmigo mismo
17. No suelo perdonarme los errores	( )	( )	( )	( )	Cometo errores, pero aprendo de ellos
18. Suelo insultarme diciéndome cosas tales como "eres estúpido" o "eres tonto"	( )	( )	( )	( )	Me valoro de manera sincera y objetiva
19. Me siento un fracasado	( )	( )	( )	( )	Soy un afortunado

(Continúa en la página siguiente)

Yo falso	1. Siempre verdadero	2. Verdadero la mayor parte de las veces	3. Verdadero la mayor parte de las veces	4. Siempre verdadero	Yo verdadero
20. Todavía escucho en mi interior la voz de mis padres	( )	( )	( )	( )	Hace tiempo que me he desembarazado de las críticas a que mis padres me sometían
21. Me preocupa volverme neurótico	( )	( )	( )	( )	No dejo que el pesimismo entre en mi vida
22. Siempre me parece que los demás están valorándome	( )	( )	( )	( )	Presto más atención a mis propios valores que a los de los demás
23. A menudo me pregunto por qué, a pesar de mis esfuerzos, tengo tantas dificultades en conseguir lo que quiero	( )	( )	( )	( )	No tengo dificultades de concentración y suelo conseguir lo que quiero
24. Cuando estoy solo me siento desconectado y mi mirada se pierde en el vacío	( )	( )	( )	( )	Disfruto estando solo y siento que estoy bien acompañado
25. Si tengo dificultades para dormir me preocupa cómo pasaré el día siguiente	( )	( )	( )	( )	Cuando no puedo dormir dejo que mi mente se explaye y sea creativa, sabiendo que mañana será un día gratificante y positivo

Yo falso	1. Siempre verdadero	2. Verdadero la mayor parte de las veces	3. Verdadero la mayor parte de las veces	4. Siempre verdadero	Yo verdadero
26. No me parece que en la vida quepan la esperanza y la alegría	( )	( )	( )	( )	Me resulta sencillo sentirme esperanzado y alegre
27. Me cuesta ponerme en marcha	( )	( )	( )	( )	No tengo dificultad alguna en embarcarme en nuevos proyectos
28. A menudo me pregunto por qué los demás tienen éxito y yo no	( )	( )	( )	( )	Entiendo que los demás tengan éxito
29. Me siento deprimido y ansioso	( )	( )	( )	( )	Habitualmente me siento feliz y esperanzado
30. Con frecuencia me siento frustrado y con ganas de gritar	( )	( )	( )	( )	No tengo dificultades en manejar la frustración
31. Muchas veces me pregunto por qué no soy el jefe y los demás no me consideran como líder	( )	( )	( )	( )	Los demás aceptan mi liderazgo y me respetan

(*Continúa en la página siguiente*)

Yo falso	1. Siempre verdadero	2. Verdadero la mayor parte de las veces	3. Verdadero la mayor parte de las veces	4. Siempre verdadero	Yo verdadero
32. No entiendo por qué mi matrimonio es tan difícil y mis hijos son tan problemáticos	( )	( )	( )	( )	Me siento cómodo y seguro en mi familia
33. Quisiera escapar del mundo, sobre todo cuando llega la hora de hacer cuentas	( )	( )	( )	( )	La vida me parece divertida y las facturas forman parte de la vida
34. Siento que no vivo mi vida, sino una mascarada	( )	( )	( )	( )	Estoy viviendo mi vida
35. Estoy cansado de vivir	( )	( )	( )	( )	La vida me parece maravillosa y emocionante
36. No tengo las menores ganas de empezar un nuevo trabajo, una nueva dieta, etcétera, porque probablemente fracase	( )	( )	( )	( )	Estoy deseando enfrentarme a nuevos retos, porque sé que no tendré dificultades en conseguirlo
37. He llegado a la conclusión de que mi vida no me gusta	( )	( )	( )	( )	Estoy viviendo mi vida y tratando de conseguir mis objetivos

Yo falso	1. Siempre verdadero	2. Verdadero la mayor parte de las veces	3. Verdadero la mayor parte de las veces	4. Siempre verdadero	Yo verdadero
38. Mi vida y la dirección que ha tomado me resulta muy desagradable	( )	( )	( )	( )	Disfruto viviendo, aunque ello suponga la necesidad de enfrentarme a los problemas que se presenten

Puntuación: Por cada X en la primera columna empezando por la izquierda deberá anotarse un 1, por cada X en la segunda columna anótese un 2, por cada X en la tercera columna anótese un 3 y por cada X en la cuarta columna anótese un 4. Luego sume las puntuaciones de los treinta y ocho apartados y su puntuación total deberá hallarse en unos valores entre 38 y 142.

INTERPRETANDO SU PUNTUACIÓN:

38-70 Las puntuaciones que se hallen dentro de este tramo indican que se halla muy desconectado de su yo verdadero y, en consecuencia, no estaría de más que se preguntara si su experiencia de la vida es lo que realmente quiere.

71-110 Este tramo de puntuaciones sugiere que, en la mayor parte de las ocasiones, usted está funcionando desde un yo falso y distorsionado, es decir, desde una versión de sí mismo que no se halla asentada en su yo verdadero. No debería sorprenderse por tanto de que, en un determinado momento, no viera claro lo que tiene que hacer o el mejor modo de utilizar su tiempo. También puede sentirse desconcertado por lo que el mundo espera de usted y hallarse desconectado de su vida. En muchos sentidos, las puntuaciones que se mueven dentro de este tramo son las más problemáticas, porque el individuo puede darse cuenta de su yo falso y comprender incluso que su vida no puede seguir así pero, al mismo tiempo, tener miedo de asumir la responsabilidad del cambio.

111-129 Esta puntuación indica que la visión que tiene de sí mismo se encuentra distorsionada y, al menos en algunas ocasiones, se halla asentada en un yo falso. En tal caso, usted puede tener miedo a mostrarse tal cual es, debido al poder que el mundo tiene sobre usted, pero ser simultáneamente consciente de ello y querer ser fiel a sí mismo. El problema es que, cuando los retos son tan grandes, la persona cuya puntuación cae en esta franja suele acabar fracasando.

139-142 Quien se mueve en este tramo suele funcionar, la mayor parte del tiempo, desde su yo verdadero. Son personas que tienen las ideas claras y que saben lo que quieren. Cuando tal persona se encuentra en una situación difícil, considera detenidamente su yo, para definir claramente objetivos que no le alejen de la autenticidad.

Test de congruencia

El siguiente perfil le ayudará a hacerse una idea del grado de coherencia que existe entre el modo en que habitualmente experimenta la vida –es decir, el modo en que suele pensar, sentir y vivir– y el modo en que lo haría si viviese una vida auténticamente plena y satisfactoria. ¿Es esa congruencia entre su vida actual y su vida potencial del 90% o acaso la idea que tiene de sí mismo se ha visto distorsionada y ha acabado convirtiéndose en una versión falsa?

El test de congruencia responde a esta pregunta en tres fases diferentes. En primer lugar, deberá describir cómo serían ciertas dimensiones de su experiencia vital en el caso de que se hallara en una situación ideal. Luego valorará esas mismas dimensiones pero, en esta ocasión, deberá tratar de reflejar la persona que realmente es. Finalmente determinará el porcentaje de diferencia existente entre las puntuaciones obtenidas en los pasos 1 y 2. Esa diferencia –entre su pensamiento, sentimiento y vivencias auténticas/ideales y la menos deseable realidad a la que llama vida– le proporcionará un índice comparativo de la salud de su verdad personal y de la idea que tiene de sí mismo.

A continuación le presentamos dos conjuntos idénticos de términos con los que deberá describirse –con la misma sinceridad que le pedía en la Escala de Autenticidad– a sí mismo, primero tal como sería en un caso ideal, y luego tal y como realmente es. Cuando haya concluido este ejercicio podrá establecer comparaciones muy interesantes.

✍ ✍ ✍

1. Marque con un círculo todas las palabras que, en su opinión, mejor expresen la persona ideal que quiere ser, es decir, las palabras que, a su juicio, reflejen más adecuadamente el potencial pleno de quien usted es y siempre será.

agradable   atractivo   hermoso   encantador   guapo llamativo   fantástico   dulce   espiritual   sabio   sociable amistoso   fiel   líder   fuerte   tolerante   moral   ético persona de principios   bueno   honrado   decente   cariñoso amoroso tierno cordial expresivo bondadoso amable afectuoso emotivo hospitalario acogedor amistoso risueño apasionado fogoso entusiasta celoso arrogante egocéntrico altruista simpático humano desinteresado filantrópico inteligente dependiente afable atento dominante sumiso autónomo creativo compasivo autosuficiente reservado liberal convencional objetivo elegante astuto distinguido racional rápido encantador ordenado pulcro juicioso atento cuidadoso observador alerta confiable inspirado ocurrente imaginativo ingenioso productivo emocionante energético vivo vigoroso inquieto activo alegre feliz contento eufórico risueño sano racional sensible razonable normal completo capaz genuino motivador orgulloso próximo tranquilo sincero generoso servicial competente completo perfecto íntegro exitoso fenomenal confiado caritativo contento humilde modesto dichoso satisfecho cómodo suelto relajado capaz enterado hábil diestro competente experto rico adinerado acaudalado próspero pleno estupendo valioso abundante fecundo poderoso profundo productivo prolífico comprensivo dinámico útil práctico constructivo benéfico positivo funcional valioso

Cuente ahora el número de palabras que ha señalado en este primer paso. Ésa será la llamada Puntuación Potencial Total.

Número de palabras señaladas en el primer paso = Puntuación Potencial Total

✍ ✍ ✍

2. Marque ahora con un círculo las palabras del siguiente listado que mejor describan la persona que es en el presente.

agradable   atractivo   hermoso   encantador   guapo llamativo   fantástico   dulce   espiritual   sabio   sociable amistoso   fiel   líder   fuerte   tolerante   moral   ético persona de principios   bueno   honrado   decente   cariñoso   amoroso   tierno   cordial   expresivo   bondadoso amable   afectuoso   emotivo   hospitalario   acogedor amistoso   risueño   apasionado   fogoso   entusiasta   celoso   arrogante   egocéntrico   altruista   simpático   humano   desinteresado   filantrópico   inteligente   dependiente   afable   atento   dominante   sumiso   autónomo creativo   compasivo   autosuficiente   reservado   liberal convencional   objetivo   elegante   astuto   distinguido racional   rápido   encantador   ordenado   pulcro   juicioso   atento   cuidadoso   observador   alerta   confiable inspirado   ocurrente   imaginativo   ingenioso   productivo emocionante   energético   vivo   vigoroso   inquieto   activo   alegre   feliz   contento   eufórico   risueño   sano racional   sensible   razonable   normal   completo   capaz genuino   motivador   orgulloso   próximo   tranquilo   sincero   generoso   servicial   competente   completo   perfecto   íntegro   exitoso   fenomenal   confiado   caritativo contento   humilde   modesto   dichoso   satisfecho   cómodo   suelto   relajado   capaz   enterado   hábil   diestro competente   experto   rico   adinerado   acaudalado   próspero   pleno   estupendo   valioso   abundante   fecundo poderoso   profundo   productivo   prolífico   comprensivo dinámico   útil   práctico   constructivo   benéfico   positivo   funcional   valioso

Cuente ahora el número de palabras que ha señalado en este segundo paso. Ésa será la Puntuación del Yo Real.

Total de palabras señaladas en el segundo paso = Puntuación del Yo Real

✍ ✍ ✍

3. La Puntuación de Congruencia es el porcentaje de palabras señaladas en el segundo paso (Puntuación del Yo Real) comparado con el número total de palabras señalado en el primer paso (Puntuación Potencial Total).

Puntuación de congruencia = Puntuación Potencial Total

$$\sqrt{\text{Puntuación del Yo Real x 100}}$$

Si, por ejemplo, su Puntuación Potencial Total es de 120 y su Puntuación del Yo Real de 90, su Puntuación de Congruencia será:

$$120 \sqrt{\text{90} = 0,75 \text{ x } 100 = 75\%}$$

Si no quiere dividir puede consultar la tabla de conversión de Puntuaciones Potenciales y de Puntuación del Yo Real que presentamos más adelante para obtener el valor estimado de su Potencial de Congruencia. Para ello, deberá ubicar su Puntuación Potencial Total y su Puntuación del Yo Real en los ejes horizontal y vertical, respectivamente, y el porcentaje que está en la columna del Potencial del Yo real y en la fila de la Puntuación del Yo Real correspondientes será la Puntuación de Congruencia. Observe cómo, en nuestro ejemplo, el 75% se halla en la columna de 120 y en la fila de 90. (Nota: Hay que señalar que los datos de esta tabla son meras estimaciones y que, en consecuencia, pueden diferir de la Puntuación de Congruencia real calculada.)

✍ ✍ ✍

Puntuación del Yo Real

81-90	60%	64%	69%	75%
71-80	53%	57%	62%	67%
61-70	47%	50%	54%	58%
51-60	40%	43%	46%	50%
41-50	33%	36%	38%	42%
31-40	27%	29%	30%	33%
21-30	20%	22%	23%	25%
11-20	13%	14%	15%	17%
0-10	7%	7%	8%	8%
	141-150	**131-140**	**121-130**	**111-120**

Puntuación de Congruencia

Puntuación Potencial Total

Interpretación: Si su puntuación se halla entre el 90 y el 100%, está funcionando, la mayor parte de las veces, dentro del tramo de su potencial pleno, lo que le hace sentir internamente alegre y feliz. Está cumpliendo con la que cree que es su misión y muy probablemente tenga una buena salud mental.

Si su puntuación se encuentra entre el 75 y el 90%, se halla dentro del tramo positivo y vive en congruencia con su verdadero yo. Su verdad personal no ha experimentado un grave daño y no se siente muy afectado por las experiencias negativas que pueda haber tenido. Tiene una buena autoestima que le ayuda a alcanzar el éxito.

Si su puntuación se encuentra entre el 50 y el 75%, también se halla en un tramo positivo y ha comprendido algunos aspectos positivos de su yo verdadero, pero también ha perdido el contacto con ciertos aspectos muy importantes del yo verdadero. En tal caso está negándose fuerzas muy poderosas y, en consecuencia, se sentirá incapaz de alcanzar ciertos objetivos. Es muy probable que tenga dudas sobre sí mismo y carezca de la confianza necesaria para apreciar realmente su verdadero potencial.

En el caso de que su puntuación se encuentre entre el 35 y el 50%, está limitándose a sí mismo y sólo utiliza una pequeña parte de su verdadero yo. Necesita esforzarse en restablecer el contacto con su yo verdadero. En lugar de guiarse por su verdad personal y por una idea no distorsionada del yo, se ha dedicado a escuchar lo que, a ese respecto, le decía el mundo. Todavía le queda mucho trabajo que hacer.

Si su puntuación se encuentra entre el 1 y el 35%, está viviendo desde su yo falso, y su verdad personal y la idea que tiene de sí mismo se encuentran seriamente distorsionadas y está malgastando la preciosa energía de la vida. Su vida está llena de falsos conceptos y sus esfuerzos se orientan hacia objetivos que no tienen nada que ver con usted.

Piense en el resultado de estas pruebas como una "fotografía" que puede permitirle cobrar conciencia del lugar en que realmente se encuentra. Si sus puntuaciones sugieren que se halla muy lejos de su yo verdadero, tenemos muchas cosas de las que hablar y lo haremos a lo largo de estas páginas. Primero le presentaré las malas noticias y luego pasaremos a las buenas. La mala noticia es que usted ha tomado decisiones que le han colocado en esa lamentable circunstancia vital y, en cambio, la buena noticia es que usted puede tomar las decisiones necesarias para reubicarse en una circunstancia vital más adecuada. Como he dicho en muchas ocasiones, usted crea su propia experiencia.

Existen ciertas personas, quizá las que puntúan en el tramo intermedio de una o de ambas pruebas, que tal vez digan: «La verdad es que funciono bien. Muchas gracias por su interés, pero me siento muy a gusto conmigo mismo. Todas estas cosas son para personas que tienen problemas». Es cierto que la psicología suele funcionar mejor con quienes "la necesitan", pero no olvide que podría estar completamente equivocado sin saberlo siquiera. Tenga en cuenta en que, si el único coche que ha conducido es un Volkswagen del 1958, desconocerá la existencia de Cadillacs, Mercedes-Benz y Rolls Royces que pueden proporcionarle una experiencia completamente diferente de la conducción. Y lo mismo podríamos decir con respecto al modo en que está conduciendo su propia vida. Quizás sea cierto que su vida sea lo suficientemente buena, ¿pero no le gustaría, si tal cosa es posible, tener una vida mejor? Me parece muy bien que se sienta a gusto consigo mismo, porque ello significa que ya lleva mucho camino avanzado. Si, en una escala de cero a cien, empezase a contar desde diez, todavía le quedaría un largo camino por recorrer mientras que si, por el contrario, comenzara en sesenta, llevaría una gran ventaja.

(Para esta prueba ver la Tabla de conversión de las puntuaciones potenciales en la página siguiente.)

No se preocupe si los resultados de esta prueba demuestran que no reconocería a su yo verdadero ni en el caso de que lo tuviera frente a sus propias narices. Tampoco se preocupe si se siente lejos de la autenticidad porque, independientemente de cuál haya sido su puntuación en una o en ambas pruebas, usted no es una persona anormal, débil, estúpida ni loca. Lo único que sucede es que, si sabe que las cosas no funcionan como deberían y no hace nada al respecto, está perdiendo el tiempo.

Pronto verá que aquello en lo que se ha convertido o no se ha convertido no es accidental. Y no lo es porque no hay nada accidental. Por más que se sienta atrapado en su vida y en sus circunstancias, lo cierto es que no lo está. Usted no es prisionero del pasado ni cautivo de una vida que quizás sienta como si estuviera grabada en piedra. No tardará en darse cuenta de que la calidad de su vida no es algo que simplemente le suceda sino que, en última instancia, es el resultado de las decisiones, tanto externas como internas, que ha ido tomando a lo largo de toda su vida. Y ello significa, tanto si lo sabe como si no lo

Tabla de conversión de las Puntuaciones Potenciales Totales y de las Puntuaciones del Yo Real en Porcentajes estimados de Congruencia

Puntuación del Yo Real

	141-150	131-140	121-130	111-120	101-110	91-100	81-90	71-80	61-70	51-60	41-50	31-40	21-30	11-20	1-10
141-150	100%														
131-140	93%	100%													
121-130	87%	93%	100%												
111-120	80%	86%	92%	100%											
101-110	73%	79%	85%	92%	100%										
91-100	67%	71%	77%	83%	91%	100%									
81-90	60%	64%	69%	75%	82%	90%	100%								
71-80	53%	57%	62%	67%	73%	80%	90%	100%							
61-70	47%	50%	54%	58%	64%	70%	78%	88%	100%						
51-60	40%	43%	46%	50%	55%	60%	67%	75%	86%	100%					
41-50	33%	36%	38%	42%	46%	50%	56%	63%	71%	83%	100%				
31-40	27%	29%	30%	33%	37%	40%	45%	50%	57%	67%	80%	100%			
21-30	20%	22%	23%	25%	28%	30%	34%	38%	43%	50%	60%	75%	100%		
11-20	13%	14%	15%	17%	19%	20%	23%	25%	29%	33%	40%	50%	67%	100%	
1-10	7%	7%	8%	8%	9%	10%	12%	13%	14%	17%	20%	25%	33%	50%	100%
	141-150	131-140	121-130	111-120	101-110	91-100	81-90	71-80	61-70	51-60	41-50	31-40	21-30	11-20	1-10

Tramos de Puntuaciones Potenciales Totales

sabe, que siempre ha tenido y que siempre tendrá la posibilidad de dirigir su vida.

El asunto es que usted no siempre ha sabido que estaba tomando decisiones tan fundamentales y que, en muchas ocasiones, ni siquiera sabía que eran decisiones. Créame cuando le digo que usted siempre ha tomado decisiones, aun cuando creía que "no elegía". Resulta imposible, por más que quiera, "no elegir", porque tal cosa ya es una forma de elección. Cuando, en los capítulos siguientes, empecemos a deconstruir su vida, verá cómo van aclarándose algunas cosas que antes le resultaban confusas y hasta incomprensibles. No tardará en darse cuenta de que puede seguir construyendo su vida sobre los cimientos de las decisiones adecuadas que haya tomado y superar las debilidades, revisando y cambiando alguna de las decisiones equivocadas que haya tomado y prestando una atención especial a aquéllas que tengan que ver con el modo en que se relaciona consigo mismo

Las decisiones que ha tomado, ya sea de manera activa o reactiva, han programado su vida y, lo que es más importante, lo han hecho de un modo que ha acabado determinando tanto los resultados inmediatos como los resultados a largo plazo. Es cierto que el mundo ha podido maltratarle, pero no lo es menos que usted ha decidido "venderse" antes de que pudieran hacerle más daño. Ahora empezaremos a poner en cuestión todas estas creencias. (¡Tenga en cuenta que usted está a punto de despertar! Se sorprenderá cuando descubra algunas de las tonterías que ha acabado creyendo. Lo sé muy bien porque eso fue, precisamente, lo que me ocurrió a mí.) Y por más que todo este proceso de actuar, reaccionar, elegir y tratar de no elegir discurra, en ocasiones, de un modo casi imperceptible no por ello deja de existir. Tenga en cuenta que su mente suele estar muy ocupada procesando cada instante de su vida cotidiana puesto que, si tuviera que ser consciente de todo, no tardaría en sentirse desbordado.

De un modo u otro, misterioso o no, desbordado o no, usted está a punto de "descifrar el código". ¡Vamos a avanzar muy lentamente, para que pueda ver con claridad y dejar de seguir creyéndose todo lo que, hasta este momento, haya estado aceptando y diciéndose con respecto a sí mismo! Usted puede ver las cosas con más claridad, pero para ello deberá ser muy sincero consigo mismo y restablecer el contacto con su yo verdadero para, finalmente, poder asumir el papel de protagonista de su vida.

¡Siga escuchándome! ¡No se cierre pensando «entiendo lo que dice, pero me encuentro atrapado»! Usted no tiene la menor idea del tiempo y del esfuerzo que he necesitado para llegar a donde estoy y ser lo que soy. Pero es verdad que éste es un trabajo que requiere mucho valor. Estoy seguro de que, igual que me sucedió a mí, ha habido ocasiones en su vida en que finalmente se ha dado cuenta de algo, ocasiones en que se ha considerado estúpido, ocasiones en que se encendió una luz en su interior y se quedó sorprendido al descubrir que había estado engañándose durante tanto tiempo. Las cosas están a punto de mejorar, pero para ello deberá responder sincera, muy sinceramente, a todas las preguntas que voy a formularle. Lo único que por el momento voy a pedirle es que siga leyendo, haga los ejercicios que le proponga y que sea sincero consigo mismo.

El cambio que tiene que ocurrir en su verdad personal –en la visión que tiene de sí mismo– para poder mejorar su vida procede exclusivamente de su interior. Y esto es algo ciertamente muy positivo. Dése cuenta de que usted no puede cambiar el mundo, no puede cambiar las agendas de los demás y tampoco puede cambiar las expectativas de las personas que forman parte de su círculo inmediato. Lo único que puede cambiar es el modo en que usted se relaciona con el mundo y con los demás. Al cambiar su actitud, reabre la "ventana" para poder recopilar una información más adecuada sobre usted, lo que puede servirle para reconsiderar la idea que tiene de sí mismo, descubrir opciones y capacidades nuevas y reconocer entonces una nueva posibilidad de control, con lo cual podrá centrarse con más claridad en su yo verdadero (que es real), en lugar de hacerlo en su yo falso (que no lo es). A fin de cuentas, usted es la única persona que puede redescubrir su yo verdadero, centrarse en él y asumir nuevamente el control.

Espero que este libro le ponga frente a su verdadero yo. Lo único que pretendo es que –quizá por primera vez en su vida– se encuentre consigo mismo y descubra, por más ocultos que puedan estar, los dones, habilidades y capacidades únicos de que dispone. Creo que, a lo largo de este libro, podremos descubrir su yo verdadero y poner en marcha un proceso que antes ni siquiera consideraba posible.

Permita que este libro le sirva de mapa, un mapa para aclarar su verdad personal y la visión que tiene de sí mismo. Permítame que le muestre su propia historia para que, conociéndose a sí mismo, pueda empezar a vivir de manera deliberada.

Quiero que recupere y reconstruya su alma, es decir, su yo verdadero, pero para ello necesitará una cierta comprensión de la arquitectura del yo. Desafortunadamente, en los últimos años esa arquitectura se ha simplificado excesivamente. Todos estamos familiarizados con la imagen del diablillo rojo susurrándonos algo al oído, mientras un ángel blanco nos murmura algo en el otro. Hoy en día se habla mucho de «despertar al gigante dormido» y de «dejar salir a jugar al niño interior», pero lo cierto es que las cosas no son tan sencillas. Creo firmemente que usted no sabe cómo descubrir su yo verdadero y vivir en función de él, y que, en el mejor de los casos, sólo habrá aprendido un montón de eufemismos, expresiones de moda y cháchara psicológica. Es cierto que la retórica puede ser muy aguda e inteligente, pero no tiene nada que ver con la arquitectura de su vida y de su ser. Ésta es una deficiencia que este libro tratará de subsanar.

MI PRIMERA TAREA

Sé muy bien que el trabajo que voy a proponerle no es algo del tipo todo o nada. Como ya hemos dicho, usted puede amar o aborrecer ciertas facetas de su vida, o también puede haber partes que desearía agregar a una vida ya positiva. Vivir en función del yo falso, ya se trate de una fuerza completa o parcialmente dominante, es un estado peligroso de ser que le absorbe, le desvía y le despoja de su energía vital. Ésa es una vida marcada por una forma forzada de pensar, sentir y actuar, una vida que, de manera total o parcial, resulta, en última instancia, muy tóxica.

El problema es que el mundo necesita que usted se comporte de un determinado modo. El mundo no quiere que cree problemas, sino que se adapte a un plan mayor, un plan que, a decir verdad, ni siquiera le considera un individuo. Si usted es como la mayor parte de nosotros, fue educado para ser un "buen niño" y le recompensaron por hacer lo que quería la autoridad. Es por esto por lo que, lo reconozca o no, no trastocar su status ha acabado convirtiéndose para usted en una prioridad que le ha llevado a adaptarse a las exigencias impuestas por los demás. Y usted ha participado activamente en esa patraña haciendo lo que no quiere y, en lugar de vivir en función de su yo verdadero, se ha acostumbrado a vivir el papel que le han asignado. Usted empezó participando en una conspiración y ha acabado convirtiéndose en una víctima de ella.

Pero quisiera decirle que, aunque viva en una sociedad insensible en la que no es más que un dato estadístico obediente y anónimo, usted no es una víctima. Debe saber que usted ha contribuido positivamente a aceptar los papeles que le han sido asignados, a veces de un modo casi fortuito, por las personas que han configurado su mundo, es decir, por sus padres, sus maestros, sus amigos, su pareja, sus jefes, los medios de comunicación de masas, los vendedores, los vecinos, los antiguos amores que pueden haberle rechazado y, en suma, toda la sociedad. No olvide, pues, que también podía haberse resistido, pero que finalmente consintió en concederles lo que querían, sin preguntarse siquiera si usted también lo quería.

Tal vez se pregunte por qué no le he dado antes esta reformulación del yo. Siempre digo que existen dos cosas que nos diferencian de los animales, el pulgar y la razón. Ahora ya sabemos lo que ha estado haciendo con sus pulgares durante todo este tiempo. ¿Qué es lo que ha hecho entre tanto con su razón?

Estoy seguro de que ha estado tan ocupado tratando de mantener el ritmo de la vida, que ha tenido muy poco tiempo –si es que ha tenido alguno– para trabajar consigo mismo, con lo que realmente le importa, y aprender a «danzar con el mundo». Las esperanzas y demandas que compiten por su tiempo y su energía se aceleran vertiginosamente y, como resultado de todo ello, es muy posible que haya acabado perdiéndose literalmente en medio de la vorágine de la hiperactividad y la diversión.

Usted tiene miedo, miedo a cambiar y a adentrarse en lo desconocido. El miedo es un tema fundamental que deberemos abordar juntos. Los miedos están relacionados con el trabajo, con el matrimonio (o con la falta de matrimonio), con la salud, con los retos que supone la educación de los hijos, con el envejecimiento y con miles de otras cosas que pueden mantenerle paralizado, pesimista, desconectado e inseguro. Es por esto por lo que, a veces –y por más que nos aprestemos conscientemente a ello– no resulta nada sencillo descubrir las facetas positivas de uno mismo.

Pero no debemos equivocarnos, porque en el fondo de todo ser humano existe una singularidad, una individualidad y una cualidad distintiva que necesitan ser expresadas y, en este sentido, usted no es ninguna excepción. Por más profundamente que yazga enterrada su individualidad –por más perdida y anodina que sea–, usted está aquí. Yo trataré de ayudarle a lo largo de estas páginas, y su trabajo consistirá en emprender este proyecto dispuesto a consagrarle todo el tiempo, la sinceridad y la entrega necesarias. Para ello debe comprometerse a reconectar consigo mismo, ya sea que cuente o no con el apoyo de los demás para ello, debe estar dispuesto a formularse las difíciles preguntas que voy a plantearle y a responder lo más sinceramente que pueda, por más inadecuadas que le parezcan. A partir de ahora deberá someterse al escrutinio de un autoexamen riguroso y sincero.

Por mi parte, yo le mostraré los errores de una vida inauténtica, las conspiraciones en las que de un modo u otro ha participado y el camino que debe seguir para recuperar la autenticidad. Ésta es una conspiración que tiene lugar a oscuras en los recodos más profundos de nuestro ser. Los monstruos y los fantasmas se mueven, como el miedo, en la oscuridad, y la vida falsa, es decir, la vida mítica, es un monstruo. Juntos vamos a darle al interruptor y, cuando se enciendan las luces, veremos a los mitos huyendo como cobardes. Entonces recuperará la capacidad de tenerse en cuenta a sí mismo y, en consecuencia, de tener también en cuenta a las personas a las que ama.

SU PRIMERA TAREA

En éste, el segundo capítulo del libro, le pido que se tome un "tiempo libre" en medio de este embrollo al que llama su vida y que centre su atención en la única cosa que merece la pena: usted mismo. Le estoy pidiendo que centre completamente su atención en sí mismo sin justificarse. Pero éste no será un viaje egoísta de absorción en sí mismo, porque usted no es el centro del universo y el mundo, en consecuencia, no gira a su alrededor.

Yo sostengo la obsoleta creencia de que todos poseemos los dones que Dios nos ha entregado y de que tenemos la obligación sagrada de identificar, valorar y ejercitar estos dones para mejorarnos a nosotros mismos y a quienes nos rodean. Creo que, cuanto más nos responsabilicemos de nosotros mismos, más responsables podremos ser también de los demás. El mayor regalo que podemos ofrecer a los demás es nuestro yo verdadero, en lugar del yo falso. Del yo verdadero fluye una paz y una claridad que sólo pueden beneficiar y enriquecer la vida de las personas a las que ama.

El proceso de reconectar con su yo verdadero es una experiencia increíble, porque proporciona una alegría y una libertad indescriptibles. Éste será el proceso que emprenderemos en los siguientes capítulos. Espero que se comprometa en él con todo su corazón y con toda su alma. Pero, para ello, tendrá que:

- Examinar y desmitificar sus vivencias pasadas, para poder controlarlas en lugar de verse controlado por ellas.
- Identificar claramente su propósito en este mundo.
- Identificar con el mismo grado de claridad la composición de su yo verdadero y las habilidades y destrezas que definen su núcleo esencial.
- Abrir un espacio para que sus decisiones y acciones tengan la posibilidad de expresar su yo verdadero.
- Dejar a un lado el miedo a lo desconocido y atreverse a salir de las zonas en que se encuentre cómodo.

Usted debe ser muy, muy cuidadoso, para no dejarse disuadir por quienes le rodean. Tenga en cuenta que el ser humano teme el cambio, especialmente en el caso de que ello implique a su vida personal y a sus relaciones, y que se asustan más cuanto más se requiere de ellos. Si la gente más próxima a usted se da cuenta de que su "precio" está a punto de subir, de que no tardará en dejar de ser la oveja silenciosa y obediente y empezará a ser más exigente consigo mismo y con los demás, pueden sentirse muy amenazados. Esto es algo que debe tener muy en cuenta, pero no olvide que, en última instancia, cada uno es responsable de sus propios sentimientos y que lo que voy a proponerle no tiene que ver con ellos, sino con usted.

Comenzaremos desmitificando su pasado y la imagen que tenga de sí mismo. ¡Cuando dirijamos los reflectores hacia la idea que usted tiene de sí mismo y pongamos su pasado bajo el microscopio, se escuchará diciéndose a sí mismo: «¡Vaya! Ahora me doy cuenta de todo lo que ha estado controlando mi vida y, lo que es más importante todavía, ahora veo lo que puedo hacer para que mi yo verdadero pueda recuperar el control». Si está listo para emprender este viaje de descubrimiento, siga leyendo.

3. LA IDEA DEL YO

Lo que hemos dejado atrás y lo que nos depara el futuro carece de toda importancia comparado con lo que yace en nuestro interior.
RALPH WALDO EMERSON

Para que este libro tenga algún sentido y contribuya a cambiar positivamente su vida deberemos antes definir "operativamente" al yo porque, en caso contrario, no estará en condiciones de utilizar adecuadamente la información que aquí le presento. La expresión "definición operativa" procede del ámbito de la literatura científica y busca eliminar cualquier posibilidad de confusión diseccionando un concepto complejo en sus elementos o pasos constitutivos (A, B, C, D, etcétera) porque, cuando conocemos los elementos o pasos constitutivos de lo que estamos tratando de definir, su significado resulta mucho más claro. Pero, aunque se trata de una idea que me enseñaron teóricamente en la escuela, debo confesarle que –como sucede con la mayor parte de mi pensamiento– sólo acabé aprendiéndola en la vida real.

El verano en que acabé la escuela secundaria me ofrecieron el trabajo de derribar una vieja casa cercana al hogar de mis padres en Tejas. Yo conocía al propietario y sabía que quería echarla abajo para erigir otra nueva en su lugar. Hay que decir que la casa era una auténtica ruina, no tenía puertas ni ventanas, hacía ya tiempo que parte del techo se había desplomado y estaba atiborrada de muebles viejos, piezas de automóviles desguazados y bidones vacíos. Cuando me ofreció el trabajo, el dueño simplemente dijo: «Te pagaré doscientos cincuenta dólares por derribar esa vieja casa y llevártela de aquí», una propuesta que me pareció excelente porque, a fin de cuentas, yo era bastante bueno destruyendo cosas y me sentía muy orgulloso de ello. ¡Mi padre solía decir que, si me dieran un yunque a mediodía, antes del anochecer ya lo habría destrozado! ¡Les aseguro que ser tan irresponsable e inútil como lo era yo es todo un arte y que aquel verano me hice acreedor a todos los premios!

¡No es de extrañar, por tanto, que ésta me pareciese una verdadera oportunidad, sobre todo teniendo en cuenta que jamás había visto doscientos cincuenta dólares juntos! «¡Trato hecho! –respondí de inmediato– ¡Yo me encargaré de ella!». Pronto recluté la ayuda de un amigo tan "manitas" como yo y, a primera hora de la mañana del día siguiente, nos presentamos dispuestos a acometer nuestro trabajo. Sin embargo, para nuestra consternación no tardamos en descubrir que las paredes de aquella casa erigida a comienzos de siglo eran de argamasa y tenían más de un palmo de grosor. Les aseguro que eran más duras que cualquier material conocido por el hombre antes de la era de la exploración espacial. ¡De hecho, creo que fue precisamente ahí donde se descubrió el titanio! Además, tampoco habíamos contado con los marcos de las puertas y de las ventanas y las pesadas vigas de madera. Fue viendo aquella fortaleza cuando nos dimos cuenta de que aquel tipo nos había tomado el pelo al ofrecernos tan sólo doscientos cincuenta dólares. Seguro que, a aquellas horas, estaría riéndose de nosotros. ¡Nadie, ni siquiera nosotros, sabía, por aquel entonces, que su sonrisa estaba a punto de congelársele en el rostro!

Durante dos días atacamos la casa con mazos, palancas, cuerdas y cadenas pero, pasado este tiempo, la casa seguía incólume y nosotros estábamos abatidos y destrozados. Cada vez era más evidente que de aquel modo no llegaríamos a ninguna parte. Pero yo me consideraba una persona cerebral y, en consecuencia, concluí que no debíamos abordar el problema tanto con la fuerza bruta como con la inteligencia. Entonces hicimos agujeros en las paredes y atamos cadenas a cada una de las esquinas y el otro cabo a la camioneta, con la peregrina idea de derribarla de una vez y tirar luego simplemente las distintas partes al vertedero. Pero aquello tampoco funcionó porque, cuanto más a fondo aceleraba, más chirriaban los neumáticos traseros –hasta que, dicho sea de paso, quedaron completamente lisos– y, en un momento aciago, la cadena se rompió y salimos disparados como un cohete, atravesando a toda velocidad la valla y empotrando el guardabarros delantero en uno de los pilares de un porche vecino. La camioneta estaba cada vez peor y la casa, sin embargo, seguía gozando de buena salud. Yo estaba pensando en todos estos problemas cuando, una hora más tarde, transportando una carga de restos de cemento al vertedero, hice marcha atrás, me acerqué demasiado al borde y la rueda izquierda trasera resbaló. En unos instantes se desató el infierno, la carga se desplazó hacia la izquierda, la furgoneta salió disparada por los aires y cayó dando seis vueltas de campana por el barranco, momento en el cual dejó súbitamente de preocuparme el golpe del guardabarros. ¡Vaya modo más "inteligente" de trabajar!

Pero yo era una persona innovadora y no renunciaba con facilidad, de modo que entonces se me ocurrió la "gran idea" de quemarla porque, en tal caso, acabaríamos nuestra tarea de una vez por todas. Luego bastaría con derribar las paredes golpeándola con la maltrecha camioneta. (¡Ya sé! ¡Ya sé! Pero, ¿qué puedo decirles? ¡Sólo tenía diecisiete años!)

Así fue como, la mañana del domingo, llegamos a primera hora con diez litros de gasolina y le prendimos fuego. Bastó con un fósforo para que aquella ruina empezara a arder. Recuerdo que, mientras contemplábamos entusiasmados cómo el fuego hacía nuestro trabajo, creía que se habían acabado todos nuestros problemas pero, un instante después, una llamarada se elevó por encima del techo, chamuscando el tendido eléctrico y prendiendo las copas de los árboles del vecindario. Preocupados por un incendio que alcanzaba ya los treinta metros de altura, los vecinos no tardaron en llamar a los bomberos poco antes de que el fuego dejara sin electricidad y sin teléfono a seis manzanas a la redonda. Los bomberos llegaron casi de inmediato y empezaron a luchar contra las llamas, pero la temperatura era tan elevada que el fuego acabó inflamando el gas acumulado en las alcantarillas, que súbitamente explotó lanzando por los aires la tapa de los inodoros de todas las casas y las tapas de registro de las alcantarillas de los alrededores. ¡Las cosas realmente iban de mal en peor!

La cuestión, en suma, es la siguiente. El tipo que nos contrató nos dijo que nos pagaría doscientos cincuenta dólares por "derribar" la casa, pero no definió operativamente lo que esto significaba porque, de haber sido lo suficientemente concreto como para decirnos lo que teníamos que hacer, jamás hubiéramos provocado el incendio. Y tampoco parecía saber, dicho sea de paso, lo creativa que puede ser la estupidez de un muchacho de diecisiete años. Si se hubiera dado cuenta de mi capacidad destructiva y hubiese definido operativamente el significado de la propuesta "derribar la casa" podría, por ejemplo, haber dicho:

1. Desmonta el techo con palancas y luego arrójalo al suelo, donde puedas cargarlo fácilmente en una camioneta.
2. Quita luego los marcos de madera desde el interior, cárgalos en la camioneta y tíralos al vertedero.
3. Desmonta finalmente el suelo, los tirantes y las vigas, y llévatelos del mismo modo, etcétera, etcétera, etcétera.

Pero su falta de claridad y la limitada capacidad de razonamiento de un muchacho de diecisiete años acabaron provocando una explosión que afectó a seis manzanas.

Aquel incidente me enseñó que, cuando uno no define claramente las cosas, deja la puerta abierta a la interpretación y el error. Con ello no quiero decir que todo el mundo sea tan estúpido como lo fui yo en aquella ocasión. Lo único que quiero es que usted no tenga ese problema y no se haga una idea equivocada cuando hablemos de la noción del yo.

Es por ello por lo que quiero detallar muy concretamente cuáles son las operaciones que definen la idea del yo para que tenga muy claro de qué se trata. Me parece muy necesario insistir en que no sólo debemos identificar claramente lo que es el yo, sino también cómo ha llegado a ser lo que es y, para que sepa muy bien lo que tiene que hacer, deberemos describirlo con verbos. También convendría, por último, responder a algunas preguntas importantes:

- ¿Cuáles son las acciones reales, tanto internas como externas, que ha llevado y está llevando a cabo para crearse a sí mismo como una entidad en este mundo?
- ¿Cuáles son las pautas de los pensamientos y sentimientos que determinan el modo en que se ve y se siente a sí mismo y cuáles se derivan de ellos?
- ¿Cuáles son las conductas, acciones y reacciones que han provocado los resultados que ha obtenido en su vida cotidiana y que, una vez percibidos por usted, han acabado determinando su forma de ser?
- ¿Cuáles son las decisiones que ha tomado que le han conducido a los resultados con los que ahora vive?
- ¿Qué debe hacer para tomar decisiones y asumir conductas que puedan llevarle a resultados nuevos y más provechosos?

Cuando se dé cuenta del significado y la importancia de todas estas preguntas y empiece a formulárselas y aplicarlas a su propia vida, habrá emprendido la tarea crucial de comprender la idea que usted tiene de sí mismo. Pero tal vez todo esto no le parezca más que «cháchara de psicólogo», de modo que convendrá que nos detengamos en este punto y nos familiaricemos con los términos empleados.

Todo el mundo, incluido usted, tiene una idea muy concreta de sí mismo. La idea del yo es el conjunto de creencias, hechos, opiniones y percepciones que tenemos sobre nosotros mismos con los que nos movemos todos y cada uno de los instantes de nuestra vida. No se trata de que, por el mero hecho de leer este libro, usted vaya a hacerse una idea de sí mismo, sino que, ahora mismo, usted ya tiene una idea al respecto. El problema es que son tantas las cosas que suceden en su interior que apenas si puede cobrar conciencia de ellas y que, si ahora le pido que coja papel y lápiz y escriba todo lo que cree saber sobre sí mismo, no anotaría más que unas pocas cosas.

Éste es precisamente el problema. Usted tiene unas creencias tan arraigadas sobre sí mismo que apenas si puede ponerlas en cuestión –mucho menos cambiarlas–, porque ni siquiera es consciente de su existencia. Esto significa que son muchas las cosas que, pese a ignorarlas, influyen sobre usted y determinan el modo en que se presenta al mundo. La idea que tiene de sí mismo puede ser muy tornadiza o permanecer fija a lo largo del tiempo pero, en cualquiera de los casos, ello no invalida el hecho de que usted tiene una idea de sí mismo que determina su vida. Todo lo que hace y siente y –más importante todavía– el modo en que lo hace o lo siente, se deriva de la idea que tiene de sí mismo.

No cabe, pues, la menor duda de la importancia de la idea que tenemos de nosotros mismos. Por ejemplo, la persona segura de sí misma se comprometerá con el mundo de un modo muy distinto a quien esté lleno de dudas al respecto. Lo que creemos sobre nosotros mismos y el modo como nos relacionemos con nuestra propia realidad determina muy poderosamente el modo como nos enfrentamos a las dificultades que nos depara la vida. Esto, de hecho, es tan importante que no sería ninguna exageración afirmar la existencia de una relación muy estrecha entre la idea que tenemos de nosotros y los resultados últimos de nuestra vida. Éstos son los pasos:

Cada uno de nosotros acumula ciertas experiencias vitales que interpreta y a las que reacciona.

Como resultado de todo ello establece un sistema de creencias sobre sí mismo que incluyen juicios sobre su competencia, su valor, su fortaleza, su poder, su aceptabilidad, etcétera.

Esta autoevaluación y la correspondiente asignación al yo de ciertos atributos nos llevan a adoptar un personaje coherente que presentamos al mundo.

Ese puñado de características autogeneradas que son importantes para nosotros y el modo en que las presentamos al mundo representan nuestra peculiar afirmación ante el mundo y ante todo lo que ocurre. Cada éxito, cada fracaso y cada resultado en los ámbitos del amor, el dinero, el logro, el reconocimiento, la paz y la armonía se derivan de esa identidad creada por nosotros mismos.

Con ello quiero decir que continuamente estamos transmitiendo mensajes verbales, conductuales, emocionales, físicos, espirituales e interactivos. Y, si tenemos en cuenta que sólo el 7% de nuestra comunicación es de carácter verbal y que todo pensamiento tiene su correlato fisiológico, no estaría de más que se preguntase qué es lo que realmente está transmitiendo –pese a que crea que lo oculta– el 93% restante. Piense en su conducta y en el modo en que se dirige al mundo, y pregúntese qué mensajes está transmitiendo todo esto.

Como ya he dicho en repetidas ocasiones, cuando uno decide emprender una determinada conducta, también decide las correspondientes consecuencias y la actitud con que se enfrenta al mundo. No es de extrañar, por tanto, que diga que uno es el creador de las respuestas que obtiene del mundo... aunque, si tal formulación le parece demasiado técnica, matizaré señalando que uno es el estímulo que provoca esas respuestas. Con ello sólo quiero decir que el estilo con el que usted se relaciona con los demás determina sus respuestas. Así, por ejemplo, cuando se acerca enfadado, tiende a provocar una respuesta de enojo; cuando, de un modo u otro, transmite el mensaje de que es un "fracasado", así es como el mundo acaba tratándole y, cuando su conversación, su postura y sus gestos transmiten la idea de que es "una víctima", los demás –quizás interesados al comienzo– no tardan en impacientarse y cansarse de usted. Pero éste, sin embargo, no es el único modo en que usted puede "alejar" a los demás, porque el enfoque contrario puede ser igualmente aborrecible. Cuando el mensaje que uno transmite al mundo es: «Yo soy aquí el que manda, éste es mi territorio y me importa un bledo usted y lo que usted quiera», las personas que le rodean no tardan en alejarse de usted. Aunque todo el mundo tenga su propio estilo de relación con el mundo y con los demás, sin embargo son muy pocas las personas que se han detenido a considerar este punto, aunque no por ello deja de ser muy importante. ¿Por qué? Porque cuando uno empieza a relacionarse con el mundo de un modo diferente, cambian también las respuestas y reacciones que provoca. Cuando cambiamos el modo en que nos comprometemos con el mundo, estamos promoviendo un tipo de relación diferente. Convendría, por tanto, considerar muy detenidamente el estilo de compromiso que mantenemos con el mundo hasta llegar a comprender y aceptar una verdad fundamental acerca de la relación que mantenemos con los demás, la de que cada uno de nosotros favorece o dificulta sus relaciones sesenta minutos cada hora, veinticuatro horas al día y siete días por semana. Es imposible, en este sentido, seguir creyendo que nuestra conducta es neutra. Por tanto, no convendría olvidar que, de un modo u otro, usted está fomentando o contaminando de continuo la relación que mantiene con los demás.

Lo más asombroso es que habitualmente seamos tan poco conscientes de un aspecto tan fundamental de nuestra experiencia vital. La idea que usted tiene de sí mismo y las muchas decisiones que ha tomado en la vida han contribuido a configurar esa noción y a determinar, de un modo habitualmente inconsciente, el modo en que se expresa. Es por esto por lo que usted puede haber estado transmitiendo mensajes en los que invitaba pasivamente al mundo y a los demás a asignarle roles que jamás hubiera elegido de manera consciente. Con el tiempo y la repetición, esos roles, determinados por afirmaciones suyas que parecían invitar a que se los asignaran, acabaron impregnando tan profundamente las fibras de su ser y de su personalidad que hoy en día parecen consumirle.

Por ejemplo, todos nosotros sabemos muy bien lo doloroso que puede ser el aguijón del rechazo. Que los amigos no nos llamen, que no nos inviten a bailar, que una chica no quiera quedar con nosotros, que nos rechacen en una entrevista de trabajo, que nuestro cónyuge nos abandone o que nos despidan del trabajo son, todas ellas, situaciones muy dolorosas. Lo que sucede es que, en la mayor parte de los casos, el rechazo es tratado como un "dato", una información que acaba incorporándose a la visión que tenemos de nosotros mismos. Poco importa cuáles hayan sido las condiciones objetivas del acontecimiento o cuáles sean ahora los hechos, porque el aguijón del rechazo es tan molesto que acaba distorsionando los hechos. Si esto es cierto, ello quiere decir que muy probablemente usted haya desarrollado una idea de sí mismo que se base casi exclusivamente en el modo en que cree o imagina que los demás le ven, con lo cual cae de nuevo en el terreno de las opiniones. Pero si la belleza está en los ojos del observador, ¿por qué debería entregar su poder al primer "observador" que se presente? ¿Qué importa que un determinado compañero/a de escuela pensase que usted era guapo, divertido y digno de quedar con él? Como dice el viejo dicho: «Nadie murió y le dejó a su cargo», pero usted puede haber arrastrado consigo esa experiencia u otra parecida durante muchos, muchos años, sin ser siquiera consciente del modo como estaba afectándole.

Le diré que, en mi opinión, la mayor parte de la información que ha acabado determinando la idea que tiene de sí mismo no es el fruto de un escrutinio consciente, sino completamente automático. Es como si usted arrastrase consigo un recipiente llamado "yo" en el que todo el mundo hubiera arrojado lo que se le antojase. Supongamos que ahora le pido que evalúe cada uno de los elementos que lo componen y decida si quiere conservarlo o, por el contrario, despojarse de él. En tal caso, podría considerar cada aspecto, mirarlo bien y decir algo así como: «Muy bien. Esto tiene que ver con aquella época de la escuela en que trabajé muy duro y avancé mucho. Me siento muy orgulloso de ello, de modo que se queda. Esto otro, sin embargo, está relacionado con las críticas de mi padre, que no tuvo un día feliz y tranquilo en toda su vida, y no dejaba de repetirme que no servía para nada. Hummm… no me gusta y, por tanto, voy a desprenderme de ello». Me parece lamentable que las personas no hagan esto y no se pregunten: «¿Cómo he llegado a estar donde estoy?». Nadie se pregunta cómo llegó al lugar en que actualmente se encuentra, sino que simplemente está ahí, y lo mismo ocurre, en consecuencia, con los diferentes elementos que componen su yo.

Este enfoque pasivo que afirma «Yo soy lo que soy» es lo que yo llamo la "teoría Popeye" de gestión de la vida. Se trata de un enfoque que no se cuestiona nada, que no busca respuestas y que, en consecuencia, le deja estancado en donde está. Me parece una actitud detestable y en modo alguno se la recomendaría. Es precisamente por ello por lo que quiero desmitificar todos y cada uno de los elementos que han acabado configurando la idea que actualmente tiene de sí mismo. Mi objetivo es el de ayudarle a ver lo que hay dentro de ese saco. Quiero que examine, uno tras otro, todos sus contenidos. Juntos descubriremos cuál es la imagen que tiene de sí mismo y cómo llegó a ser la que es. Si usted se interesa por su vida y se compromete a llevar a cabo el trabajo que le propondré, este viaje a su interior será un descubrimiento fascinante, un modo elegante de decir «¡No sabe usted lo mucho que ignora de sí mismo y cuánto le queda por aprender!».

A decir verdad, quiero ayudarle a salir de su historia. Es frecuente escuchar cosas tales como «Tienes que superarte a ti mismo» o «No puedes seguir prisionero del pasado» y cuestiones parecidas, pero todas esas cosas son tan generales y abstractas que no sirven de mucho. Por ello suelo decir que, si bien se habla mucho del yo, en realidad se entiende muy poco. Me parece mucho más útil pensar que el pasado influye en el presente y programa el futuro a través de sus recuerdos y de su diálogo interno acerca de lo que usted percibe que le ha ocurrido en su vida. Reconozco que se trata de una frase un tanto difícil de digerir, pero no quisiera que aprendiera simplemente de memoria una verdad tan esencial para la comprensión de su visión del yo. Convendrá, para entender el resto del libro, familiarizarse con esta formulación y, para ello, quizás valga la pena "apilar" los distintos elementos para verlos mejor y considerarlos con más detenimiento:

El pasado influye en el presente
y programa el futuro
a través de sus recuerdos
y de su diálogo interno
sobre lo que usted percibe que le ha ocurrido en su vida.

Esta fórmula resume el mapa que vamos a seguir. Usted descubrirá que, si realmente quiere superarse a sí mismo –si no fuese un mero tópico, sino un verdadero paso hacia delante en su vida– deberá ser muy sincero consigo mismo. También tendrá que reconsiderar muy seriamente su pasado y explicar el recuerdo que tiene de los acontecimientos significativos de su vida que han acabado configurando la idea que tiene de sí mismo. En la medida en que vayamos avanzando a lo largo de este libro, acabará dándose cuenta de que el único modo en que su pasado puede impregnar su presente es a través de su propio discurso interno, es decir, a través del continuo diálogo a través del cual se repite lo mismo que le han dicho, de manera tan insistente y destructiva, otras personas. Esto significa que, para salir de la prisión de su pasado, necesita identificar claramente lo que se dice a sí mismo, cuándo y por qué.

Todo esto indica que el conocimiento de su propia historia es esencialmente importante y eso es precisamente lo que vamos a trabajar a partir de ahora. Pero no debe olvidar que el objetivo final al que aspiramos con esta revisión de su historia es el de poder salir de ella. La única razón por la que necesita evaluar donde ha estado es porque, de ese modo, podrá tomar las decisiones más pertinentes sobre quién es y hacia dónde se dirige. Tenga por seguro que jamás me oirá decir: «Entiendo que se sintió maltratado en la infancia y que ello explica que ahora sea tan tímido y solitario. Siga adelante. Ahora, al menos, ya sabe por qué es cómo es; ahora, al menos, tiene cierta comprensión». ¡De ningún modo! Lo que yo le digo es lo siguiente: «Entiendo que se sintiera maltratado en la infancia y que ello explica porqué se recluyó en la timidez y el aislamiento. Pero ahora que se ha dado cuenta de ello, tiene la obligación de hacer algo al respecto». Ésa no es una excusa, sino un diagnóstico. Obviamente, todo ello presupone el reconocimiento de que usted puede ser una persona diferente y se merece serlo.

♠ ♠ ♠

Con cierta frecuencia he advertido, al hablar con alguien acerca del yo verdadero, una respuesta un tanto extraña, y es que, apenas empiezo a mencionar el poder, la visión y la pasión que proporciona el yo verdadero, la gente suele clavar la mirada en el suelo, sonreír tímidamente, juguetear con los pies en la alfombra y mirar alrededor para ver de quién estoy hablando. ¿Es como si dijeran: «¿De qué poder, de qué visión y de qué pasión me está usted hablando?» «¿Acaso acaba de llegar algún famoso?» No pueden creerse que esté hablando de ellos y se dicen: «Yo no soy ninguna estrella de cine, ningún líder y ningún héroe que se dedique a solucionar los problemas del mundo. Yo vivo día a día, voy a trabajar, educo a mis hijos, trato de pagar mis fracturas, controlo mi peso, veo un poco la televisión y luego pienso un poco en lo que ocurrirá el día de mañana».

Tal vez usted, confuso, crea que esto no tiene la menor importancia. Tal vez le parezca un tanto melodramático que describa su vida con palabras tales como poder, visión y pasión porque, después de todo, sólo estamos hablando de usted ¿no es así? Quizás escuche una voz interior que le dice algo así como «Estas cosas tan elevadas de las que escribe en sus libros son para los demás. No puede estar hablando de mí».

¿Pero no es cierto, si realmente es sincero consigo mismo, que, de tanto en tanto y aunque sólo sea de manera ocasional, usted parece saber –o, cuanto menos, intuir la posibilidad– que la vida no se limita a la rutina en que habitualmente vive? ¿Acaso no ha pensado nunca en la posibilidad de que su vida sea más alegre y más tranquila? Estoy de acuerdo con usted en que muy probablemente jamás llegue a ser un actor de cine o un líder de fama mundial que reciba el reconocimiento de todo el mundo, pero sé perfectamente que puede convertirse en una auténtica estrella, el protagonista de su propia vida. Esto sí que es algo que puede y debe hacer, y que podrá conseguir siguiendo los pasos que le indicaré.

¿Acaso no le parece interesante esta propuesta? Por más grandilocuente que pueda parecerle, creo firmemente que este mundo fue creado pensando en usted. Creo que usted ocupa un lugar muy especial en el orden de la vida y que tiene un papel muy concreto que desempeñar, una misión llena de visión, pasión y poder. Prepárese, pues, para ser más consciente de su vida. ¡No se sienta interesado o egoísta por decirse «quiero más»! Si realmente estuviera en contacto con su yo verdadero no se diría «¡Bah! ¡Yo soy una persona sin importancia!», sino que pensaría «¡Vaya! ¡Estamos hablando de mi vida! ¡Quiero aprovechar esta oportunidad! ¡Quiero ser el protagonista de mi propia vida!» y, en el caso de que todavía no esté en condiciones de afirmar eso, permítame que yo lo haga por usted.

Usted, por su parte, debe reconocer que todo chapado de plata acaba oscureciéndose y estar dispuesto a asumir su responsabilidad. Ésta es una gran oportunidad para mejorar su vida y yo no sólo le digo que tiene el derecho, sino también la responsabilidad de hacerlo. Así pues, usted tiene la responsabilidad de aprovechar todas las ocasiones que se le presenten. Si, en lugar de asumir activamente la iniciativa de descubrir y vivir en función de su yo verdadero, decide seguir viviendo de manera reactiva y pasiva, se engañará a sí mismo, al mundo y a todos los que le rodean y, muy en particular, a las personas con quienes comparte su vida. Si no establece contacto con sus mejores cualidades y las vive plenamente, sus hijos o hijas, su marido o esposa, su familia y sus amigos se verán obligados a conformarse con una versión falsa y de segunda mano de usted mismo.

En esencia, usted tiene el deber de emprender este trabajo, porque hay mucho que esperar de quien mucho ha recibido. Y, a pesar de que ahora mismo no lo entienda, le aseguro que usted ha recibido mucho y que, en consecuencia, hay mucho que esperar de usted. Pero, para vivir plenamente su yo único y verdadero, deberá servirse de todos sus atributos característicos.

Dicho en pocas palabras: si quiere obtener mejores resultados deberá comprometerse más con la vida. El trabajo que voy a pedirle consiste en descubrir, conectar y vivir en consonancia con su yo verdadero y auténtico, y el primer paso de ese proceso requiere que se familiarice profundamente con la idea que tiene de sí mismo.

♠ ♠ ♠

Para que esta revisión de la idea que tiene de sí mismo resulte más clara necesita de un vocabulario operativo que utilice términos clave a los que podamos apelar a lo largo del camino sin necesidad de más explicaciones. Permítanme revisar, para los principiantes, las dos grandes categorías que anteriormente mencionamos, es decir, los factores externos y los factores internos, porque el desarrollo e interacción entre estas dos categorías es lo que acaba generando la idea del yo.

Como ya hemos dicho, los factores externos son acontecimientos, experiencias y consecuencias que configuran desde el exterior la idea que cada uno tiene de sí mismo. Son miles y miles los hechos que determinan el modo en que nos percibimos a nosotros mismos y nos relacionamos con el mundo. Además, uno puede verse afectado directamente experimentando las consecuencias directas de sus acciones o, por el contrario, aprender de manera vicaria, observando la conducta de los demás y sus consecuencias, porque también aprendemos observando los efectos del éxito y del fracaso en las personas que nos rodean.

El padre de una paciente a la que traté hace varios años llevaba mucho tiempo esperando, como decía, «poner en marcha su barco» o, dicho en otras palabras, «hacer el gran negocio». Sin embargo, por desgracia, todos sus intentos acababan en desastres financieros. Su esposa, la madre de mi paciente, llevaba años luchando con las frustraciones de un marido que sólo había experimentado el fracaso. A causa de todo ello, mi paciente aprendió a no abrigar grandes esperanzas y a desconfiar de los hombres. De este modo, las experiencias de su madre determinaron su comportamiento hasta bien entrada la madurez o, dicho en otras palabras, el dolor de su madre –que, por cierto, mi paciente vivió en lugar de ella– acabó convirtiéndose en un factor externo muy importante en su vida.

Algunos de los más poderosos de estos factores externos son los que yo denomino momentos decisivos que, si bien pueden incluir episodios trágicos o traumáticos, también pueden ser ejemplos de éxito y de perseverancia. El hecho es que, por más rutinaria que sea su vida actual, acabará descubriendo, sobre el trasfondo de la rutina, la existencia de ciertos momentos cuyo recuerdo permanece muy definido y claro en su memoria. Son estos momentos decisivos –en ocasiones muy pocos– los que pueden haber configurado el resto de su vida.

Estoy seguro de que usted también ha tomado varias decisiones críticas. Como ocurría en el caso de los momentos decisivos, las decisiones que habitualmente tomamos son triviales y poco notorias. A fin de cuentas, cada día tenemos que decidir cómo nos vestimos, dónde comeremos y qué programas de televisión vamos a ver. Éstas son las decisiones rutinarias de la vida cotidiana. Pero, si reflexiona en su historia personal, también puede identificar la existencia de unas pocas decisiones críticas que han acabado determinando el resto de su vida. Estas decisiones –igual como que ocurría con los momentos decisivos– pueden enseñarle muchas cosas sobre quién es y el modo como ha llegado a donde ahora está.

Junto a los momentos decisivos y a las decisiones críticas, también hay un pequeño número de personas esenciales que han tenido en usted una influencia muy poderosa, ya sea positiva o negativa. La identificación de esas personas y del papel fundamental que han desempeñado en el establecimiento de su verdad personal y de la idea que tiene de sí mismo constituye un elemento clave para recuperar el control de la calidad de su vida futura.

Recordará que la idea que tiene de sí mismo también se ve afectada por otro conjunto de factores: los factores internos, es decir, las reacciones que tienen lugar en su interior como respuesta al mundo. Éstos son procesos muy concretos que suceden en su interior y determinan el modo en que se percibe a sí mismo, la valoración que se atribuye y, en consecuencia, el lugar que ocupa en su jerarquía interna. Entre todos estos factores internos cabe destacar las cosas que se dice a sí mismo, las cosas que cree sobre sí mismo y los diálogos internos que configuran la idea que tiene de sí mismo. Estos factores internos constituyen el contenido de su verdad personal.

Conviene pensar en esos factores en términos de conductas que usted realiza internamente. Pero la conducta, por definición, debe ser observable... aunque la conducta de la que ahora estamos hablando sólo pueda ser observada por una sola persona, uno mismo. Y decimos que son conductas, aunque no se mueva ni un músculo porque, en tal caso, usted está tomando decisiones activamente. Mediante esas decisiones puede venirse abajo o, por el contrario, conseguir lo que quiere y se merece, lo que supone, simultáneamente, buenas y malas noticias, porque usted puede cometer una soberana estupidez o todo lo contrario; la decisión depende exclusivamente de usted. Esta categoría de factores internos reconoce que no existe realidad, sino sólo percepción y que lo que es cierto mentalmente para uno es lo que vivirá. En consecuencia, si usted cree que es inferior, inadecuado, inútil o incompetente, ésa será su verdad y viceversa. Como afirma el viejo dicho: «Si crees que puedes o si piensas que no puedes, probablemente estés en lo cierto». Como ya he dicho, todos nosotros tenemos nuestra verdad propia personal y ésa es la verdad que vivimos.

Permítanme ahora presentar con cierto detalle algunos de los contenidos que iremos sacando del recipiente del yo. Cuanto más se familiarice con los factores importantes más fácil le resultará entender los siguientes capítulos.

Locus de control

¿Dónde está la fuente de mi poder? ¿A qué atribuyo el origen de la responsabilidad de los acontecimientos que ocurren en mi vida? El lugar al que las personas atribuyen el *locus* de control determina, en gran medida, el modo en que interpretan y responden a los acontecimientos. Hablando en términos generales, el *locus* de control puede ser externo o interno. En el primero de los casos, es decir, cuando el *locus* de control es externo

Si sucede algo malo no me hago cargo de ello y,
si sucede algo bueno, tampoco me hago cargo de ello

La persona con *locus* de control interno opera desde una visión del yo, según la cual

Si sucede algo malo es por mi culpa y,
si sucede algo bueno, es porque me lo merezco.

El diálogo interno

El diálogo interno es la conversación que tiene consigo mismo sobre todo lo que sucede en su vida. Lo que piensa acerca de la frase que acaba de leer en este libro es un diálogo interno y, si dejara a un lado el libro, su diálogo interno tal vez siguiera girando en torno a él o, por el contrario, se ocuparía de algo completamente diferente pero no, por ello, se detendría. Ésta es, de hecho, una de las tres características fundamentales de todo diálogo interno, a saber:

1. El diálogo interno es constante.
2. El diálogo interno discurre en tiempo real y se desarrolla a la misma velocidad a la que pronunciaría esas mismas palabras en voz alta.
3. El diálogo interno va acompañado de un cambio fisioló-

gico, puesto que todo pensamiento provoca una determinada reacción física.

En las páginas que siguen nos ocuparemos de cada una de estas características y de sus consecuencias para su vida. Recuerde que estas tres características han estado, están y siempre estarán determinando su vida y, en consecuencia, le facilitarán comprender quién es usted.

El etiquetado

Los seres humanos tenemos la necesidad de "organizarlo" todo, incluyendo a los demás, en grupos, subgrupos, clases, equipos, funciones y cosas por el estilo. Tendemos a clasificarnos a nosotros y a los demás en función de determinados epígrafes o etiquetas. Éste es un punto en el que conviene insistir para que no haya la menor duda, puesto que los seres humanos nos etiquetamos a nosotros mismos y a los demás. Poco importa que estas etiquetas sean correctas o estén equivocadas porque, en cualquiera de los casos, tienen una influencia muy poderosa en el modo como nos percibimos. Como luego verá, uno vive en función de las etiquetas que se aplica a sí mismo.

Las grabaciones

Son las cosas en las que creemos a un nivel tan profundo que han acabado automatizándose. Las grabaciones son valores, creencias y expectativas que "funcionan" de continuo en nuestra cabeza y nos programan para acabar comportándonos de un determinado modo. A menudo influyen en su conducta sin que usted sea consciente de ellas, porque las sobreaprendió y operan a la velocidad de la luz. A diferencia de las etiquetas (como, por ejemplo, «Soy un fracasado»), las grabaciones se mueven dentro de un determinado contexto (así, por ejemplo, cuando va a una entrevista de trabajo, se dice a sí mismo: «Nunca obtendré un buen trabajo», cuando trata de quedar con la chica o el chico que le gusta, se dice: «Nunca lo conseguiré, porque no soy una persona interesante»). Debería quedar muy claro, pues, que el principal peligro –y promesa– de las grabaciones es que tienen el poder de determinar un resultado concreto. Con mucha frecuencia, ese resultado se ve definido por las creencias, pensamientos y reglas mentales –a las que llamo creencias fijas y limitadoras– que nos atan a esas etiquetas.

Creencias fijas y creencias limitadoras

Las creencias fijas son creencias que uno tiene sobre sí, los demás y algunas circunstancias vitales que se han repetido tanto que han acabado echando raíces y, en consecuencia, son muy refractarias al cambio. Las creencias limitadoras son las creencias que tenemos sobre nosotros mismos que limitan nuestras posibilidades y, por ello mismo, reducen también nuestros posibles logros. El problema con este tipo de creencias es que nos obligan a cerrar la "ventana de datos". Por ejemplo, después de haber crecido en un hogar hostil y agresivo, uno podría concluir que «no soy más que basura», pero ello no haría más que cerrar su ventana de datos a cualquier información nueva que contradijese esa creencia. Es como si, a partir de ese momento, el mecanismo a través del cual recibe entonces los nuevos datos sólo funcionase en la modalidad "confirmación" y, con ese pequeño radar, sólo podemos recopilar una muestra muy pequeña de datos, unos pocos bits de información seleccionada, aquellos que confirman lo que ya creemos saber, es decir, que «no soy más que basura». Y, en tal caso, no escuchamos la información positiva contraria, porque sencillamente resulta imposible de creer.

Para contextualizar estos conceptos en términos "del mundo real" permítanme compartir con ustedes un episodio de mi vida familiar. Después de la muerte de mi padre, ocurrida hace ya algunos años, mi esposa, Robin, y yo invitamos a mi madre a vivir con nosotros. Inmediatamente después de la inesperada muerte de mi padre, "Granma", como todos la llamábamos, se hallaba comprensiblemente confundida y, tras cincuenta y tres años de matrimonio vivía sola y asustada en un enorme caserón vacío. En aquel tiempo nosotros estábamos casualmente construyendo una casa nueva cerca de la suya de modo que, con unos pocos cambios, nos aprestamos entusiasmados a crearle un espacio privado, aunque integrado en la casa. Nuestros dos hijos estaban muy contentos de que la abuela se mudara a vivir con nosotros. ¡De ese modo podría mimarlos cuanto quisiera! Así pues, la ayudamos a vender muchas de las cosas que mis padres habían acumulado a lo largo de los años, guardamos todo lo demás y se mudó a un ala muy hermosa de nuestra nueva casa.

Todo estaba dispuesto para que no tuviera ningún problema y Robin y yo suponíamos que, después de una dura vida de trabajo ocupándose de la casa, el cuidado de los hijos, cuidar el jardín y dedicarse por entero a su familia, Granma se sentiría tratada como una reina. Todos los días venía una chica a hacerle la cama. Tenía el desayuno y el almuerzo preparados a la hora que quisiera, sin necesidad de mover un solo dedo. Desde sus habitaciones podía ver el exterior y contemplar la salida del sol en un paisaje muy hermoso, con macizos de flores y un césped que el jardinero mantenía inmaculado. Además, también disfrutaba de una posición privilegiada para ver crecer a sus nietos. Lo único que tenía que hacer era disfrutar de la vida y decirnos lo que necesitaba. Ella también estaba muy emocionada y no tardó en mudarse.

Al cabo de un año, sin embargo, era evidente que no estaba disfrutando de la nueva situación. La chispa había desparecido de sus ojos y parecía arrastrarse de una habitación a otra con un aspecto apático y marchito que la hacía parecer mucho mayor.

–No tienes buen aspecto, Granma –le dije un buen día–. ¿Estás preocupada por algo?

–¿Cómo puedo decirles a mi hijo y a mi nuera, que tan amables han sido conmigo –respondió, con los ojos anegados de lágrimas, tras una pausa en la que se esforzó en encontrar las palabras adecuadas– que no quiero seguir viviendo en su hermosa y acogedora casa?

–Extraño mi casa –dijo, después de que la animara a expresarse con completa franqueza– y también extraño mi vida. Aquí no tengo alfombras que limpiar, camas que hacer, jardín que segar ni huerto del que ocuparme. No tengo ninguna razón para seguir en este mundo.

Abordamos aquel problema rápidamente y tuvimos una pequeña reunión familiar en la que decidimos ayudar a Granma a mudar su pequeña "casa de muñecas" a un barrio cercano muy ajetreado y bullicioso. Ahora podemos ir a visitarla cuando queremos, aunque no podamos quedarnos mucho tiempo, porque está muy ocupada empujando a toda velocidad su segadora mecánica por su pequeño jardín o arrancando las malas hierbas que osan entrometerse entre sus macizos de flores. Su césped es tan hermoso como el del Augusta National Golf Club y su casa es una pequeña joya, una casa muy cómoda y perfectamente organizada. Ya no recuerdo los proyectos que ha puesto en marcha desde que llegó. Continuamente recibe visitas de los vecinos para charlar en torno a una taza de café, y a los niños les gusta jugar en su patio y en su acera, porque saben que Granma siempre tiene para ellos una sonrisa y una palabra amable.

El nivel de actividad de la casa de mi madre refleja claramente los cambios que ha experimentado desde entonces. Ahora es una persona completamente diferente pero, entiéndame bien, ella sería la primera en decirle que todavía echa de menos a mi padre y que valora muy positivamente el hecho de que mi esposa y yo le hiciéramos un hueco en nuestra casa cuando se vio obligada a enfrentarse a una pérdida tan irreparable. Desde que se ha organizado el tipo de vida que le gusta parece haberse quitado veinte años de encima, su rostro vuelve a resplandecer y hasta su paso es mucho más elástico. Yo juraría que esta activación mental ha aumentado incluso su coeficiente intelectual y definitivamente ha recuperado el sentido del humor, como si encontrar su sitio la hubiera transformado.

La experiencia de mi madre ilustra algunos de los términos de los que hemos estado hablando, términos con los que usted convendría que se familiarizase antes de reconsiderar y reorganizar la idea que tiene de sí mismo.

Lo primero que quisiera decirle es que, en la vida de mi madre, hubo un momento decisivo, la muerte de su marido, que acabó influyendo de manera muy diversa y profunda en su vida. Pocas cosas en la vida ocasionan tanto trastorno y alteración como la muerte de un esposo.

Después de este momento decisivo, hicieron acto de presencia los factores internos, que la llevaron a interpretar lo que sucedía en su vida. Es muy probable que la conversación que entonces mantuviera consigo misma –es decir, su diálogo interno– fuese aproximadamente la siguiente: «Joe se ha ido. Él era mi pareja, mi apoyo. No creo que pueda seguir adelante sola. He dependido de él durante tanto tiempo que me temo que haya perdido lo que se necesita para vivir. Tengo setenta y dos años. Llevo treinta años sin trabajar y ya no estoy en condiciones de cuidar de mí misma».

Luego tomó una decisión crítica. Después de haber experimentado el momento decisivo y de haber entablado el diálogo interno, tomó la siguiente decisión: «Puedo permitir que me cuiden. Los demás quieren hacerlo y eso es lo que esperan que haga. Sé que me quieren, no pongo en duda sus buenas intenciones y hasta es muy probable que sepan mejor que yo lo que más me conviene. No quiero renunciar a mi independencia, a mi casa y a las cosas que he ido acumulando a lo largo de mi vida, pero no tengo otra alternativa. Extrañaré mis muebles, mis cuadros y mi privacidad, pero ¿qué otra cosa puedo hacer?». Ésa fue una decisión que posteriormente demostró tener una gran influencia en la idea que tenía de sí misma. Una vez lanzó el dado y se mudó a nuestra casa, estoy seguro de que el diálogo prosiguió con renovado brío. Es muy probable que, en tal caso, cada vez que se encontraba descontenta o inquieta, el diálogo interno le repetía: «Esto no es lo que quiero. Aquí no puedo cuidar de mí misma. La familia lo sabe bien. Será mejor que me muestre feliz porque, de otro modo, voy a lastimar los sentimientos de muchas personas. Tengo que aceptar lo que me ofrecen».

¿Y cuál fue el resultado? El resultado de esta secuencia –momento decisivo, diálogo interno y decisión crítica– fue una tristeza prolongada, meses y meses de confusión, infelicidad y desconfianza en sí misma. Al no ser –ni nosotros ni ella– conscientes de lo que estaba sucediendo en su interior, mi madre era cada vez más desgraciada y, aunque nadie la estaba encarcelando, se sentía prisionera de una jaula de oro. Estaba viviendo un yo falso, creado e impuesto, con la mejor de las intenciones, por familiares que la querían y por su propio diálogo interno.

Considere ahora esto. Si usted le hubiera preguntado, en cualquier momento, durante los primeros meses en que estuvo en nuestra casa, «¿Cómo estás, Granma?», estoy seguro de que hubiera forzado una sonrisa y hubiera respondido «Estupendamente, gracias. Estoy muy bien», y lo cierto es que no le habría mentido porque, para mentir, es necesario conocer muy bien al yo verdadero, es decir, saber que no está bien y decir, sin embargo, otra cosa. Pero ella, muy al contrario, simplemente daba por sentado que podía confiar en la información recibida de su yo falso: «Soy vieja, soy viuda y necesito que me cuiden. Las personas que quiero se encargan de cuidarme y, en consecuencia, debo estar bien».

Así de intenso es el poder del falso yo. La vida puede ser muy cruel y llegar a confundir incluso a las personas más equilibradas, concentradas y bienintencionadas. Uno puede haber vivido con pasión y entusiasmo, reconociendo claramente sus fortalezas, sus regalos, sus valores y sus otras características únicas, para acabar viendo cómo las experiencias acaban enturbiando su visión de la vida.

Son muchas las cosas que pueden haber determinado la visión que hoy en día tiene de sí mismo. No necesariamente debe tratarse de la muerte de un ser querido. Quizás su esperanza, su optimismo y su inocencia murieron como resultado de alguna experiencia traumática y dolorosa de su infancia. Quizá ocurrió más tarde, cuando alguien a quien amaba y cuya compañía anhelaba le rechazó. Quizá sucedió todavía más tarde cuando, a pesar de todos sus esfuerzos, su matrimonio acabó fracasando. O incluso puede llegar a sentirse abandonado de la mano de Dios cuando una tragedia inexplicable pareció cebarse sobre usted.

Por desgracia, la vida no es un viaje exclusivamente exitoso, y hay ocasiones en que los resultados no deseados pueden sacudir nuestra confianza y poner en cuestión quiénes –o incluso por qué– somos. Tal vez los eventos que han acabado configurando su vida hayan erosionado lentamente y de manera inadvertida su confianza y su identidad, y sus consecuencias negativas le hieran como el rayo. Quizás todos esos años de desconfianza en sí mismo han acabado provocándole una crisis de identidad, poniendo seriamente en cuestión sus sueños y la visión que tiene de sí mismo. Quizás por eso, por otra parte, esté menos definido. Tal vez tenga incluso la conciencia silenciosa de que puede y quiere algo más, de que quiere mejorar una vida que, en muchos sentidos, está funcionando bien. Tal vez una parte de su ser se diga: «todo está muy bien», mientras que otra parte no deje de preguntarse, de manera sutil pero insistente: «sí, todo está muy bien ¿pero comparado con qué?».

Pero, en cualquiera de los casos, tanto si la necesidad es dramática como sutil, decidirse por algo menos que una vida llena y apasionada supone aceptar las distorsiones de la vida, porque implica negar su yo verdadero. Pero permítanme subrayar una vez más que, por más que usted lo dude, su yo verdadero está ahí. Es cierto que la vorágine de la vida puede enturbiar su visión, es cierto que los acontecimientos pueden acumularse y acabar ocultando sus rasgos más distintivos que, no obstante, nunca dejan de estar ahí.

Lo acepte o no espero que, al menos, comprenda mi afirmación anterior de que usted ha contribuido activamente a establecer la idea que hoy en día tiene de sí mismo. Ciertamente, como acabamos de decir, son muchos los acontecimientos definitivos que ha experimentado en su vida, factores externos que explican, en gran medida, quién es usted hoy en día. Pero tan importante, o más todavía, que los factores externos es el modo en que ha interpretado y reaccionado a esas experiencias. Es por esto por lo que también convendrá prestar mucha atención a los factores internos que hayan incidido en su vida.

Tenga en cuenta que saber es poder. Por ello quiero que su experiencia de este libro suponga un salto hacia delante en su conocimiento. Voy a formularle un montón de preguntas, en mi opinión muy provocadoras, que tratan de facilitarle el camino de regreso a su yo verdadero. Respondiendo a ellas atenta y sinceramente, empezará a ejercitar el poder real que dimana del coraje de la honradez. De este modo, se dará cuenta de que no puede ser quien es a menos que su estilo de vida, tanto interno como externo, se ocupe de apoyar esa definición del yo. Cuando asuma el control de cosas tales como su diálogo interno (ya no va a seguir creyendo las tonterías que se ha estado diciendo a sí mismo) y el resto de otras conductas interpretativas, acabará haciéndose cargo del poder que tiene para crear la experiencia que quiera.

No estoy diciéndole que este proceso resulte sencillo, porque significará olvidarse de dinámicas muy poderosas que se hallan profundamente arraigadas en su vida. Recuerde que debe estar dispuesto a poner en cuestión casi cualquier pensamiento, actitud, pauta de conducta y circunstancia vital en que se encuentre.

Resumiendo, pues, usted tiene una idea de sí mismo y yo quiero que se dé cuenta del modo en que llegó hasta ella. No se trata de algo que ocurriera sin más. Usted llegó a este mundo con ciertas cualidades y características escritas en su "pizarra", pero el mundo no tardó en empezar a escribir en esa "pizarra". Por ello digo que, de un modo activo o pasivo, usted ha participado en su propia creación. Hasta cierto punto, la idea que usted tiene de sí mismo le fue impuesta por los demás pero, desde otra perspectiva, ha acabado aceptándola y hoy en día se pone en marcha automáticamente. Sea como fuere, usted se ha convertido en la persona que es hoy en día y yo tengo la intención de enseñarle a asumir el control de usted y de este proceso de modelado de su "yo" aquí y ahora para que, cuando hayamos concluido, usted esté en condiciones de trascender su propia historia.

Juntos vamos a descubrir los elementos compositivos de la idea que tiene de sí mismo. Luego cuestionaremos todos los mensajes que haya recibido al respecto y descartaremos aquellos que sean tóxicos. El objetivo al que nos dirigimos es el de que, de ahora en adelante, sea usted, y no las personas que le rodean, quien determine sus factores externos e internos.

INTRODUCCIÓN A LOS
FACTORES EXTERNOS

Enfrentado a la crisis, el hombre de carácter recurre a sí
mismo.
CHARLES DE GAULLE

Ahora ya sabe que la idea que tiene de sí mismo se halla
en el mismo núcleo de su experiencia de la vida. La apatía, el
dolor, el miedo, la frustración, la cólera y la sensación de estar
desconectado de su vida es el precio que hay que pagar por
perder el contacto con su yo verdadero. Obviamente, nadie
crearía tal existencia a propósito y, si su vida no funciona
como más le gusta, no es porque usted la haya planificado así,
porque usted no es ningún estúpido que ignore la diferencia
que existe entre el dolor y el placer. De haber tenido la posibilidad de elegir, todo el mundo, incluido usted, hubiera elegido
una vida congruente con su yo verdadero y hubiera creado una
vida divertida, plena, emocionante y significativa. Difícilmente se hubiera levantado una buena mañana con la intención de
ver cuántos favores podía hacer a los demás en un solo día
(¡días festivos incluidos!), cansado de vivir una vida misera-

ble, insatisfactoria y completamente distorsionada por factores externos, "bailando" al son de una música impuesta por el exterior e ignorante de las cosas que realmente le importan.

¿Cómo ha llegado a ocurrir todo esto? ¿Cómo acaba uno, en el caso de haber podido elegir, atrapado en una vida que le desagrada? Si realmente quiere mejorar su calidad de vida debe antes entender muy clara y concretamente el proceso que ha acabado distorsionando, sepultando e ignorando su yo verdadero. Ése es un proceso que se pone en marcha con las circunstancias externas que hemos introducido brevemente en el Capítulo 1. Los seres humanos somos seres sociales, algo que tiene facetas tanto positivas como negativas porque, si bien los demás pueden ayudarnos mucho cuando nos encontramos solos, también pueden acabar convirtiéndose en un gran obstáculo que llegue a cambiar, según el poder y relevancia que tengan en nuestra vida, nuestro modo de ser. Escuche bien, estoy diciendo que pueden «cambiar nuestro modo de ser», porque las cosas que ocurren en el exterior acaban sucediendo en nuestro interior. Así pues, los acontecimientos externos, una vez interiorizados, dejan cicatrices que pueden perdurar toda la vida. La vida puede ser muy cruel y, cuando tal cosa ocurre, su yo verdadero –que, en cualquier otro caso, funciona muy bien– se ve distorsionado… y eso no es bueno.

Su verdadero yo pudo haber empezado su camino tan flamante como un coche nuevo en una sala de exposiciones. Si ese coche limpio, resplandeciente y sin el menor arañazo hubiera permanecido en ese entorno seguro y controlado, todavía se hallaría en perfectas condiciones cinco, diez e incluso quince años después pero, en el mismo momento en que sale por la puerta del concesionario y empieza a moverse en el mundo, se ve expuesto a las exigencias de una vida que exige un peaje y no tarda en mostrar las cicatrices que dejan en él las "huellas de la batalla".

Después de años de estar sometido a un sol abrasador, choques, baches, abolladuras en los parachoques y quizá hasta colisiones catastróficas, resulta difícil reconocer el mismo automóvil resplandeciente y perfecto que una vez le encandiló. Pero lo cierto es que siempre es posible restaurar a su condición original cualquier cacharro destartalado de treinta años de antigüedad. No estoy diciéndole que tal cosa resulte sencilla, pero puede estar seguro de que, cuando concluya el proceso de recuperación, estará orgulloso de su nuevo yo.

Tal vez ahora se sienta como un taxi de Nueva York lleno de abolladuras en las puertas y guardabarros, y con más desconchaduras de pintura que el vencedor de una carrera de coches de desguace, pero lo cierto es que siempre puede encontrar el camino de regreso a su condición original. Es posible que haya roto mil veces las ventanillas y que incluso haya experimentado alguna colisión catastrófica con la vida, pero el conocimiento es poder, y vamos a revisar su vida para que pueda saber exactamente cuándo y dónde se golpeó su yo verdadero.

No crea que, para ello, deberá reconsiderar y analizar toda su vida. Bastará tan sólo con que lleve a cabo unos ejercicios sencillos pero no, por ello, menos profundos, que le ayuden a centrar exclusivamente su atención en las experiencias externas que hayan dejado su impronta en la visión que hoy en día tiene de sí mismo.

No vamos a revisar, pues, toda su vida, sino tan sólo tres categorías diferentes. Tenga en cuenta que, en opinión de los sociólogos, el origen de su visión actual del yo –y, por tanto, el origen de la persona en que ha acabado convirtiéndose– puede remontarse a la influencia de unos pocos eventos y a las acciones de unas pocas personas clave implicadas en esos acontecimientos. Con ello quiero decir que, de todos los miles de días que ha vivido, de todas las miles y miles de elecciones y decisiones que ha tomado y de todos los miles de personas con las que se ha tropezado a lo largo de su vida, los factores fundamentales puede resumirse en:

diez momentos decisivos
siete decisiones críticas y
cinco personas esenciales

Si lo piensa un poco, las cosas no son tan extrañas como parecen. ¡En cierta ocasión, un piloto de aviación describió su trabajo como miles y miles de horas de aburrimiento y de monotonía puntuadas por momentos concretos de un terror extremo! ¿No es así, precisamente, la vida? Días y días rutinarios y monótonos que apenas si dejan el menor impacto, jalonados por hechos definitivos, críticos y esenciales que, en muchas ocasiones, duran menos que el parpadeo de un ojo. Ya sé que es una idea espeluznante pero, ¿qué quiere que le diga?, así es como son las cosas y, si realmente quiere comprender y recuperar el control de su idea del yo, deberá atenerse a la realidad.

Algunos de esos diez momentos decisivos, siete decisiones críticas y cinco personas esenciales le habrán proporcionado información muy positiva para configurar la idea de su yo, elevando y consolidando su yo verdadero, mientras que, en cambio, otros momentos decisivos, otras decisiones críticas y otras personas esenciales habrán contaminado esa autenticidad y habrán distorsionado el modo en que se ve a sí mismo. Le aseguro que se sorprenderá de la claridad que le proporcionará la identificación de esos factores clave cuando mental y emocionalmente pueda dar un paso atrás y vislumbrar una vida en la que desaparecen la rutina y los detalles sin importancia y, en su lugar, sólo advierta los eventos y las personas que han acabado determinando su vida.

Es como mirar una de esas imágenes ilusorias denominadas "ojo mágico" y que consisten en miles de puntos de color que ocultan una imagen disfrazada. (¡Aunque me resista a admitirlo, jamás he podido ver la maldita imagen hasta que alguien me la ha señalado!) Una vez ha quitado, por así decirlo, el entorno que camufla la imagen, ésta se hace patente. Del mismo modo, cuando usted deja de lado los detalles sin importancia y centra su atención en los diez momentos decisivos, las siete decisiones críticas y las cinco personas esenciales, el origen de la idea que tiene de sí mismo se pone claramente de manifiesto.

Cuando preste atención a sus experiencias externas más importantes, quiero que preste una atención muy especial a un tipo especial de experiencia vital y de consecuencia asociada que puede haber tenido un poderoso impacto en su vida y en la idea que actualmente tiene de sí mismo. Me refiero a lo que yo llamo desfiguramiento psíquico y que explica cómo algo que le ocurrió en clase de quinto, por ejemplo, puede seguir afectándole a los cuarenta y dos años. Si existe alguna posibilidad de que la idea que usted tiene de sí mismo haya sufrido algún tipo de desfiguramiento psíquico éste es, precisamente, el momento de empezar a pensar en ello.

El ejemplo de una quemadura ilustra perfectamente al proceso al que me refiero con el nombre de "desfiguramiento psíquico". Cuando experimentamos una quemadura traumática, el incidente suele concluir casi en el mismo instante en que empieza. Tal vez el contacto de la piel y el tejido subcutáneo con la llama, el ácido o cualquier otro agente destructivo sólo dure unos pocos milisegundos, pero con ello basta para destruirlo. Desde cierta perspectiva, el ataque ha "concluido" –es decir, la quemadura ha terminado, pero sabemos muy bien que la lesión está lejos de haber desaparecido. La persona que haya sido lo suficientemente desafortunada como para experimentar una quemadura que ha dejado una cicatriz en el rostro podrá explicarle muy bien los cambios que ello provoca en su sensación de adecuación, porque esa cicatriz socava su sensación de seguridad e influye muy poderosamente en el modo en que se acerca al mundo. Dicho en otras palabras, es como si el mismo desfiguramiento físico acabase también afectando a su psiquismo, y la persona en cuestión concluyese: «Así no puedo salir al mundo y presentarme a los demás».

Supongamos ahora que una persona experimente una lesión traumática que no deje cicatrices en su cuerpo físico. Quizás se vio sexualmente maltratado por un familiar, agredido verbalmente por un padre o traicionado por una persona en quien confiaba, como un amigo, por ejemplo o, quizás, siendo muy pequeño, se vio obligado a observar impotente una tragedia que se desplegaba ante sus ojos. También en este caso el incidente puede haber discurrido en menos tiempo del que se necesita para chasquear los dedos. ¿Pero qué sucede, en tal caso, en el psiquismo de esa persona, es decir, en la idea que tiene de sí misma? ¿No le parece que también quedará herida y quizás desfigurada por una cicatriz?

Si usted ha experimentado un acontecimiento traumático de este tipo, estará viviendo como si se hubiera quemado la piel pero, en tal caso, el desfiguramiento psíquico, a diferencia de la cicatriz física, sólo será visible para usted. No es nada extraño que entonces responda a la cicatriz invisible del mismo modo en que lo haría a la visible, huyendo del mundo, escapando de la competición y de la participación, replegándose a las sombras de la reticencia y de la timidez, y resignándose a una vida pasiva y desalentada.

El caso es que el desfiguramiento psíquico puede ser tan incapacitante y debilitador para la idea que uno tiene de sí mismo como lo es el desfiguramiento físico. Es por ello por lo que quizás ya haya llegado el momento, si la idea que usted tiene de sí mismo se encuentra muy maltrecha, de preguntarse si se ha visto sometido a algún desfiguramiento psíquico, una indagación para la que pueden resultarle muy útiles los capítulos siguientes, destinados a revisar los factores externos. Después de llevar a cabo los ejercicios que le propondré, podrá corregir esa parte de su historia y empezar a tomar las medidas necesarias para salir de la sombra y restablecer el contacto con su yo verdadero.

Es evidente que son muchos los factores que influyen en la idea que usted tiene de sí mismo, en particular los factores internos de los que nos ocuparemos en la siguiente sección de este libro. Pero, no obstante, también debe saber que cada cadena tiene su primer eslabón. Y el primer eslabón de la cadena de una idea del yo que se encuentra en proceso de evolución es, casi con toda seguridad, un eslabón externo o interactivo. Prepárese para ver las cosas con más claridad examinando los primeros eslabones de la cadena de su vida.

LA CADENA DE LA VIDA

Puesto que estoy a punto de pedirle que escriba los momentos decisivos de su vida, comenzaré dándole una pequeña pista. Una de las circunstancias externas más poderosas que usted ha experimentado en su vida ya ha ocurrido y usted no tuvo más opción que vivirla pasivamente. Nadie le consultó y, en consecuencia, no tuvo otra alternativa, pero le aseguro que se trató de algo muy importante. Antes de que se agote esforzándose en descubrir qué puede haber sido tan importante, piense en la naturaleza fortuita del lugar en que nació y de la familia en cuyo seno creció. Dicho en otras palabras, no existe la menor duda de que uno de los acontecimientos decisivos más importantes y abrumadores de su vida fue el momento de su nacimiento. Usted no tuvo ahí ninguna otra alternativa, simplemente ocurrió. ¡Un buen día usted arribó a este mundo! La decisión ya estaba tomada. Y también es muy probable que, cuando creció, tampoco tuviera la menor idea de que la vida podía ofrecerle algo diferente a lo que estaba viviendo. Usted simplemente formaba parte de una larga cadena en la que sus padres, sus abuelos y sus hermanos eran meros eslabones. Lo único que tenía, lo único que conocía y lo único a lo que podía acceder en aquel estadio era lo que le ofrecían sus padres, sus hermanos y su familia.

Considere ahora el impulso que puso en marcha esa cadena, es decir, los mensajes y esperanzas que pasaron, generación tras generación, de un eslabón al siguiente. Esa cadena fue la que acabó sellando su destino. Si, por ejemplo, creció con una madre y un padre que creían ser ciudadanos de segunda clase que debían mantener la cabeza gacha, la boca cerrada y no crear problemas, es muy probable que usted aprendiera a resignarse y a contentarse con que sencillamente se le permitiera estar en el mundo. ¡Quizás por ello haya adoptado inicialmente una idea de sí mismo que se vio básicamente determinada por la "suerte ciega"! Usted no tuvo la menor posibilidad de elegir los eslabones que componen la cadena de su vida, al menos hasta que compró este libro. Pero ahora dispone de la posibilidad de tomar otras decisiones que no miran hacia el pasado, sino hacia el futuro.

Pero basta ya de subrayar el lado "víctima" de la historia, porque es muy importante que entienda que, muy probablemente, usted ha acabado convirtiéndose en un participante activo –es decir, en un elemento distorsionador– de esta cadena. Y digo esto porque, como todo el mundo, usted interioriza sus experiencias. Usted interioriza la información, los datos y las experiencias de un modo que confirman o modifican la idea que tiene de sí mismo. Es cierto que, al comienzo de su vida, las fuerzas le impactan casi exclusivamente desde el exterior, pero también lo es que, casi de inmediato, usted empieza a pensar y a interpretar lo que ocurre ahí afuera. Tenga en cuenta que, cuando asigna un significado a ese evento y lo integra en su pensamiento, potencia todavía más su impacto. A partir de entonces, su "sistema de navegación perceptual", es decir, su brújula y su radar de escaneo, empieza a orientarse exclusivamente en una dirección que corrobora lo que usted ya piensa.

Obviamente, la cadena de su vida programa la orientación de su radar, porque usted busca información que sea congruente con lo que su cadena de vida le haya dicho sobre usted y sus posibilidades o su falta de ellas. Si, por ejemplo, le han despedido del trabajo e interpreta ese evento como un fracaso personal, interiorizará esa percepción y, a partir de entonces, tenderá a alejarse de los mensajes de "éxito" y a centrarse en los mensajes de "fracaso". En tal caso, cuando escudriñe el paisaje de su vida, su radar funcionará únicamente en la modalidad "confirmadora", buscando la información que coincida con lo que usted ya espera, por más dañino que ello resulte. El efecto limitador de esta situación sobre lo que usted está dispuesto a alcanzar es muy poderoso y lamentable, y también muy refractario al cambio.

Los investigadores han descubierto que esta tendencia autolimitadora basada en la experiencia se halla en todos los organismos ¡hasta en las pulgas! Si alguna vez ha tenido un perro con pulgas sabrá bien que, apenas el perro entre en casa, esas condenadas saltarán por toda la habitación. Parece que esos investigadores (que, obviamente, tenían mucho tiempo libre) metieron a un montón de pulgas en un recipiente cerrado y, como es lógico, las pulgas saltaban tanto que se golpeaban la cabeza con la tapa. Un buen día, sin embargo, una de las pulgas (que sin duda era la pulga de algún perro de lanas erudito) se hartó de darse golpes en la cabeza y "aprendió" que, si saltaba más allá de cierta altura, se golpeaba contra la tapa, de modo que, al poco, todas las pulgas aprendieron a saltar unos pocos centímetros por debajo. Así pues, la influencia del entorno llega incluso a afectar a las pulgas, pero lo realmente curioso es que, aunque uno quite la tapa, las pulgas siguen saltando unos pocos centímetros por debajo de donde antes estaba la tapa y, en consecuencia, permanecen dentro del recipiente. Su historia y la adaptación al medio han acabado limitando sus posibilidades.

¿Es tan difícil, por tanto, aceptar que, después de haberse golpeado muchas veces la cabeza, su cadena de vida pueda haberle obligado a dar un paso atrás y a establecer una serie de limitaciones? Sea como fuere, usted ha acabado aprendiendo bien su papel. En la medida en que la vida le ha golpeado, ese papel ha acabado imponiéndose con mucha claridad, configurando su verdad personal y la idea que tiene de sí mismo. Hasta ahora puede ser que todos los golpes hayan provenido del exterior de su conciencia y, como sucede con las pulgas, tal vez ni siquiera sea consciente de que dispone de otras alternativas.

Pero, sea como fuere, ahora ya sabe y, como el conocimiento es poder, dispone de otras alternativas. Ya no tiene, pues, que seguir inconscientemente la cadena de vida que ha heredado y a la que ha contribuido pasivamente; ahora puede empezar a participar activa y conscientemente en el establecimiento de sus eslabones. Pero para ello necesitará disponer de las herramientas adecuadas y de una guía que le indique claramente qué es lo que tiene qué hacer. Con un poco de ayuda podrá hacerlo. ¡Usted se lo merece y puede hacerlo!

Vamos a ver cómo el modo en que interioriza el mundo distorsiona la idea que tiene de sí mismo y convierte una visión auténtica y real del yo en una imagen y una creencia mucho más difusa e inexacta. Vamos a ver el modo en que usted conspira con el mundo para distorsionar la imagen esencial que tiene de sí mismo. También echaremos un vistazo a los distintos eslabones que configuran la cadena de su vida. Una vez que lo haya hecho –es decir, una vez que haya descubierto el camino de regreso al yo que yace enterrado bajo un montón de experiencias y visiones mundanas de sí mismo– deberá permanecer muy atento, porque no podrá creerse lo que ocurrirá en su vida cuando aclare su verdad, su conocimiento y su poder personal.

Yo no voy a proporcionarle ninguna verdad personal "nueva" y ninguna visión "verdadera" de sí mismo, porque no la tengo. ¡Lo que usted necesita ya está ahí! Siempre ha estado ahí, pero permanece tan oculto que ya no sabe cómo conectar con ello. Necesita "limpiar" su verdad personal y la idea que tiene de sí mismo, y desembarazarse de toda la información errónea que haya interiorizado a lo largo de los años. Pronto sabrá exactamente el modo de hacerlo. A menudo digo: «¡O lo haces o no lo haces!», y ya es hora de que se ponga manos a la obra, pero para ello deberá darse cuenta de que ahora mismo está decidiendo quién es usted basándose en lo que ha sido y en los mensajes y resultados que ha ido acumulando, con la mirada siempre puesta en el espejo retrovisor.

Es cierto que vamos a revisar su historia, pero sólo con el objeto de localizar y erradicar las experiencias distorsionadoras del pasado. Ésos son los elementos contaminantes de los que deberá desembarazarse para desbrozar el camino de vuelta a sí mismo, recuperar las riendas de su vida y volver a su vida verdadera. Entonces podrá mirar hacia delante y ver hacia dónde se dirige. Su futuro es, en mi opinión, un lugar y un tiempo mucho más interesante para modificar la idea que tiene de sí mismo y de su experiencia de la vida.

Sólo mirando hacia delante podrá recuperar su poder, porque es precisamente ahí donde yace la posibilidad de volver a sí mismo. Le aseguro que ahora está malgastando mucho tiempo y energía preocupándose y viéndose controlado por lo que ya ha sucedido. ¿Por qué? Porque los eslabones que configuran la cadena de su vida ya han pasado y, en consecuencia, no tienen ya la menor importancia. Cuando un cohete sale de Cabo Cañaveral, todo lo que deja atrás, es decir, las llamas, el humo, el vapor, es energía "gastada", y la energía gastada carece ya de todo valor. Es cierto que ha servido para conducirle hasta donde ahora se encuentra pero, en el aquí y el ahora, carece de todo valor. Se acabó, ya ha pasado. De un modo u otro, le han traído a donde está, pero el lugar al que se dirige a partir de ahora depende por entero de usted. Ya no importan los eslabones que hayan configurado su cadena, ya no importa de qué esté compuesta la cola del cohete. No hay más momento que ahora, la decisión es suya.

Yo no voy sólo a decirle que se "libere" de su pasado, porque creo que eso no serviría de gran cosa. Lo que voy a hacer es ayudarle a identificar exacta y precisamente cuáles han sido las experiencias pasadas que han acabado determinando su presente.

En breve veremos el modo de ocuparse de esas experiencias en el aquí y ahora, y recuperar así su poder. Sólo entonces podrá dejar de ser un pasajero de la vida y empezar a dirigirla con toda la pasión de que sea capaz.

4. LOS DIEZ MOMENTOS DECISIVOS

> Si no hay viento, rema.
> PROVERBIO LATINO

Cuando estaba en quinto grado, mi familia y yo vivíamos en un pequeño y cuidado barrio de las afueras de Denver (Colorado) y, aunque nadie hubiera dicho que fuese especialmente elegante, puesto que no era más que una agrupación de casitas unifamiliares, se trataba de un lugar muy tranquilo y agradable. La escuela era nueva, los vecinos se reunían después de la cena en el porche a intercambiar historias y todas las casas eran iguales: tres habitaciones, un baño y un garaje en el que sólo cabía un coche. Yo me lo pasaba muy bien en la escuela, tenía un grupo de amigos, sacaba buenas notas y había descubierto que me apasionaba el atletismo. De hecho, los deportes se habían convertido, para mí, en algo muy importante y disfrutaba mucho de las competiciones. Al finalizar el año escolar, me otorgaron el título de "Atleta del Año" de la escuela y el premio al espíritu deportivo, dos eventos muy positivos porque, exceptuando un sombrero mexicano que había ganado en el baile de cuarto grado –por marearme menos, todo hay que decirlo, que mi pareja Linda Snider que, desde entonces, no dejó de perseguirme y darme golpes en la espalda–, jamás había ganado ningún premio.

Así pues, yo me lo pasaba muy bien en la escuela y más todavía aquel año. Considerándolo retrospectivamente, diría que aquélla fue, para mí, la época de la verdadera inocencia y sólo me preocupaba no dar la espalda a Linda Snider. Estaba muy a gusto conmigo mismo, me gustaba el lugar en que vivía y disfrutaba haciendo lo que hacía. Fue una época muy sencilla y creo que la lente que proyectaba mi autoimagen en la pared estaba enfocada y clara.

Pero todo eso estaba a punto de cambiar aunque, de no haberme implicado personalmente, lo que ocurrió no fue nada especial. Hablando en términos generales, los acontecimientos que configuran nuestra vida no son especialmente llamativos y lo único que los convierte en tales es nuestra implicación personal. Así es como hechos que, de otro modo, no tienen la menor importancia, acaban adquiriendo un gran significado. A fin de cuentas, lo importante es aquello que nos importa.

No creo, pues, que lo que estaba a punto de ocurrir fuese especialmente importante para quien no se hallara directamente comprometido, pero les aseguro que acabó determinando una parte muy importante de la idea que hoy en día tengo de mí mismo.

Según dice mi madre, yo nunca había empezado una pelea en toda mi vida pero aquel curso se matricularon en nuestra pequeña escuela varios niños de un barrio conflictivo ubicado a varias manzanas de mi casa. Eran un año mayores que yo y estaban en sexto grado, pero les aseguro que daban la impresión de ser un palmo más altos y un palmo más anchos que el resto de nosotros. Un buen día, mientras nos hallábamos en el patio de recreo, esos "matones de sexto grado" (como les llamábamos cuando no podían oírnos), empezaron a meterse con muchos de los pequeños, incluidos un par de amigos y yo mismo. Los insultos fueron aumentando en intensidad hasta que dos de ellos cogieron a mi amigo Michael por el cuello, le tiraron al suelo y luego empezaron a empujarnos a todos los demás. Lo único que recuerdo después de aquel momento es lanzar con todas mis fuerzas una pelota de baloncesto al rostro de uno de ellos y golpear a otro con un columpio. (Mi padre solía decir: «¡Hijo mío, si te peleas con alguien más grande que tú, busca algo que pueda compensar la diferencia!».) La cosa es que la trifulca acabó convirtiéndose en la mayor y más caótica batalla de patio de recreo que el lector pueda imaginar. No éramos lo suficientemente fuertes como para que nadie sufriera daños graves, pero para todos nosotros se trató de una batalla de proporciones épicas. Y, si bien es cierto que no la comencé, sí que participé apasionadamente en ella.

Finalmente todos acabamos en el despacho del director. Todavía recuerdo la sensación de alivio que experimenté mientras permanecía en "la silla del acusado" con la nariz ensangrentada, la camiseta desgarrada, pedazos de gravilla incrustados en la mejilla y un enorme chichón en la frente, al enterarme de que habían llamado a Mrs. Johnson, mi profesora. Seguramente –pensé– esto debe ser lo mismo que experimenta el soldado asediado al enterarse de que los refuerzos ya están en camino. Estaba seguro de que ella saldría en mi defensa y me protegería. Ella me conocía, sabía lo del premio al espíritu deportivo y también conocía mi naturaleza tranquila y mi lealtad hacia mis amigos y, en consecuencia, no tenía la menor duda de que entendería de inmediato lo que había ocurrido y me defendería ante el director. No es que mis pensamientos fuesen tan elaborados, pero eso era, en suma, lo que sentía y la sensación de que Mrs. Johnson estaba a punto de llegar y todo volvería rápidamente a la normalidad me llenaba de serenidad.

Pero entonces tuvo lugar uno de los momentos más decisivos de mi vida. Mrs. Johnson entró en el despacho, miró al director, luego me miró a mí y, finalmente, se enfureció. Durante los primeros momentos de su acalorada perorata, ni siquiera podía entender lo que decía. Estaba sencillamente atónito. Al parecer, se sentía humillada porque uno de "sus" alumnos hubiera participado en una pelea. Los insultos que escuché en el patio de recreo no eran nada comparados con la agresión verbal que entonces experimenté. No se detuvo a preguntar lo que había sucedido, dejó bien claro que eso era lo que menos le importaba y se limitó a vomitar sobre mí toda su rabia.

Jamás olvidaré sus palabras: «¡Vaya con el chico duro! –dijo–. A ti no te importa nadie, ¿verdad?». ¿Pero es que no se daba cuenta de que ellos eran mayores que yo? ¿No sabía acaso lo que habían hecho? ¿No debería haberme preguntado, al menos, lo que había sucedido?

Al principio me quedé aturdido y muy dolido. Entonces fue como si algo se disparase en mí y viera con toda claridad que Mrs. Johnson había dejado de ser mi amiga. Vi que, lejos de asumir su responsabilidad, averiguar la verdad y defenderme de los matones, estaba sencillamente defendiéndose a sí misma. Estaba bien claro que yo le interesaba bien poco y que lo único que quería era proteger su seguridad y su bienestar. Ignoró mi necesidad de ser yo mismo. Su mensaje estaba muy claro: «No me crees problemas, jovencito. Haz lo que necesito y espero de ti y no me compliques la vida. ¡Me importa un bledo lo que te ocurra a ti!».

Después de aquella situación ya no podía seguir creyendo que la vida era justa. Aquella situación no fue ni justa ni objetiva. Entonces me di cuenta de que la única persona que me protegería y con quien podía contar era conmigo mismo. Interiormente me decía: «¿Pero qué está diciendo, Mrs. Johnson? ¿Es que se ha vuelto loca?», pero lo que dije fue: «¡No! ¡Tiene usted toda la razón! ¡No me importa nadie… ni siquiera usted!». Después de aquel episodio, el director me expulsó de la escuela durante tres días, con lo que también se ganó un lugar muy destacado en mi lista de personas a las que jamás acudiría en busca de ayuda.

Este sencillo acontecimiento, este momento decisivo, transformó completamente la idea que tenía de mí mismo. Yo le llamé «la traición de Mrs. Johnson», pero el lector puede llamarle «el final de la inocencia», «superar la ingenuidad» o simplemente despertar al hecho de que el mundo no era mi ostra personal pero, en cualquiera de los casos, modificó completamente la idea que tenía de mí mismo. En este episodio, que no duraría más de cinco minutos, el mundo escribió en la pizarra interna de Phil McGraw. ¿Se trató acaso de un hecho muy importante? Probablemente no lo fuese para Mrs. Johnson, para el director ni para los matones de sexto grado que, todo hay que decirlo, se pasaron castigados, por uno u otro motivo, la mitad del año escolar, pero sí que lo fue para mí. Ése fue, para mí, uno de mis momentos decisivos.

Casi un año después tuve, en esa misma escuela, otro profesor, Mr. Welbourne, un hombre muy corpulento que, entre otras muchas cosas, enseñaba arte, una asignatura decididamente "afeminada" para la sensibilidad de un alumno de sexto grado y que también me parecía completamente ajena a él, porque tenía las manos del tamaño de jamones. Una mañana, después de una copiosa nevada primaveral, hubo muchas personas, incluidos varios maestros, que llegaron tarde a la escuela. Los que llegamos a tiempo bromeábamos en el aula de arte esperando la llegada de "Bigfoot".* Pasaron los minutos, había pedazos de arcilla de modelar sobre la mesa y estábamos ya hartos de mirar el reloj, de modo que una cosa llevó a la otra, no tardamos en responder a los requerimientos de la naturaleza y al poco estábamos lanzándonos arcilla. Cogíamos un pedacito, lo amasábamos y ya estaba dispuesto para volar por

---

* "Bigfoot": especie de *yeti* que se dice que habita en la espesura de los bosques norteamericanos. (*N. del T.*).

los aires. Les aseguro que éramos bastante buenos y que la habitación no tardó en estar llena de pequeños proyectiles de arcilla yendo de un lado a otro. Yo, en concreto, estaba especialmente orgulloso de haber conseguido lanzar dos tiros que colgaban del pelo posterior de Vicky, sin que ella se hubiera dado cuenta siquiera.

En ésas estábamos cuando llegó Mr. Welbourne y, como era de esperar, se enfadó mucho. Nadie iba a negar que estábamos tirándonos bolitas de arcilla, cosa que ciertamente no deberíamos haber hecho. Yo me esperaba un sermón sobre la limpieza y hasta quedarme sin recreo, pero en modo alguno podía imaginar lo que ocurrió a continuación. Y es que Mr. Welbourne se volvió loco. ¡Y no estoy utilizando una simple figura retórica, porque lo que quiero decir es que Mr. Welbourne se volvió sencillamente loco! Yo tuve la desgracia de estar junto a él cuando decidió sacar a pasear a ese pequeño psicópata del "Motel de Bates"* que llevaba dentro y, sin darme cuenta siquiera, me levantó de un manotazo de la silla, me sacudió como un muñeco de trapo, me cogió por el brazo y la pierna derecha, me elevó sobre su cabeza y rugió: «¿Te gustaría que te tirase al piso? ¡Te mereces que te aplaste la cabeza y que te rompa el cuello, pequeño sabelotodo».

La habitación daba vueltas debajo de mí y llegué a convencerme de que iba a hacerlo. Parecía como si estuviese poseído. Sus uñas se me clavaban tanto en el brazo que yo sangraba y creí que, en cualquier momento, iba a romperme la espalda. Los ojos parecían salírsele de las órbitas y su boca escupía saliva. Fue la primera vez en mi joven vida que creí estar a punto de morir.

Yo estaba aterrado y miraba con impaciencia hacia la puerta, esperando que acudiera alguien en mi ayuda. Finalmente

---

* "Motel de Bates": alusión al motel de la película *Psicosis* dirigida por Alfred Hitchcock en 1960. (*N. del T.*).

conseguí articular mis pensamientos y dije: «¡Que alguien me libre de este monstruo!». No es de extrañar que todo el mundo permaneciese clavado en su asiento sin poder dar crédito a lo que estaban viendo.

Después de que lo que pareció una eternidad, un niño llamado Karl salió escapando del aula, más probablemente con la intención de salvarse que de buscar auxilio. Afortunadamente, sin embargo, en su carrera de huida tropezó de bruces en el pasillo con un profesor que llegaba tarde, se dio inmediatamente cuenta de lo que estaba ocurriendo y pidió ayuda. Varios profesores se precipitaron entonces en nuestra clase. Después de muchos gritos y varios asaltos de lucha libre, Mr. Welbourne fue finalmente reducido y yo me vi "liberado", sin más daño que alguna que otra magulladura y unos pocos arañazos. Recuerdo a Mr. Welbourne sentado en el suelo, con la mirada perdida en la distancia mientras me llevaban a la enfermería. Aquélla fue la última vez que vimos a Mr. Welbourne, ya que de sus clases se encargaron ese año el subdirector y otros profesores sustitutos. Supongo que le despidieron o le enviaron dondequiera que se envíe a los maestros psicóticos que agreden a sus discípulos y están a punto de romperles el cuello. Nadie me lo dijo y, francamente, me importaba un pimiento, mientras estuviera lejos.

Permítame decirle que, una vez más, el mundo habría vuelto a escribir en la pizarra interna de Phil McGraw. Tengo cincuenta años y esos dos episodios todavía son más reales e inmediatos para mí que cualquier otro que haya experimentado en la vida, razón por la cual los considero como dos de los momentos más decisivos de mi vida. Es cierto que ninguno de ellos ocupó, y tampoco se lo merecía, las noticias del telediario de las seis, porque no son especialmente graves… aunque ciertamente el segundo tenga visos algo más dramáticos. Podría citar –y estoy seguro de que usted también– miles de otros acontecimientos vitales mucho más traumáticos que los míos, pero los menciono aquí porque fueron importantes para mí. Es cierto que no ocupan un lugar muy elevado en mi lista de diez momentos decisivos, pero también lo es que contribuyeron a ella. Sólo los incluyo aquí porque quiero subrayar que basta con que un acontecimiento de su vida sea importante para usted –es decir, basta con que haya contribuido a conformar la idea que tiene de sí mismo– como para que sea adecuado calificarlo de momento "decisivo" y merecedor, por tanto, de toda su consideración. Independientemente de lo triviales que puedan parecerles, esos dos momentos y otros que siguieron acabaron transformándome, modificando la visión que tenía de mí mismo y del modo en que, desde entonces, he abordado la vida. No tengo que defender ni justificar cómo o por qué ocurrió, simplemente ocurrió. Asistí a aquella escuela durante tres años y a otras durante mucho más tiempo; en realidad asistí a miles de clases durante centenares de miles de minutos, pero esos dos incidentes –que probablemente no sumarían, entre ambos, más de cinco minutos–, destacan inconfundiblemente entre todos ellos.

No es posible, como ya he señalado anteriormente, recordar y singularizar todos y cada uno de los acontecimientos que componen su vida pero, como me ocurre a mí, existen ciertos eventos decisivos que han acabado determinándola. Son acontecimientos que penetran en la conciencia con tal intensidad que cambian completamente la esencia de su vida. No sería exagerado decir que, antes de esos acontecimientos, la idea que usted tenía de sí mismo era A mientras que, después de ellos, es B. Una parte de usted se ve modificada o reemplazada por ese nuevo fragmento de su historia que, a partir de entonces, siempre estará con usted, ya que, de un modo u otro, usted se definirá a sí mismo en función de esa experiencia. Son esos eventos, esos momentos de nuestra vida los que debemos identificar y valorar.

Si suponemos que, hoy en día, usted tiene cuarenta años,

habrá vivido un total de 14.610 días. Y aunque, muy probablemente, no pueda recordar individualmente cada uno de esos 14.600 días, sí que recuerde muy claramente unos diez. Esos momentos, esos días concretos, destacan entre sus recuerdos como la imagen de una casa destaca sobre el fondo del paisaje en que está pintada.

Un conocido psicólogo llamado Alfred Adler observó que los seres humanos tendemos a esbozar imágenes mentales de nosotros mismos basándonos en nuestra historia. Según él, nuestra mente condensa toda nuestra experiencia en torno a una serie de eventos más importantes. Una de las técnicas favoritas del doctor Adler era la de preguntar a su paciente cuál era su recuerdo más temprano y, respondiera lo que respondiese, él completaba la descripción del paciente diciendo: «… y así es su vida», una frase con la que quería dar a entender que ese período relativamente temprano de la vida del paciente era esencial para la percepción que el paciente tiene actualmente de sí mismo. Él creía que esos recuerdos constituyen el núcleo de la verdad personal de cada persona y, en mi opinión, estaba en lo cierto.

Por ejemplo, cierta mujer recordaba que, siendo muy pequeña, había sido perseguida por dos perros y aunque, finalmente, consiguió eludirlos, todavía estaba asustada. Aunque la experiencia de ser perseguida ocurriera en el pasado, años después, en su vida presente, todavía parecía contemplar el mundo desde una actitud enojada y hostil. Y, por más que creía que era lo suficiente ágil y diestra como para controlarla, aún seguía asustada. Lo que Adler comprendió fue que aquella mujer había elaborado un relato de su infancia que llegaba a ejemplificar el resto de su vida y, en consecuencia, aquel episodio seguía provocando en ella una gran confusión emocional. Es evidente, por tanto, que aquel evento era, para ella, un momento decisivo o, parafraseando a Adler, «… y así era su vida».

Cuando recuerdo los momentos decisivos que viví en la escuela elemental, todavía puedo ver bastante bien cómo aquellos dos episodios modificaron la idea que tenía de mí mismo y reconozco con mucha claridad sus consecuencias. En primer lugar, es evidente de dónde surge la suspicacia que siempre he sentido hacia aquellas personas que se hallan en una posición de autoridad. Eso ha llegado a formar parte de la imagen que tengo de mí mismo. Sean o no exactas mi percepción y mi interpretación de esos hechos, lo cierto es que, para mí, han acabado convirtiéndose en algo muy real. Quizás haya quienes crean que yo me lo merecía pero, a esa edad –y aún hoy en día– yo no lo veo así, y basta con que sea real para mí para que acabe convirtiéndose en mi realidad. Entiéndame bien, creo que he sido muy afortunado por haber tenido la ocasión de disfrutar de varios profesores realmente excepcionales y siempre he procurado no cargar sobre ellos o cualquier otra figura de autoridad los defectos de Mrs. Johnson y de Mr. Welbourne. Cuando alguien me pregunta «¿Quiénes son sus héroes?», siempre respondo «Los maestros que hacen bien su trabajo». Pero lo cierto es que, desde aquellos dos episodios de Denver, nunca más me he encontrado completamente relajado en entornos académicos o en cualquier otro lugar en el que me hallara sometido a la autoridad de otra persona. Esto forma hoy en día parte de la idea que tengo de mí mismo.

En suma, en el continuo que va desde la paranoia hasta la ingenuidad, yo no diría que soy un paranoico, pero lo cierto es que estoy muy lejos de la ingenuidad y de la aceptación. Después de haber sido, en mi opinión, maltratado física y emocionalmente, estoy obligado, para que nunca vuelva a ocurrirme nada parecido, a confiar en mí y a protegerme. Es por ello por lo que no le concedo a nadie "el beneficio de la duda" y soy completamente consciente de que existe una relación directa y continua entre el modo en que hoy en día abordo la vida y lo que me sucedió en la escuela elemental. Esos dos acontecimientos se cuentan entre mis diez momentos decisivos. ¿Son ejemplos de momentos decisivos positivos o negativos? No estoy muy seguro, pero lo cierto es que no me cabe la menor duda de que se trató de momentos ciertamente decisivos. Es verdad que, en el momento de experimentarlos, fueron situaciones claramente negativas, pero no estoy muy seguro de que no fuesen también llamadas a despertar. Ciertamente no se los desearía a nadie, pero debo reconocer que de ellos pude sacar algo valioso. Supongo que, a este respecto, habrá división de opiniones pero, en cualquiera de los casos, no cabe la menor duda de que me transformaron.

Algunos de esos momentos decisivos son claramente negativos, mientras que otros son muy positivos. Los momentos positivos afirman nuestro yo verdadero y nos hacen más conscientes de nuestras posibilidades, como si nos elevasen a un lugar desde el que pudiéramos advertir los recursos de que disponemos. De ellos, a fin de cuentas, extraemos la energía emocional y espiritual necesaria para soportar nuestra vida.

Recuerdo otra historia escolar que me contó una amiga muy querida cuando le hablé de este capítulo del libro. Yo le relaté esas experiencias terribles de quinto y sexto grado y ella me contó una experiencia en sentido contrario que tuvo en tercer grado y que la impactó profundamente. La historia me pareció tan interesante que le pregunté a mi amiga si tendría algún inconveniente en compartirla con mis lectores. Éstas son sus palabras, especialmente escritas para este libro:

♠ ♠ ♠

A mí siempre me gustó la escuela porque, junto con la iglesia, era el único lugar en que recuerdo que un niño podía sentirse valorado. Me gustaban los libros. Eran una forma de escapar y de creer que podría convertirme en alguien y llegar a hacer algo importante. Para mí, los libros suponían una oportunidad.

De modo que, cuando *miss* Driver, mi maestra de tercer

grado, nos asignó la lectura de *Honestly Katie John* (un libro, por cierto, de quinto grado), me apresté muy emocionada a afrontar el reto. Teníamos dos semanas para leerlo y presentar un informe ¡y antes de una semana ya lo había terminado! *miss* Driver estuvo tan orgullosa de mí y de mi trabajo que se levantó de su silla y me puso por las nubes ante toda la clase, lo que, obviamente, no le pareció muy bien al resto de mis compañeros, que me miraban como si mi diligencia les hubiese hecho quedar mal. Pero ella no se limitó a elogiarme ante mis compañeros, sino que se lo contó a todo el mundo, incluidos los maestros del claustro de profesores. Cuando, al año siguiente, pasé a cuarto grado, mi profesora, Mrs. Duncan, dijo: «¡Yo te conozco! ¡Tú eres la niña que leyó y entregó su trabajo antes del plazo previsto!». ¡Ciertamente hay acontecimientos que cambian completamente nuestra vida porque, en aquel mismo instante, mi vida experimentó una transformación completa! Entonces me di cuenta de que, cuando uno trabaja duro, los demás se dan cuenta, te recuerdan y te valoran. Pero mi joven mente estableció otra conexión muy importante, porque también se dio cuenta de que el hecho de que aquel libro me gustara tanto fue el que facilitó tanto el trabajo y me permitió acabarlo tan pronto. ¡Estaba tan emocionada con el libro que quise parecerme a Katie John y, cuando llegué a casa, traté de pintar algunas pecas sobre mi piel negra! Aquél fue otro momento decisivo que transformó mi vida y que puede resumirse en la siguiente frase: «¡Haz las cosas que te gusten, las cosas que te apasionen, porque entonces tu vida resultará mucho más sencilla».

♠ ♠ ♠

La amiga que me contó este relato sobre los efectos de la pasión y de la claridad en una niña de tercer grado fue Oprah Winfrey y, según dice, fue uno de los momentos más decisivos de toda su vida. Las ganas de aprender la llevaron a una definición del yo que se basaba en una conexión poderosa con una verdad personal que hundía sus raíces en aquella aula. A partir de aquel momento supo que, si trabajaba duro, podía conseguir lo que quisiera. Ella aprendió que el trabajo y el intento de ser quien uno es despierta el respeto de los demás y produce grandes resultados. El recuerdo de aquel día ha permanecido vivo y la ha movilizado durante todo este tiempo. Cuando la gente le decía que una mujer negra del profundo sur no debía pensar siquiera en la posibilidad de emprender una carrera como periodista de televisión, recordaba ese día. Y lo mismo ocurrió cuando se le presentó la oportunidad de dirigir un programa matutino de entrevistas y la gente decía: «¿Una chica negra con sobrepeso y casi sin experiencia? ¡Creo que no funcionará!». En todas esas ocasiones recordaba la voz de esa chica de tercer grado susurrando a su oído: «¡Puedo hacerlo porque me gusta!». Jamás olvidó la lección de que, para lograr lo que quería, bastaba con poner en marcha el talento que Dios le había dado y estar dispuesta a trabajar tan duro como pudiera.

Es muy probable que la capacidad de recordar sea tanto un regalo como una maldición. Los seres humanos recordamos muy pobremente los hechos, pero tenemos una excelente memoria emocional. Es por ello por lo que, si bien podemos remontarnos en el tiempo, nuestra capacidad de recordar los hechos dista mucho de ser exacta, mientras que no tenemos ninguna dificultad para revivir los sentimientos asociados a un determinado acontecimiento. ¡Recuerde, por ejemplo cualquier día de Navidad de su vida y verá que no sólo recuerda la emoción que entonces sintió, sino que también llega a revivir incluso la misma emoción! Si estaba emocionado ante la posibilidad de que le regalasen una bicicleta, estoy seguro de que ahora también se emocionará. Si, por el contrario, llegó la mañana de Navidad y no había ninguna bicicleta bajo el árbol, sentirá ahora la misma desilusión que entonces experimentó.

Nos guste o nos desagrade, así funcionan las cosas y lo mismo ocurre con el recuerdo de sus momentos decisivos.

En cierta ocasión trabajé con un paciente de cincuenta y dos años que identificó un momento decisivo muy importante de su vida que le había ocurrido a los seis años de edad. En aquella ocasión, Richard estaba viajando en tren con su madre, cuando tuvo la necesidad de ir al retrete y, después de convencerla de que "ya era mayor" y podía ir solo al servicio, atravesó todo el pasillo para llegar al retrete, ubicado en el otro extremo del vagón. No tuvo ningún problema en cerrar la puerta con el pestillo pero, cuando se dispuso a salir, descubrió que, por más que lo intentaba, no conseguía abrirla. Entonces pidió auxilio, pero el ruido del tren sofocaba sus llamadas de auxilio y acabó desesperándose al darse cuenta de que nadie podía oírle.

Al cabo de lo que le parecieron horas, Richard consiguió finalmente abrir la puerta, salir del retrete y regresar temblando al compartimento en el que estaba su madre. Hablando de este incidente años más tarde, Richard describía muy vívidamente el miedo y la ira –de que su madre no acudiera en su rescate– que sintió y que todavía siente hoy en día. Éste fue el inicio de una vida en la que Richard sólo podía confiar en sí mismo porque, desde entonces, jamás volvió a confiar y no aceptaba, ni aunque se la ofreciesen, la ayuda de los demás. Además, hoy en día es claustrofóbico y aún siente el mismo sudor frío que experimentó en aquel retrete cada vez que se ve recluido en un lugar estrecho como un ascensor o un armario.

El hecho es que, aunque el terror del niño Richard durase, como máximo, unos diez minutos, el adulto Richard todavía siente, cuando piensa en ese incidente, la necesidad de gritar y el mismo sabor salado en la boca que experimentó aquel día.

¿Puede acaso, un incidente que ocurrió en un determinado momento de la vida de Richard, acabar convirtiéndose en una de las piezas clave de su vida? Es imposible saber con total seguridad si el episodio del tren evocó experiencias todavía más tempranas relacionadas con el hecho de sentirse traicionado o de perder el control. Quizás hubiera acumulados ya en su psiquismo incidentes menores de miedo o ansiedad ligados al abandono que pesaran sobre él antes de entrar en aquel retrete. Pero, sea por la razón que fuere, aquél fue el momento decisivo en que el pánico irrumpió en su vida. Aquel momento concreto condensó toda su energía emocional, toda su atención y todas sus terminaciones nerviosas en un solo episodio. Dicho en otras palabras, aquella experiencia pudo ser la paja que quebró la espalda del camello de una vida insegura o la quintaesencia de todas sus ansiedades pero, en cualquiera de los casos, no cabe la menor duda de que se trata de uno de sus momentos decisivos que todavía seguían pesando cuarenta y cuatro años después. Sean cuales fuesen las experiencias más tempranas, el incidente del retrete fue la culminación de todo lo que le había ocurrido anteriormente y uno de los principales determinantes de todo lo que, desde entonces, ha ocurrido en su vida.

Los momentos decisivos esbozan el perfil de nuestra vida y, si los desconocemos, ésta se torna imprevisible, irracional e innecesariamente confusa. En tal caso ignoramos nuestras motivaciones y esperamos, simplemente, que mañana las cosas vayan mejor que hoy. Pero, aunque podamos saber que hemos experimentado varios acontecimientos interesantes en nuestras vidas y sus recuerdos emerjan de vez en cuando, esos recuerdos parecen aleatorios, desconectados de los demás y de lo que nos está sucediendo en el presente. Es entonces cuando asumimos una actitud que parece decir «¿Y qué?».

LOS CONDICIONANTES DE NUESTRA VIDA

Aunque las recompensas y los castigos nos enseñan qué hacer y qué no hacer, los momentos decisivos son los que determinan nuestra conducta interna, porque anclan nuestras reacciones emocionales al mundo. Ellos son los que determinan los sentimientos y reacciones que tenemos ante las inevitables situaciones difíciles que nos vemos obligados a afrontar a lo largo de la vida.

Los momentos decisivos son tan importantes que en muchas culturas han acabado instituyéndose en forma de ritual. Los antiguos egipcios, por ejemplo, encerraban a una persona en un pequeño aljibe ubicado bajo el piso que sólo permitía el espacio suficiente para respirar. Al cabo de uno o varios días se sacaba a la persona de aquel lugar con la idea de que, fueran los que fuesen los incidentes mentales de los que informara, se trataría, evidentemente, de momentos muy importantes. También son muchas las tribus nativas americanas que envían a sus adolescentes al bosque con el objeto de afrontar alguna circunstancia que ponga en peligro su vida, como matar a un oso o pasar la noche sin comida ni cobijo en la cima de una montaña. Las danzas al sol y las cavernas para sudar también tratan de reproducir situaciones peligrosas que permiten que los participantes afronten situaciones peligrosas y tomen sus propias decisiones.

En cambio, en lo que respecta a los momentos decisivos, nuestra cultura asume un enfoque al que podríamos calificar como "no intervencionista". Para bien o para mal, nosotros dejamos librado al destino o al azar el modo y el momento en que el individuo debe identificar y afrontar esos acontecimientos. Consecuentemente, la nuestra es una sociedad en la que la vida se ve dominada y controlada por experiencias de las que, habitualmente, no tenemos la menor idea.

En cualquiera de los casos, ya sea de manera deliberada o azarosa, ritualizada o arbitraria, todos hemos pasado por momentos decisivos y, si queremos restablecer el contacto con nuestro verdadero yo, debemos identificarlos y asumir la responsabilidad del modo en que nos relacionamos con nosotros mismos y con nuestra propia vida. En este sentido, los momentos decisivos constituyen una puerta de acceso al yo verdadero. Con ello quiero decir que los momentos decisivos desencadenan una respuesta, pero que esa respuesta no siempre sale de nuestro yo verdadero. De hecho, los momentos decisivos pueden evocar emociones y miedos tan intensos sobre nosotros mismos y sobre el mundo, que nos impidan advertir nuestro poder y nuestra fortaleza. Ya es hora de que usted ponga sobre el tapete esos momentos decisivos, ya es hora de que trate de entender las principales influencias que han acabado determinando el modo en que se ve a sí mismo y a la persona en que ha acabado convirtiéndose.

EL RETO

En términos psicológicos, usted está a punto de "recordar". Recordamos cuando evocamos una ocasión en la que coinciden, al menos, un incidente y un resultado. Recuerda, por ejemplo, la caída (el incidente) y a su madre sosteniéndole (el resultado), recuerda al perro mordiéndole y luego recuerda su propio llanto, se acuerda de estar dibujando y del maestro elogiándole por su dibujo.

Los recuerdos discurren muy rápidamente. Quizás –sólo quizás– recuerde su primera mariposa, su primer helado o su primera bicicleta pero, cuando este recuerdo tiene consecuencias, se convierte en un relato de su vida. Son esas consecuencias, es decir, la relación que existe entre el incidente y el resultado, las que confieren utilidad a los recuerdos y los convierten en pequeñas narraciones a las que uno se refiere en momentos posteriores de su vida. Así, por ejemplo, cuando se siente inseguro, recuerda la historia de la caída y, cuando tiene miedo a estar solo, recuerda el relato del perro y el miedo a ser mordido por él.

El siguiente ejercicio está diseñado para ayudarle a descubrir cuáles de esos relatos son realmente importantes. Responda a las siguientes preguntas, que he agrupado en diferentes categorías de edad para facilitarle la labor, pero no olvide que los momentos decisivos no son específicos de edad, sino que conforman su relación con el mundo, independientemente de la época en que hayan ocurrido.

Para que este ejercicio resulte útil, sus recuerdos deberán ser lo más detallados y completos posible. Los rasgos, hechos, circunstancias y emociones deben estar descritos del modo más claro posible para poder llegar a entender toda la información que necesite. Para ello le pediré también ciertos detalles físicos, como dónde se hallaba en un determinado momento, lo que olía o degustaba, cómo estaban colocados sus brazos, cómo respiraba, etcétera.

También le invitaré a recordar el estado emocional y mental que estaba experimentando, de modo que convendrá que se prepare a responder a preguntas tales como «¿Qué emociones o cambios emocionales experimentó en ese momento?» «¿Se sentía acaso confundido o ansioso?» «¿Se sentía como si estuviese a punto de morir?» «¿Estaba mentalmente claro o, por el contrario, se sentía espeso?» «¿Sentía amor u odio?»

No se preocupe, no obstante, si no recuerda momentos decisivos para cada una de las diferentes categorías de edad. Estos acontecimientos suelen ocurrir en distintas ocasiones, a menudo dentro de un determinado período de tiempo, dependiendo de las circunstancias de nuestra vida y de los retos personales que nos vimos obligados a afrontar en esos períodos. Y no se sienta atado a la pequeña descripción con que introduzco cada una de las etapas, porque sólo pretenden estimular sus pensamientos con algunas observaciones generales en torno a cada una de las etapas y, en consecuencia, no son más que indicaciones generales que pueden o no aplicarse a su experiencia concreta de la vida.

Consiga un cuaderno con muchas páginas que pueda servirle de diario y que sea ABSOLUTAMENTE CONFIDENCIAL Y PARA SU USO EXCLUSIVO.

Como sucede con los demás ejercicios que presentamos en este libro, no es necesario que responda de una sola sentada a todas estas preguntas. Aproveche el tiempo de que disponga respondiendo, por ejemplo, a un determinado grupo de edad, pero hágalo con toda su atención y concentración. Busque un lugar tranquilo que le proporcione cierta intimidad, un lugar cómodo en que pueda permanecer sentado durante un período de tiempo ininterrumpido. Dicho en otras palabras, apague la maldita televisión y mande a los niños a dormir o a jugar un rato.

✍ ✍ ✍

DE 1 A 5 AÑOS

Lo más frecuente es que los recuerdos de esos años y sus resultados se centren en la relación con los miembros de su familia o en los primeros retos del crecimiento como jugar, ir al jardín de infancia por primera vez o aprender a pasar la noche a oscuras. Tal vez haya sido importante, en esta categoría, darse cuenta del proceso de envejecimiento, cuando advirtió que algunas personas son viejas y otras jóvenes. Luego registre por escrito los recuerdos de esos años que vayan apareciendo en su mente y en su corazón. Tenga en cuenta que estamos buscando momentos decisivos de modo que, si ya tiene en su mente algún acontecimiento claro, empiece a responder a las siguientes preguntas. No se preocupe si no tiene claro por dónde empezar y no crea que no hay ningún acontecimiento importante, simplemente recuerde y escriba. Estoy seguro de que no tardará en descubrir un momento que había reprimido o negado por completo. Asegúrese de anotar el mayor número de detalles posibles de cada incidente. Utilice las siguientes preguntas a modo de guía para evocar esos detalles. Este trabajo le resultará más sencillo si observa cada evento como si fuera otra persona, un periodista que escribe, por ejemplo, las cosas en su nombre.

Empiece con el primer momento que haya recordado, relájese y permita que su imaginación se desplace libremente por todos los detalles. Deje que sus cinco sentidos participen de esta búsqueda. Considere ahora las siguientes preguntas:

1. ¿Dónde estaba usted en ese momento?
2. ¿Qué edad tenía y cuál era su aspecto?
3 ¿Quién estaba –o debería estar– con usted?
4. ¿Qué fue lo que convirtió a ese momento en algo tan significativo?
5. ¿Cuáles fueron las emociones o cambios emocionales que experimentó en ese momento? ¿Soledad, ira, miedo, confusión, alegría, poder o impotencia?
6. ¿Qué es lo que cambiaría de esa situación si tal cosa estuviera en su mano?
7. ¿Cuál es su experiencia mental y cuál es su experiencia física? ¿Está usted mentalmente claro o confuso? ¿Huele algo? ¿Está degustando algún sabor? ¿Qué es lo que siente? ¿Está feliz o triste? ¿Sufre? ¿Se siente débil? ¿Está paralizado?
8. ¿Con quién hablaría, en el caso de que pudiera hacerlo y qué le diría?
9. ¿Qué es lo que se dice a sí mismo?
10. ¿Qué es lo que más necesita ahora?

Cuando acabe de responder a todas estas preguntas para un determinado incidente importante ocurrido durante este estadio de su vida, haga lo mismo con otro que también haya ocurrido durante ese mismo estadio. Tómese el tiempo necesario para recordar y escribir tantos incidentes como sea posible. Luego responda por escrito a las siguientes preguntas para cada uno de los acontecimientos que haya recopilado:

1. ¿Cómo se siente ahora?
2. ¿Qué emociones está experimentando ahora?

3. ¿Qué se dice hoy a sí mismo con respecto a esos acontecimientos?
4. ¿Qué poder y qué autodeterminación perdió –en el caso
   de que sea negativo– en ese acontecimiento? (Anote
   también, si se trató de un acontecimiento positivo, qué
   fue lo que aprendió o ganó con él.)

ENTRE 6 Y 12 AÑOS

Éste es el período de la escuela elemental en el que, por primera vez, el maestro reemplaza al padre y uno dispone de muchos "hermanos" con los que relacionarse. Tal vez, en su familia, usted era el gallito, pero ahora debe enfrentarse a un nuevo
grupo. ¿Hubo, durante estos años, algún momento decisivo?
Formúlese y responda a las mismas diez preguntas que señalamos en el apartado de hasta cinco años.

Responda con la mayor precisión posible. Luego considere
muy detenidamente las siguientes preguntas y responda lo más
concretamente que pueda:

1. ¿Cómo se siente ahora?
2. ¿Qué emociones está experimentando ahora?
3. ¿Qué se dice hoy a sí mismo con respecto a esos acontecimientos?
4. ¿Qué poder y qué autodeterminación perdió –en el caso
   de que sea negativo– en ese acontecimiento? (Anote
   también, si se trató de un acontecimiento positivo, qué
   fue lo que aprendió o ganó con él.

ENTRE 13 Y 20 AÑOS

La confusión y la frustración suelen caracterizar los años
de la adolescencia. Éste es el período en que aprendemos a ser
adultos, nos alejamos de la familia y descubrimos la importancia del sexo, un período en el que entran en su vida nuevas motivaciones y las relaciones sociales se vuelven más importan-

tes que la comida. También es un tiempo en el que puede haber una sensibilidad muy especial con respecto al lugar que uno ocupa en el grupo, independientemente del modo en que describa a ese grupo. El amor puede ser una fuente importante de confusión, y las formas de iniciación o "ritos de paso" pueden jalonar el paso a la edad adulta. De un modo u otro, sus pensamientos empiezan a orientarse hacia el futuro.

¿Cuáles fueron los momentos decisivos que experimentó durante esos años? Recuérdelos y luego póngalos por escrito, utilizando las diez preguntas anteriores para estimular su imaginación. Recuerde el mayor número posible de detalles y no olvide incluir también a las personas implicadas.

Considere luego las siguientes preguntas:

1. ¿Cómo se siente ahora?
2. ¿Qué emociones está experimentando ahora?
3. ¿Qué se dice hoy a sí mismo con respecto a esos acontecimientos?
4. ¿Qué poder y qué autodeterminación perdió –en el caso de que sea negativo– en ese acontecimiento? (Anote también, si se trató de un acontecimiento positivo, qué fue lo que aprendió o ganó con él.)

ENTRE 21 Y 38 AÑOS

Éste suele ser el período en que las personas empiezan a sentirse ciudadanos de la comunidad y asumen la responsabilidad de trabajar y formar una familia. Entonces es cuando empieza la tarea de buscar pareja y de aprender a ser padres. A menudo debemos entonces reconocer también nuestra ignorancia en cuestiones tales como el poder y la autodisciplina. Los retos que nos vemos obligados a enfrentar pueden aportarnos una nueva visión de nuestros padres u otros modelos de rol que recordamos de la infancia.

Formúlese las mismas diez preguntas y escriba detalladamente sus recuerdos de estos años. Sea lo más preciso que pueda. Luego responda a las siguientes preguntas:

1. ¿Cómo se siente ahora?
2. ¿Qué emociones está experimentando ahora?
3. ¿Qué se dice hoy a sí mismo con respecto a esos acontecimientos?
4. ¿Qué poder y qué autodeterminación perdió –en el caso de que sea negativo– en ese acontecimiento? (Anote también, si se trató de un acontecimiento positivo, qué fue lo que aprendió o ganó con él.)

ENTRE 39 Y 55 AÑOS

En este intervalo de edad suele comenzar una nueva etapa de su vida. Es frecuente que uno esté instalado en una profesión y tenga una idea bastante definida de lo que, en el futuro, le deparará la vida. Rico o no, lo más probable es que viva en una situación en la que sabe que deberá permanecer durante mucho tiempo. Ya ha llevado a cabo las cosas que debía hacer para participar en la comunidad y ahora empieza un período en el que puede prestarse más atención a sí mismo.

Permita que su mente viaje a esos años y observe todo lo que se presenta. Considere las diez preguntas anteriores con cada uno de esos recuerdos y responda a ellas por escrito.

Considere y responda luego a las siguientes preguntas:

1. ¿Cómo se siente ahora?
2. ¿Qué emociones está experimentando ahora?
3. ¿Qué se dice hoy a sí mismo con respecto a esos acontecimientos?
4. ¿Qué poder y qué autodeterminación perdió –en el caso de que sea negativo– en ese acontecimiento? (Anote también, si se trató de un acontecimiento positivo, qué fue lo que aprendió o ganó con él.)

DE 56 AÑOS EN ADELANTE

Aunque este período no suponga, en modo alguno, el final de la vida, se trata de una edad en la que, en muchos casos, se presenta la idea de retirarse y dejar a un lado las responsabilidades de la comunidad y de la familia. Entonces empezamos a perder parte de la vitalidad física y nos vemos enfrentados a más limitaciones. Muchos de los momentos decisivos de esta etapa de la vida giran en torno al mundo de las relaciones y a nuestra responsabilidad con los demás y, en consecuencia, empezamos a relacionarnos de un modo más próximo y menos competitivo.

¿Qué recuerdos de esa época acuden a su mente? Tenga en cuenta que esos recuerdos no tienen por qué tener que ver con las cuestiones que le he presentado, sino con aquellas que acudan a su mente, independientemente del tiempo y del lugar. Luego piense en esos momentos y responda a las diez preguntas de siempre.

Finalmente responda por escrito a las siguientes preguntas:

1. ¿Cómo se siente ahora?
2. ¿Qué emociones está experimentando ahora?
3. ¿Qué se dice hoy a sí mismo con respecto a esos acontecimientos?
4. ¿Qué poder y qué autodeterminación perdió –en el caso de que sea negativo– en ese acontecimiento? (Anote también, si se trató de un acontecimiento positivo, qué fue lo que aprendió o ganó con él.)

CONECTANDO LOS PUNTOS

Antes de seguir adelante convendrá reconsiderar todo lo que haya escrito hasta este momento. Examínelo y vea si ha dejado de lado algún momento decisivo. ¿Hay algún momento decisivo que, por un motivo u otro, haya pasado por alto?

Recuerde que los monstruos y los fantasmas se mueven en la oscuridad y que este trabajo ha sido diseñado para ayudarle a darle al interruptor y encender las luces. Anote, pues, sobre el papel todos los momentos decisivos de su vida. Tenga en cuenta que negarse a hacerlo y esconder la cabeza debajo del suelo, como hace el avestruz es engañarse a sí mismo y engañar a sus seres queridos.

Estoy seguro de que, si ha llevado sinceramente a cabo todo el trabajo que le he propuesto, habrá identificado algunos acontecimientos muy importantes. Es muy probable, por tanto, que haya ubicado varios momentos decisivos de su experiencia vital que hayan contribuido al establecimiento de la idea que hoy en día tiene de sí mismo. Éstos son, a fin de cuentas, los ladrillos con que se ha construido su percepción de la vida. Ahora ha llegado ya el momento de unir todos estos puntos y ver la imagen que aparece.

Tratar de ver y valorar toda su vida puede ser una tarea desbordante, porque son muchas las cosas que debe recordar y los acontecimientos que debe tener en cuenta.

Es por esto por lo que, en lugar de pedirle que emprenda esa tarea, ahora quiero que valore su vida y el impacto que ha tenido en la persona en la que ha acabado convirtiéndose, revisando únicamente los momentos decisivos clave que acaba de enumerar. Permita que los siguientes pasos le proporcionen un enfoque lo suficientemente estructurado como para poder hacerse una idea clara de su historia personal:

1. *Enumere sus momentos decisivos y luego resuma cada uno de ellos en una frase breve.*

Observe lo que ha escrito con respecto a su primer momento decisivo. Luego resúmalo con una frase que pueda servirle de título como, en mi caso, «La traición de Mrs. Johnson».

Luego escriba, bajo cada uno de los títulos, un pequeño párrafo que capture la esencia de lo sucedido. Para ello puede usar como guía lo que he escrito acerca del incidente con Mrs. Johnson, aunque es mucho más largo que lo que se necesita. El asunto consiste en concretar y condensar el episodio en un solo párrafo. Resúmalo hasta llegar a extraer su esencia.

De este modo puede acabar con diez párrafos (uno por cada uno de sus diez momentos decisivos). Tenga en cuenta que el número diez no es más que una aproximación, de modo que puede identificar más o incluso menos. Lo que realmente interesa es que no olvide ninguno de los acontecimientos más importantes de su vida y que identifique a las personas que participaron en ellos.

2. *Identifique, para cada momento decisivo, el "antes" y el "después" de su idea del yo.*

¿Cuál es el aspecto o dimensión de su idea del yo implicado o comprometido en este momento decisivo? Quizás el momento decisivo tenga que ver con la confianza o tal vez haya influido en su sensación de paz, esperanza, ambición, alegría o amor, pero, sea cual fuere la dimensión implicada, regístrela por escrito.

Luego escriba, para cada dimensión, dónde cree que se hallaba usted en esa dimensión:

- Inmediatamente antes de que tuviera lugar el momento decisivo
- e inmediatamente después de él.

Dicho en otras palabras: ¿qué diferencia hay si el momento decisivo influyó en su confianza, entre la confianza en sí mismo antes y después de ese momento decisivo? Piense en esas "instantáneas" previas y posteriores al evento como uno de los elementos que han acabado configurando su idea del yo.

Permítame ahora usar, a modo de ejemplo, mi relato del incidente con Mrs. Johnson. Antes de ese incidente, yo no era consciente de la necesidad ni de la capacidad de protegerme a mí mismo. Antes de ese episodio era como si creyera que ésa fuese una responsabilidad que correspondía a los demás, es decir a los adultos. Por tanto, bien podría decir que yo era el típico niño feliz y afortunado de quinto grado, que mi visión era más o menos la de «insistir hasta conseguirlo» y que, como un pato, si no llovía saldría a pasear. Así pues, desconocía mi necesidad y mi capacidad de protegerme a mí mismo y, en este sentido, pensaba como un niño y creía que cuestiones tales como justicia y seguridad correspondían a los adultos, los maestros y los padres.

Sin embargo, después de este momento decisivo me di cuenta de que las cosas no eran tan sencillas. Yo tenía la obligación y la capacidad de protegerme a mí mismo. Ya no podía seguir esperando que los demás lo hicieran por mí y, lo que es más importante, también me di cuenta de que defenderme a mí mismo y a lo que creía que estaba bien no siempre coincidiría con quienes tenían intereses ajenos a los míos. Mientras atravesaba escoltado los pasillos en dirección a la puerta de salida el día en que me expulsaron provisionalmente de la escuela, no sentía la menor vergüenza, sino que seguía pensando que había hecho lo que tenía que hacer, es decir, mantener mi postura y defender a mis amigos frente a algunos niños y adultos que estaban equivocados. Es cierto que me habían expulsado de la escuela, pero no estaba avergonzado y, lo que es más, volvería a responder del mismo modo si se presentara la ocasión. También tomé buena nota de que ni uno solo de los niños que contemplaron cómo me acompañaban hasta la puerta me consideraba culpable. Todos sabíamos que uno de ellos, en este caso yo, se había mantenido en su sitio.

3. *Describa en un párrafo el efecto residual a largo plazo de ese momento decisivo.*

¿Cuál ha sido el efecto a largo plazo de ese momento decisivo? Lo que ahora nos interesa es descubrir aquellos aspectos de sí mismo –sean cualidades o falta de cualidades– que haya desarrollado como consecuencia directa de ese acontecimiento. El párrafo podría comenzar más o menos del siguiente modo: «Como resultado de este momento decisivo, creo que mi vida se ha encaminado hacia la tendencia a ser X o que mi visión de la vida está gobernada por una visión de mí mismo que incluye Y». En mi caso, por ejemplo, podría comenzar del siguiente modo: «Como resultado de mi experiencia en quinto grado, me volví algo desconfiado, pero también adquirí una gran confianza en mí mismo. Desconfío de la autoridad y creo firmemente que, si no soy yo el que me defiendo, es muy probable que no lo haga nadie más. Desde entonces sé que no puedo esperar que nadie lo haga por mí, etcétera". Exprese lo más concretamente que pueda los aspectos de sí mismo que aprendió como una de las consecuencias a largo plazo del incidente. ¿De qué manera considera que ha acabado definiéndole?

4. *Anote por escrito cómo y por qué piensa que ese momento decisivo aclaró o distorsionó su verdadero yo.*

Permítame decirle, para ilustrar este punto, que mi experiencia de quinto grado sirvió para confirmar que yo era una persona buena, decente y comprometida con mis convicciones. Aquel incidente me demostró que, a la hora de la verdad, hacía lo que creía correcto. Eso no significa que estuviera "poniéndome medallas" a toda hora, sino que tenía la seguridad de haber hecho lo que tenía que hacer. Nunca antes había atravesado por una prueba semejante y jamás había tenido que defenderme a mí mismo, pero aquel acontecimiento decisivo me permitió contactar, de un modo u otro, con la persona que era. Fue como si, en aquel momento decisivo, hubiera ido a la guerra, me hubiera visto entre la espada y la pared y hubiera aprendido algo fundamental sobre mí mismo (y también sobre los demás); a saber, que, en caso de conflicto, yo sobreviviría. Fue un descubrimiento que me permitió descubrir mi yo verdadero y me proporcionó una gran sensación de paz. Así pues, aunque se trató de un evento negativo, no dejó de tener efectos positivos.

5. *Revise su interpretación y su reacción ante ese momento decisivo y considere si fue y sigue siendo exacta o inexacta.*

Reconsidere sus respuestas a las preguntas 2, 3 y 4 y, cuando las haya revisado, aproveche la ventaja que le proporciona su punto de vista actual. Examínelas desde la perspectiva que proporciona el tiempo y véalas con una objetividad, madurez y experiencia de las que carecía cuando ocurrió ese momento decisivo concreto.

Luego pregúntese: «¿Es exacta mi interpretación de ese momento decisivo o acaso la exageré o distorsioné de algún modo?».

En este punto, yo tuve que reconocer que, de algún modo, me merecí parte del castigo que me infligieron. Es por ello por lo que no convenía seguir cargando las tintas en «la gran afrenta que experimenté a los once años». Entienda que mi visión adulta no me lleva a negar la importancia de ese episodio, porque así fue y así debo reconocerlo, pero lo cierto es que el tiempo y la madurez me ayudaron también a ver que yo no había sido solamente una víctima.

Tómese ahora el tiempo necesario para verificar el modo en que ha descrito este momento decisivo. ¿Fue realmente la víctima que, en aquella época, creyó ser? ¿Ha descrito adecuadamente la victoria, la pérdida y el resultado? Ahora es el momento de reconocer si ha estado minusvalorándose a causa de ese incidente decisivo y de registrarlo por escrito.

6. *Anote si este aspecto de su idea del yo es algo que cree que debería mantener o rechazar. Describa en un párrafo por qué lo cree así.*

Su tarea aquí consiste en valorar las consecuencias de ese acontecimiento decisivo. Debe ser lo suficientemente sincero como para reconocer si ha sido simplemente negativo o si, por el contrario, le ha enseñado algo importante y positivo acerca de usted. En cualquiera de los casos, explique por qué.

En mi caso, por ejemplo, yo jamás había replicado a un adulto antes de los once años, pero el evento de Mrs. Johnson despertó en mí una conciencia muy aguda de la necesidad de protegerme y descorrió el velo de la fe ciega en las personas que supuestamente representan la autoridad. Éstas fueron las cosas que anoté en mi respuesta a esta pregunta. Es cierto que no querría volver a vivir aquel momento pero, al mismo tiempo, también soy muy consciente de que puso en marcha algunos rasgos que me han sido muy útiles, razón por la cual le estoy sumamente agradecido.

Pero aquel evento, sin embargo, también hubiera podido provocar en mí un efecto completamente diferente. Supongamos por ejemplo que, a consecuencia de él, hubiera acabado convirtiéndome en un rebelde paranoico incapaz de adaptarme a cualquier sistema social o de mantener cualquier relación, una especie de cruzado que siempre viera en los demás algún propósito oculto. En el caso de que este evento hubiera arruinado mi vida social, debería registrarlo por escrito y darme cuenta de que no merece la pena conservar esta imagen de mí mismo. En tal caso, debería concluir que este incidente no me había servido para establecer contacto con mi yo verdadero sino que, por el contrario, era el residuo de un falso yo que había acabado distorsionado la visión equilibrada y ecuánime de mí mismo.

7. *Considerando esos momentos decisivos como una totalidad, ¿cuál ha sido el efecto final que han tenido –después de haberlos vivido– en la visión que actualmente tiene de sí mismo?*

(Recuerde que, antes de poder responder adecuadamente a la pregunta 7, deberá haber respondido a las preguntas 1 a 6 para cada uno de los momentos decisivos.) El objetivo consiste aquí en identificar la tendencia o pauta global implícita en los diez momentos decisivos que haya identificado. Considerándolos como una totalidad, ¿diría usted que han influido positiva o negativamente en su vida?

El joven Benjamin Franklin solía utilizar el siguiente método para revisar las decisiones y acontecimientos de su vida. En primer lugar, dibujaba una gran T en un pedazo de papel; luego enumeraba, en el lado izquierdo, todos los aspectos positivos de la decisión o acción en cuestión y, en el lado derecho, hacía lo mismo con los aspectos negativos, una lista de dos columnas que le servía para reducir a su esencia cuestiones aparentemente muy complejas. Le invito a que emplee usted aquí la misma técnica. Extraiga de sus escritos las palabras que mejor describan los efectos que hayan tenido sus momentos decisivos y determine los rasgos más distintivos de esos momentos. En el lado izquierdo de su T, por ejemplo, podría enumerar una serie de cualidades positivas como "bondadoso", "generoso" o "pensativo", mientras que en el lado derecho podría hacer lo mismo con las cualidades negativas como "miedoso", "indeciso" o "amargado", pongamos por caso. Hágalo hasta haber revisado todas sus respuestas a las preguntas 1 a 6.

Estoy seguro de que, cuando contemple esta gráfica, verá muy claramente algunas cosas sobre la idea que tiene de sí mismo. Para muchas personas, contemplar esa gráfica es como encender una luz, es un momento "¡ajá!", que les lleva a concluir «no es de extrañar que esté tan enfadado con el mundo», «ahora entiendo porqué no puedo mantener una relación duradera» o «así que éste es el motivo por el que la relación con mis hijos me resulta tan embarazosa y difícil». Si se compromete y responde sinceramente a este inventario de sus momentos decisivos, podrá corregir la idea que tiene de sí mismo. En tal caso se volverá más consciente de su yo falso y habrá dado un importante paso en el camino que conduce a restablecer el contacto con su yo verdadero.

Todavía le queda mucho trabajo por hacer en ese proceso de redescubrimiento. Sin embargo, confíe entre tanto en que se encuentra en el buen camino. Considere cuál es, en su caso, el significado de la frase «... y así es su vida». Es cierto que usted ha atravesado ciertos momentos decisivos y que, desde entonces, las consecuencias de esos momentos han determinado su vida de maneras muy diferentes, pero también debe recordar que puede recuperar el control de su vida. No olvide que usted es el director de su vida y sólo usted, en consecuencia, puede decidir lo que significa «... y así es su vida».

5. LAS SIETE DECISIONES
CRÍTICAS

*Era incapaz de ver las oportunidades
en el momento en que se presentaban
y sólo me daba cuenta de ellas cuando ya habían pasado.*
MARK TWAIN

La vida nos obliga a tomar decisiones. Día tras día, alguien o algo espera que tomemos una decisión. Elegir es un hecho normal de la vida al que nadie puede escapar. ¿Qué es lo que quiero? ¿Adónde voy a ir? ¿Me compraré este coche o aquel otro? ¿Nos vamos a vivir juntos o nos casamos? ¿Le cuento a mamá lo que hizo el tío Bill cuando nos visitó las últimas navidades o no se lo cuento? ¿Probaré las drogas o seguiré diciendo que no? ¿Debo creer lo que los niños dicen que sucedió? ¿Ha llegado ya el momento de que mamá se venga a vivir con nosotros? ¿Tendría que aceptar este trabajo o buscar algún otro que me permitiese quedarme en casa con mis hijos? ¿Debería creer en Dios? Decisiones, decisiones y más decisiones; no hay modo de evitarlas. Si es sincero coincidirá conmigo en que algunas veces, ha dado un paso hacia delante y ha tomado decisiones con convicción y claridad. Otras veces, sin embargo, estaba tan agotado y con tan pocas ganas de afrontar la situación que ha dado un paso atrás y ha dejado que los demás decidieran por usted. Tal vez todavía no se haya dado cuenta de que, cuando "no elige" está, de hecho, tomando una decisión. Y es que, por más que huya y trate de esconderse, resulta imposible "no elegir".

Como siempre sucede en el mundo real, algunas de sus decisiones han sido muy acertadas mientras que, en cambio, otras han estado muy equivocadas. Sin embargo, y por desrgracia, todas las decisiones –tanto las buenas como las malas– son importantes, porque el derecho a elegir es, simultáneamente, un privilegio y una carga que todos nos vemos obligados a asumir a una edad muy temprana.

Al comienzo, las decisiones son muy sencillas: «¿Quieres comer guisantes o zanahorias?», pero, con el paso del tiempo, van haciéndose más y más complejas. Y es que, en la medida en que crecemos y nos hacemos mayores, más fuertes y "más inteligentes", aumenta también la importancia y el impacto que tienen nuestras decisiones ¡y, obviamente, lo mismo ocurre también con nuestra capacidad de equivocarnos! Siempre me sorprende, por más evidente que pueda parecer, el modo en que los padres se empeñan en justificar la conducta de su pequeño y futuro asesino en serie y negar que, desde muy temprano, fue un cabeza de chorlito con argumentos peregrinos como éste: «Es cierto que Billy fue un niño difícil y que en la escuela elemental tuvo algunos problemas pero, en realidad, nunca fue nada importante. Sin embargo, algo sucedió a eso de los quince años. ¡Antes nunca había tenido problemas con la justicia pero, de la noche a la mañana, las cosas se complicaron!».

¿Pero no saben acaso, Ozzie y Harriet, por qué sucedió así? Los niños de cinco años no suelen tener problemas con la policía, no pegan a sus maestros, no toman drogas, no roban coches, etcétera, pero ello no significa que, de haber tenido la po-

167

sibilidad, no lo hubieran hecho sino, sencillamente, que no tienen más que cinco años y, en consecuencia, no pueden hacerlo. El niño de cinco años sólo tiene la posibilidad de expresar la rebeldía y el desajuste a través de pucheros, rabietas o echando el gato al fuego. Lo que realmente importa es la capacidad de tomar decisiones equivocadas, algo que también ellos pueden hacer y que aumenta cuando uno es bastante mayor, bastante grande y bastante fuerte como para que las consecuencias de su conducta tengan algún impacto. No se trata, por tanto, de que el niño no tenga la capacidad de hacer tonterías, sino de que todavía no ha desarrollado la capacidad necesaria para robarle dinero o coger su coche. Cuando uno se hace mayor, pues, aumentan los efectos de la conducta sobre uno mismo y sobre los demás. Las decisiones cuentan desde el primer día, pero su impacto –en los ámbitos legal, moral, físico, económico y social– aumentan con la edad. A fin de cuentas, esas decisiones explican parcialmente cómo y por qué su vida ha llegado a ser la que es. Y esto incluye, obviamente, las decisiones que haya tomado a cualquier edad y las que seguirá tomando en el futuro.

A diferencia de lo que ocurre con los momentos decisivos, algunos de los cuales han tenido lugar de un modo totalmente ajeno a nuestra voluntad, las decisiones las hemos tomado nosotros y, en consecuencia, somos absolutamente responsables de ellas. Algunas han sido verdaderos aldabonazos que han acabado transformando completamente nuestra vida. De éstas vamos a ocuparnos ahora con cierto detalle, porque la propuesta que voy a hacerle en el presente capítulo es sencillamente la siguiente:

Identifique las siete decisiones más importantes de su vida y el modo en que han acabado configurando la idea que hoy en día tiene de sí mismo.

Si ha seguido atentamente la argumentación presentada hasta ahora entenderá perfectamente que la idea que tiene de sí mismo es el producto de todos los intercambios que hasta el momento ha llevado a cabo con el mundo. Con ello quiero decir que su vida depende tanto del impacto que han tenido en usted acontecimientos, decisiones y personas como del modo en que ha procesado internamente esos acontecimientos, decisiones y personas. Estas tres categorías son las que determinan la configuración de su sensación de identidad, pero nuestro interés principal aquí consiste en ayudarle a identificar el impacto de las decisiones que ha tomado, algunas de las cuales han acabado conformando su vida actual. No olvide que algunas de esas decisiones y su reacción interna han acabado distorsionado la visión que tiene de sí mismo y lastrado sus expectativas y su relación con el mundo.

Recordará que antes le dije que usted ha contribuido de manera activa en la creación de su yo. Y es que, cada vez que responde internamente a lo que sucede en su vida, toma una decisión interna, algo que dejaremos para más adelante, cuando hablemos de las respuestas internas. Sin embargo, baste por el momento con admitir que su respuesta interna, como la conducta externa, tiene mucho que ver con sus decisiones lo que significa que, a través de sus decisiones y elecciones (tanto internas como externas), usted ha participado tanto en la creación como en la distorsión de la idea que tiene de sí mismo. Ahora es el momento de empezar a valorar todos esos factores.

Las siete decisiones más importantes de su vida suelen discurrir paralelamente a los diez momentos decisivos de los que hemos hablado en el Capítulo 4 hasta el punto de que, a veces, llegan a confundirse con ellos. Son tantas las decisiones rutinarias que tomamos a diario, que la mayor parte de la gente tendría dificultades en recordar las que tomó ayer, no digamos ya si le preguntamos por las que han tomado en toda su vida. Pero, como sucede con los momentos decisivos, un pequeño número de ellas han acabado transformando toda su vida. Lo que deberá determinar aquí son las siete decisiones que más han contribuido, tanto positiva como negativamente, a configurar su vida, las siete decisiones que más han influido en usted y más han determinado la persona en que se ha convertido. Es por esto por lo que identificar y comprender estas decisiones le proporcionará mucha información sobre usted y sobre la idea que tiene de sí mismo y de su futuro.

Cuando pienso en las decisiones críticas, siempre me viene a la cabeza la imagen de Dean, un amigo de la escuela secundaria y hasta llego a escuchar sus palabras: «¡Dios mío, Phil!, ¿qué ha sucedido?». Durante todo el tiempo que duró la escuela secundaria en Kansas City, Dean y yo éramos inseparables. Íbamos juntos a clase, jugábamos a los mismos deportes, comíamos juntos, pasábamos juntos los fines de semana persiguiendo a las chicas y también llegamos a trabajar –aunque sería más adecuado decir "quejarnos"– juntos en un almacén del centro del pueblo. Eran muchas horas y el trabajo era espantoso, pero nos proporcionaba el suficiente dinero como para tener coche, salir con chicas y llevar algo suelto en el bolsillo, un auténtico lujo para un par de muchachos, todo hay que decirlo, de uno de los barrios menos elegantes del pueblo.

Cuando llegó el último año y se acercaba el momento de ir a la universidad, Dean se enamoró de una de las chicas de la escuela. No tardó en hablar con el supervisor para que le consiguiera un nuevo empleo que, comparado con el que anteriormente desempeñábamos, era un trabajo "adulto" y, en consecuencia, iba acompañado de una mayor responsabilidad y, lo que era mucho más importante, del sueldo de una "persona real", unos nueve o diez mil dólares al año, algo que en aquel tiempo era, para un niño pobre, todo el dinero del mundo. Pocos días después de la graduación, mientras todos los demás nos disponíamos a afrontar la siguiente etapa "formativa" de la vida, Dean tomó la decisión de emprender la "vida real". Parecía tenerlo todo, un hermoso apartamento, un tocadiscos estéreo y una flamante camioneta. El día de su matrimonio estaba a la vuelta de la esquina y, en la fiesta de despedida de soltero que, a fines de aquel verano, organizó para todos los "pequeños", admiramos el sonido del motor de su nueva camioneta, visitamos su apartamento y babeamos de envidia ante el hecho de que un chico de dieciocho años tuviera sus propios muebles.

Yo no tardé en preparar mi equipaje (tres fundas de almohada) y marchar a la universidad, con el corazón roto y los ojos resplandecientes. Pasaron varios meses sin saber nada de Dean. Nuestros caminos se habían distanciado y nos llevaban hacia dos mundos completamente diferentes. Pronto corrió el rumor de que Dean había sido despedido de su trabajo y, naturalmente, nos preguntamos qué habría pasado con él y con su esposa, pero las obligaciones de la universidad nos impidieron seguir preocupándonos del tema. Poco tiempo después nos enteramos de que su matrimonio también se había ido a pique. Cuando, diez años después, volví a verle durante una visita al pueblo, Dean era el encargado nocturno de una tienda de artículos varios, vivía solo en el mismo apartamento y seguía conduciendo la misma camioneta, ahora achacosa. Nos reímos de los viejos tiempos, le conté algo de mi trabajo y bromeó con "el doctor McGraw" a quien, según dijo, «ni siquiera consentiría que tratase a su perro». Yo respondí también en broma que, probablemente, vivir con un dueño menos inteligente que él fuese una experiencia inusualmente recompensante para su perro. Tras un buen rato de conversación informal hablado de nuestra vida y de nuestras familias, Dean se quedó en silencio. Finalmente dijo: «¡Dios mío, Phil!, ¿qué ha sucedido? En la escuela éramos inseparables. Éramos como guisantes de la misma vaina, sacábamos las mismas notas, nos saltábamos las mismas clases, escapábamos de los mismos policías, atravesamos los mismos pasillos y teníamos los mismos amigos. Diez años más tarde, yo me ocupo del turno de noche en un local que parece llamarse "¡Detente y róbame!" y tú eres un maldito médico. ¿Qué diablos ha ocurrido?».

Recuerdo que en aquel momento habría querido clavar los ojos en el suelo pero, aun así, tomé aire y respondí: «Supongo que tú tomaste tu decisión y que yo tomé la mía, y que, a partir de entonces, cada uno siguió su propio camino. Cuando decides seguir una determinada conducta, también decides sus consecuencias». Diez años antes, cuando todos decidimos ir a la universidad, él había tomado la decisión de casarse y emprender un trabajo "adulto". Él había preferido el sueldo "adulto", mientras los demás decidimos seguir siendo pobres cuatro años más. Él eligió una posición segura "ahora", mientras que los demás decidimos esperar a que nuestras oportunidades se multiplicasen al acabar la carrera. Ahora nosotros éramos titulados y Dean tenía todos los números para una vida que le arrojaba a un callejón sin salida y a ningún trabajo futuro. Tenía demasiadas deudas como para considerar siquiera la posibilidad de matricularse en la universidad. Dicho en otras palabras, la decisión que tomó a los dieciocho años, la decisión de que más vale tener un poco ahora que mucho después, resultó absolutamente decisiva. Es cierto que la universidad no es para todo el mundo pero, en su caso, es muy probable que sí que hubiera funcionado, pero la verdad es que su decisión fue muy otra. También podía haber dado marcha atrás, pero lo cierto es que no lo hizo. Como ya he dicho, cuando uno elige asumir una determinada conducta, elige también sus consecuencias. Es muy probable, por tanto, que la decisión de Dean de tener una gratificación inmediata en forma de matrimonio y dinero, ocupe el primer lugar en su lista de siete decisiones críticas.

Ha llegado ya el momento de identificar las diferentes encrucijadas vitales en las que puede haberse visto implicado. ¿Qué decisiones tomó en cada una de ellas?, ¿Por qué tomó tal o cual decisión y cuáles cree que han sido las consecuencias de esa decisión en su vida? ¿Qué alternativas fueron las que descartó y cuáles hubieran sido sus resultados? Finalmente, también deberá reconocer las decisiones que tomó y aquellas que decidió que otros tomaran por usted.

Para llevar a cabo esta tarea y poder servirnos después de la información resulta muy útil considerar también algunos de los "porqués" que hay detrás de estas decisiones. ¿Cuáles fueron los factores que entraron en juego cuando se vio obligado a tomar una decisión? Debe recordar que, como todo el mundo, sus decisiones se ven impulsadas por motivaciones y necesidades. Veamos ahora una jerarquía de estas necesidades tal que las de nivel superior sólo pueden presentarse cuando se han satisfecho las de nivel inferior:

- Supervivencia
- Seguridad
- Amor
- Autoestima
- Expresión de uno mismo
- Plenitud intelectual y
- Plenitud espiritual

Advierta que la primera de todas las necesidades es la necesidad de supervivencia. Y es que, para poder verse motivado por otra necesidad diferente, como la de seguridad, autoestima o amor, pongamos por caso, la vida misma debe estar adecuadamente protegida. Esto resulta muy importante para entender por qué ha elegido ciertas decisiones y ha descartado otras. Examinemos ahora más detenidamente cada uno de estos niveles de necesidades o de motivaciones.

Supervivencia

La necesidad más perentoria es –y siempre ha sido– la de sobrevivir. El instinto de supervivencia es el más básico de todos los instintos y es con esta poderosa fuerza con la que todos inauguramos nuestra presencia en la tierra. No conviene, pues, menospreciar la necesidad de supervivencia, porque es muy, muy importante, y uno empieza a tomar decisiones y, en consecuencia, a verse conformado desde muy temprano por las consecuencias de este tipo de decisiones.

Es evidente que, cuando nació, usted era muy vulnerable. Una comunidad, muy probablemente una familia, le valoró, le protegió y cuidó de usted, pero todo eso tenía un precio, el precio de adaptarse a los valores, las pautas y las exigencias de aquella comunidad. Para asegurarse de ser adecuadamente protegido usted tuvo que aprender a comer como ellos, a comportarse como ellos, a aprender su lenguaje y a admitir y adaptarse a su ambiente. Al comienzo, sin embargo, eran los demás quienes tomaban por usted las decisiones. De haber decidido, cuando creció lo suficiente como para empezar a decidir conscientemente, no seguir las reglas de aquella comunidad, se habría convertido en un marginado, en un enemigo y, en consecuencia, en una persona vulnerable y merecedora de un castigo. Insisto en la importancia de todo esto porque sugiere que, desde muy temprano, usted pudo haberse visto obligado a tomar decisiones que se hallaban fundamentalmente motivadas por el miedo.

Piense en la posibilidad de que su experiencia más temprana y la necesidad de conseguir la aprobación de los demás para sobrevivir en paz se haya extendido a otras dimensiones de su vida adulta. Quizás haya aprendido a tomar decisiones que no se hallaban tan basadas en usted como en el deseo de complacer a los demás, una tendencia que tal vez haya quedado muy profundamente arraigada en su personalidad. El miedo a molestar a los demás no se deriva de ninguna filosofía que le lleve a cuestionar y justificar cómo son las cosas, sino de una decisión vital que, en la mayor parte de los casos, tiene lugar de manera inconsciente. Quizás se haya visto obligado a renunciar a su poder y, a la hora de tomar sus decisiones, dejar a un lado sus deseos y necesidades individuales, porque creía o estaba convencido de la imprescindible necesidad de adaptarse para garantizar su supervivencia. Tal vez haya acabado convenciéndose a sí mismo de que el hecho de no complacer a los demás podría poner en peligro su trabajo y sus ingresos y, en consecuencia, su capacidad para conseguir comida y cobijo, una motivación obviamente muy poderosa. Si su pensamiento se ha distorsionado tanto como para llegar a creer, por ejemplo, que "no podría vivir" sin la presencia de su esposo, la necesidad de supervivencia le motivaría a hacer o tolerar cosas muy irracionales para "sobrevivir". Poco importa, en este sentido, que la amenaza a su supervivencia sea o no objetiva porque, una vez más, basta con que crea en ella para que, para usted, se convierta en la realidad misma. Además, mientras crea que su supervivencia está en peligro, difícilmente podrá ocuparse de otras necesidades.

Seguridad

Una vez satisfechas las necesidades de supervivencia física, el siguiente nivel de necesidades que puede movilizar sus decisiones es la necesidad de seguridad emocional. La primera de las necesidades emocionales es la necesidad de aceptación o pertenencia, es decir, la satisfacción emocional proporcionada por la aprobación externa que se deriva de formar parte de una pareja, de una organización o de un grupo de iguales. Ésta es una necesidad que tiene una extraordinaria importancia en el proceso de toma de decisiones. En el caso de que, por ejemplo, esta necesidad sea predominante y el individuo considere que su expresión verdadera podría verse criticada o incluso rechazada, no es nada infrecuente que sacrifique aquélla en aras de la adaptación al grupo. Es precisamente para satisfacer la necesidad de seguridad emocional para lo que alguien puede haber desarrollado la pauta de ignorar sus propios pensamientos y sentimientos y optar, en su lugar, por hacer caso a lo que dicen los demás, un comportamiento que no resulta tan descabellado como a primera vista puede parecer. Si lo piensa bien, eso es precisamente lo que hacen a diario los políticos. Yo no creo que ninguno de ellos tenga un solo pensamiento original, ya que se limitan a repetirle lo que quiere escuchar y luego se despreocupan de usted hasta las próximas elecciones. Muchas de las decisiones personales que ha tomado en su vida pueden haberse basado en una lógica muy similar. Es muy probable, por tanto, que usted haya tomado muchas decisiones basándose tan sólo en la esperanza de que, haciendo lo que cree que quieren los demás, conseguirá su aceptación y aprobación. El problema, en todos estos casos, es que su decisión deja a un lado sus deseos y sus necesidades.

Amor

Las investigaciones realizadas con bebés recién nacidos han puesto de manifiesto que, a menos que recibamos el suficiente amor, nuestra supervivencia está en peligro desde los primeros días de nuestra vida. Y lo mismo ocurre a lo largo de todo nuestro proceso de desarrollo ya que, si no estamos convencidos de que tenemos el amor de los demás, nos veremos obligados a buscarlo desesperadamente. Todos necesitamos ser tocados, sostenidos en brazos y tenidos en cuenta emocional y conductualmente. Poco importa, en este sentido, la edad en que nos sintamos privados de amor y poco importa que no dispongamos del vocabulario necesario para describirlo porque, en cualquiera de los casos, estaremos motivados para encontrarlo. Éste es un impulso que puede determinar muy poderosamente nuestro pensamiento y nuestras motivaciones y, en consecuencia, las decisiones que tomemos a lo largo de toda nuestra vida. Algunas de las decisiones más importantes que ha tomado en su vida pueden haber sido el fruto de su necesidad y de la consiguiente búsqueda de un amor del que, de manera real o imaginaria, se siente carente.

Autoestima

La satisfacción de las necesidades de supervivencia nos proporciona una sensación básica de seguridad y, cuando nos sentimos amados, el siguiente nivel de motivación se asienta en la autoestima. Sin embargo, la mayor parte de la gente no tiene, por desgracia, la menor idea de lo que es la autoestima porque, durante toda su vida, ha vivido en función de los demás, es decir, buscando fuentes de aprobación externas. Son muchas las personas que sólo se estiman y valoran a sí mismas en función de sus logros, de lo que acumulen y consigan del mundo en forma de títulos, trofeos o reconocimientos o, en demasiadas ocasiones, de un determinado coche, casa, ropa, puntuación de golf o cuenta corriente.

Si la necesidad de estima se mide con un criterio externo y mundano, puede resultar tan elusiva, inconstante y adictiva como las drogas. La investigación realizada en este sentido con adolescentes ha puesto de relieve que no es una buena idea alentar continuamente desde fuera la estima de los niños con alabanzas, títulos o cargos en la escuela porque, en tal caso, pueden acabar convirtiéndose en un pozo sin fondo que quiere cada vez más, sin importarle, para conseguirlo de sus pares, incurrir en todo tipo de actos ilegales. Y es que resulta imposible conseguir desde el exterior algo que sólo puede alcanzarse desde dentro. Cuanto mayor es nuestra carencia de auténtica autoestima, más vulnerables somos a la influencia externa o, dicho con otras palabras: «si uno no está reconciliado consigo mismo» se hallará a expensas de los demás. Y es que el mundo escarba en las dudas que uno tiene sobre sí como las moscas en una herida abierta. Como resultado de todo ello, usted puede descubrirse tomando decisiones motivado por la necesidad de autoestima, pero de una fuente equivocada. Dicho en dos palabras, si usted no se cree, no se acepta y no se quiere a sí mismo, tratará de que alguien lo haga por usted. Así pues, la búsqueda desesperada de validación ajena puede pesar muy poderosamente en su proceso de toma de decisiones.

Expresión de uno mismo

Una vez satisfechas las necesidades más fundamentales, el proceso de toma de decisiones empieza a gravitar en torno a la necesidad de expresar nuestra especial singularidad. Si consideramos que nuestra vida es segura, nos aceptamos y valoramos más a nosotros mismos y nuestras necesidades se hacen más internas, aparece la necesidad de hacer nuestra especial contribución al mundo, ya sea enseñando, educando, dibujando o creando. Tal vez sintamos la necesidad de escribir, de dibujar o de pintar, o quizás consideremos que debemos tener hijos o viajar por el mundo como una forma de expresarnos a nosotros mismos. Entonces decidimos que ha llegado ya el momento de dejar de ser un simple número en una gran empresa y de abrir nuestro propio negocio. La necesidad de "ser" quienes realmente somos nos lleva a decidir vivir en el campo en medio de la naturaleza o sumirnos en el ajetreo del mundo de los negocios y de la ciudad. Hay casos en los que esta necesidad se vuelve tan imperiosa que la persona renuncia a todo lo que sea familiar y previsible –su trabajo, su posición en la sociedad y aun su familia– para escribir una novela o convertirse en actor. Se trata de una necesidad interna tan profunda que llega a movilizar decisiones que en muchas ocasiones sorprenden a amigos y familiares.

Plenitud intelectual

Las decisiones propias de este dominio se ven motivadas por el deseo de encontrar respuestas, ya se trate de la simple adquisición de conocimiento, tanto general como específico, o de la búsqueda de respuestas a preguntas más profundas. Como sucede con el resto de las necesidades de la jerarquía, este nivel resulta profundamente movilizador. Así pues, la búsqueda de una respuesta puede llegar a consumir a algunas personas, y lo mismo ocurre con las decisiones que se derivan de ella. Una vez satisfechas las necesidades inferiores, puede aparecer un abordaje exclusivamente cerebral a la vida, y lo mismo ocurre con las correspondientes decisiones, en cuyo caso éstas suelen pecar de excesiva unidimensionalidad.

Plenitud espiritual

Las decisiones propias de este nivel están dirigidas por una visión o un objetivo que trasciende los intereses meramente personales. Son muchas las personas que consideran muy elevado este nivel de funcionamiento, porque trasciende la vida cotidiana y las decisiones basadas en él tienen que ver con algo o alguien percibido como más grande que uno. En tal caso, las decisiones reflejan la comprensión que tiene el sujeto de que las necesidades materiales y egoicas son provisionales y transitorias, y las decisiones se centran en las necesidades espirituales, ciertamente difíciles de medir de manera objetiva. No es difícil entender por qué estas decisiones no pueden presentarse cuando uno se halla acuciado por necesidades más perentorias, como la supervivencia. Y es que no resulta sencillo ocuparse de búsquedas espirituales cuando nuestra energía está absorbida en cuestiones más inmediatas, como la necesidad de alimentarse o de protegerse a sí mismo o a sus hijos. Con ello no estoy diciendo que esto esté bien ni que sea válido para todas las culturas, sino tan sólo que "es" así. Es muy probable también que las personas con convicciones religiosas muy profundas no acepten que esta necesidad se halle exclusivamente en la cúspide de la jerarquía. Mi respuesta es que, en ausencia de adecuada satisfacción de las necesidades de los demás niveles, las personas con necesidades espirituales muy profundas llegan a trascender los valores mundanos y su toma de decisiones experimenta una "evolución".

Éstas son las distintas categorías de necesidades que pudieron haber determinado sus siete decisiones críticas. Confío en que lo que acabamos de ver le ayude a identificar sus siete decisiones críticas y a aclarar también por qué las tomó.

EL PAPEL DE LA DECISIÓN

Nosotros no empezamos a vivir con el privilegio y la responsabilidad de tomar nuestras propias decisiones. Ni siquiera empezamos a diferenciarnos hasta los dos años de edad aproximadamente. La dependencia de los padres y demás autoridades adultas implica que, durante los años cruciales del crecimiento y el aprendizaje son los demás quienes deciden por nosotros qué comer, cómo vestirnos, cómo debía ser nuestro entorno vital y a qué escuela debíamos ir. Fueron los adultos que se encontraban a nuestro cargo quienes resolvieron todos estos problemas y lo hicieron –o tal vez no– en función de sus intereses. También ellos pueden haber determinado su elección de amigos y de carrera. De hecho, es muy probable que, si estuvo de acuerdo con todas las cosas que ellos "querían" para usted, todavía pueda estar ayudándoles durante el resto de su vida a tomar decisiones que sólo le competen a usted.

Con demasiada frecuencia, los padres olvidan que una de las lecciones más importantes del desarrollo consiste en aprender a tomar nuestras propias decisiones. Ésta es una habilidad que debe ser aprendida y ejercitada con confianza desde la plataforma proporcionada por el yo verdadero. ¿Cuáles fueron las reglas y líneas directrices que aprendió en la infancia que le enseñaron a tomar buenas decisiones? ¿Qué aprendió de sus padres que sirviera de marco de referencia para responder "sí" o "no" a las alternativas que le ha presentado la vida? ¿Implantaron en usted la confianza necesaria para tomar sus propias decisiones? A menos que sus padres lo identificaran como un objetivo explícito, es decir, a menos que lo considerasen como un objetivo que incorporasen de manera deliberada y consciente a su educación infantil, lo más probable es que usted haya aprendido estas habilidades como consecuencia de un largo proceso de ensayo y error. Resulta lamentable que haya quienes no acaben nunca de aprender este tipo de habilidades, porque viven asentados en el miedo y en la duda de un yo falso que opera desconectado de usted y de sus fortalezas.

La historia de Helen es muy representativa de la experiencia americana de crecimiento, aunque los pormenores, obviamente, sean especialmente suyos. Helen y su hermano Robbie, diez años menor que ella, fueron educados por unos padres muy ambiciosos. Y cuando digo ambiciosos me refiero a que, como muchos otros padres, impusieron sobre sus hijos las aspiraciones que ellos no habían logrado satisfacer. No recuerdo cuál era el maravilloso objetivo que se suponía que debía alcanzar Robbie pero, en opinión de su madre, Helen estaba destinada a ser una gran estrella de Hollywood. Es por esto por lo que, cuando todavía era una niña, su madre lavaba y planchaba su vestidito durante la siesta, por si acaso aquella tarde se le ocurría presentarse algún director de cine. Los lunes y los miércoles acudía a clases de dicción, los martes y los jueves aprendía canto y el resto de la semana iba a gimnasia, ballet y claqué. Mientras pasaron los años escolares, Helen se vio obligada a someterse a tests y extrañas pruebas porque, según decía su madre cuando salían volando hacia California para asistir a otro casting: «¿Sabes que la han llamado para participar en esa nueva serie cómica de televisión?». La cuestión es que, desde que tenía diez minutos de edad, sus padres habían tomado todas sus decisiones.

No resulta muy difícil adivinar el resto de la historia porque, aunque las madres nunca esperan que sus hijos se salgan del guión que les han previsto, lo cierto es que acaban haciéndolo. Es cierto que Helen consiguió un papel aquí y otro allá, y hasta también lo es que arrancó un "pedacito" de fama de la industria cinematográfica pero, a los once años de edad, se hallaba emocional y físicamente exhausta. Era como si su alma y su cuerpo ya no pudieran soportar por más tiempo la lucha que suponía vivir una vida falsa, y su yo verdadero le exigiera desembarazarse de todo aquello.

¿Pero quién era realmente Helen? Ella no podría rebelarse abiertamente contra su madre. Si recuerda la jerarquía de necesidades que acabamos de ver advertirá que la insumisión hubiera puesto en peligro sus necesidades de supervivencia, de seguridad y amor. Es por ello por lo que Helen no se rebeló externa sino internamente y, cuando su madre se dio cuenta de que había perdido el control de la vida de su hija, ésta ya se hallaba sumida en el mundo de las drogas. Dicho en otras palabras, su madre había perdido el control de la situación y Helen no había llegado a desarrollarlo, de modo que no había nadie que pudiera hacerse cargo de la situación. Helen jamás llegó a conocer el poder que dimana de las propias decisiones ni tampoco comprendió sus consecuencias. Así fue como empezaron años de dependencia de las drogas en un intento desesperado de "resolver" su falta de autoestima y su absoluta ignorancia del proceso de toma de decisiones. En consecuencia, todas las decisiones que tomó a partir de aquel momento fueron autodestructivas. Jamás aprendió a hacer mejor las cosas y murió a los veintinueve años, ignorando su propia voluntad.

Me parece lamentable que dejar que los demás tomen nuestras propias decisiones se haya convertido en una industria tan floreciente. La perspectiva de tomar una decisión equivocada puede resultar tan difícil y amenazadora para algunas personas, que no dudan en poner su poder de decisión en manos del primero que se presente y, sin darse cuenta de que "no elegir" es también una decisión, acaban cruzándose de brazos. También son muchas las personas que, en lugar de orientarse hacia el mundo de las drogas, como hizo Helen, entregan su poder al líder de una pandilla o de una secta religiosa. Los médiums y los teléfonos de "consejo espiritual" saben rentabilizar muy bien el miedo de la gente a tomar sus propias decisiones. En otra versión del mismo tema, hay quienes se resisten a abandonar el mundo militar, porque se han instalado en una "zona de comodidad" que equipara la satisfacción a que le digan lo que tiene que hacer y temen las decisiones que deberían tomar en la vida civil. Otros buscan la ayuda de consejeros o sacerdotes y les dicen: «Dígame lo que debo hacer con mi vida y le obedeceré». Y no se sorprenderá si le digo que mucha gente deja que la publicidad tome por ellos las decisiones desde la salida hasta la puesta del sol, una tarea que esas industrias se aprestan afanosamente a desempeñar.

Yo le invito a que asuma la responsabilidad de sus propias decisiones. Pero es evidente que no es posible cambiar lo que ni siquiera se reconoce. Así pues, el primer paso hacia un cambio positivo consiste en cobrar conciencia de las decisiones más importantes que ha tomado en su vida porque, sin esta revisión, seguirá tomando decisiones sin saber siquiera lo que le impulsa a tomarlas ni lo que espera de ellas. Y esta falta de conciencia que niega sus auténticas prioridades sólo puede alejarle de su yo verdadero. Sin el reconocimiento de lo que usted es y de las decisiones –tomadas por el mundo, sus padres o sus jefes– que han acabado conduciéndole a una existencia ficticia, usted está perdido. Cuando haya identificado sus siete decisiones críticas, cuando haya comprendido por qué las tomó (es decir, cuando sepa las necesidades que las motivaron) y las consecuencias que tuvieron en su propia vida, comprenderá más claramente la persona en la que ha acabado convirtiéndose.

Quizás entonces descubra que algunas de esas decisiones han tenido consecuencias negativas mientras que otras, por el contrario, han sido muy positivas. Su tarea consiste ahora en diferenciar claramente unas de otras y registrarlas por escrito. Sea muy sincero y objetivo consigo mismo cuando reconsidere las decisiones que le han conducido hasta donde ahora se encuentra. No hay espacio aquí para el victimismo, y sólo vamos a ocuparnos de la influencia que han tenido en su vida las decisiones que usted haya tomado.

EL RETO

Como hicimos en los ejercicios propuestos en el capítulo anterior, ahora tendrá que "recordar", y no olvide que ello significa que deberá rememorar un determinado incidente y también los resultados de ese evento. El incidente en el que, en este caso, deberá concentrarse, consistirá en una decisión tomada en un determinado momento de su vida. El resultado de esa decisión, es decir, el conjunto de consecuencias que siguieron a esa decisión, será lo que la eleve al estatus de decisión crítica. Dicho en otras palabras, cuando contempla esa decisión con los ojos bien abiertos y evalúa sinceramente las consecuencias derivadas de ella, se dará cuenta de que las decisiones críticas son aquéllas que, para bien o para mal, han acabado determinando el camino que ha seguido su vida hasta al momento presente.

Recuerde que la decisión de no actuar también es, en sí misma, una decisión. Así pues, cuando considere las decisiones que haya tomado en su vida, también deberá tener en cuenta aquellos casos en que la situación le exigía una decisión que usted decidió no tomar. En este sentido, por ejemplo, la mujer de la que se abusó sexualmente siendo niña, tal vez tenga que reconocer que prefirió ocultar ese hecho y no hablar cuando, no obstante, hubiera debido hacerlo. A fin de cuentas, esa decisión no ha hecho más que prolongar su dolor, porque ha acabado determinando la visión que hoy en día tiene de sí misma. Con todo ello no estoy diciéndole que deba mortificarse ni que hubiera sido más sencillo hacer algo diferente; lo único que afirmo es que, sea como fuere, se trata de una decisión crítica y debe reconocerla como tal. No olvide que mal podrá cambiar lo que ni siquiera reconoce. Del mismo modo, la persona de talento podría verse obligada a admitir que eligió seguir perdiendo el tiempo trabajando como una pieza más, como un engranaje anónimo en una empresa a la que odiaba (ya he confesado anteriormente una decisión crítica parecida que me costó diez años de mi vida). Y lo mismo ocurre en el caso de no poner fin a una relación dañina, de no pedir una beca o de no solicitar un ascenso. No olvide, pues, que elegir no actuar es también una decisión.

Recuerde además que algunas de sus decisiones críticas también pueden ser positivas, es decir, momentos cuyas consecuencias le hayan servido de confirmación o inspiración y que hoy en día siguen proporcionándole satisfacción. Éstas son las decisiones a las que uno se refiere cuando dice: «¿Sabes que, dadas las mismas circunstancias, volvería a hacer exactamente lo mismo?».

¿Cuáles son, pues, las siete decisiones que más han influido en la visión que actualmente tiene de la vida? Permita que las siguientes preguntas le ayuden a recordar. Como sucedía en los ejercicios previos, he agrupado las preguntas en distintas categorías de edad para que, de ese modo, pueda recordar más fácilmente las respuestas. También he establecido algunas categorías que deberá tener en cuenta cuando reflexione sobre las decisiones tomadas en cada una de sus etapas vitales, aunque no debe considerarlas como requisitos imprescindibles, sino como meras sugerencias. Le aseguro que, como sucede con los momentos decisivos, sus decisiones críticas no son específicas de edad ni tampoco se limitan a un área de la vida, sino que sus "efectos de onda" prosiguen a lo largo de toda su vida, independientemente del momento en que ocurrieron y del área a la que se refieran.

Tome nota de todo lo que advierta en su diario privado. Busque un lugar tranquilo que le proporcione una cierta intimidad, un lugar en el que pueda permanecer cómodamente sentado el tiempo necesario para llevar a cabo los siguientes ejercicios.

Considere las siguientes dimensiones o categorías de la vida. No se limite a esta lista ni tampoco se sienta obligado a identificar una decisión crítica en cada una de las dimensiones mencionadas. Permita, en lugar de ello, que la siguiente lista estimule sus ideas mientras escribe. Sus decisiones críticas pueden haber afectado a las siguientes áreas… o a otras:

Vida personal
Vida física
Vida profesional
Familia
Educación
Plenitud espiritual
Vida social
Relaciones

También puede ser útil echar un vistazo a todo lo que escribió en los ejercicios relativos a sus momentos decisivos, puesto que algunos de ellos pueden tener que ver con alguna decisión crítica. Recuerde, por ejemplo, la decisión que tomó mi madre de mudarse a nuestra casa poco después de la muerte de mi padre. Primero hubo ahí un momento decisivo (la muerte de mi padre) y luego su decisión crítica (la de venirse a vivir con nosotros). Tal vez ésta sea también una fórmula aplicable a su caso. Permita que sus momentos decisivos le conduzcan, cuando sea preciso, a sus decisiones críticas, porque también ahí podría haber alguna que otra superposición. No sería nada extraño, dicho en otras palabras, que una decisión crítica se derivase de un momento decisivo.

Recuerde las distintas categorías de edad:

Entre 1 y 5 años
de 6 a 12 años
de 13 a 20 años
de 21 a 38 años
de 39 a 55 años
de 56 años en adelante

Responda, para cada uno de los grupos de edad mencionados, a las siguientes preguntas:
Pregúntese: «¿Tomé alguna decisión crítica en este intervalo de edades?» y, en caso positivo, vuelva a preguntarse:

1. *¿Cuál fue la decisión?*
   Escriba una frase que la describa como, por ejemplo: «Cuando cumplí los dieciocho años, decidí casarme y empezar a trabajar».

2. *¿Por qué la tomó?*
   Describa en un solo párrafo todos los factores que contribuyeron a tomar esa decisión. Identifique el mayor número posible de ellos. Siéntase libre para usar la jerarquía de necesidades que hemos presentado en este mismo capítulo. De modo puramente ilustrativo, este párrafo podría comenzar diciendo algo así como: «Creía estar enamorado. Nunca había destacado especialmente en la escuela y mi familia no tenía mucho dinero, de modo que ni siquiera pensé en la posibilidad de ir a la universidad, mientras que la perspectiva de trabajar en la fábrica, por el contrario, me proporcionaba seguridad. Comprarme una nueva camioneta y mudarme a mi propio apartamento también contribuían a aumentar mi autoestima. Además, mi jefe me valoraba y me pareció que mis amigos universitarios me envidiaban y admiraban».

3. *¿A qué decisiones alternativas renunció cuando tomó esta decisión?*
   Escriba un párrafo que resuma claramente cuál fue el "coste" de esta decisión como, por ejemplo: «La decisión de empezar a trabajar llevaba implícita la de no ir a la universidad, y casarme también suponía renunciar a conocer a otras personas», etcétera. Obviamente, aquí puede abrirse la puerta a cierta especulación, pero no

por ello deje de examinar lo mejor que pueda "lo que pudo haber sido" en el caso de no haber tomado esa decisión.

4. *¿Cuál era su idea del yo inmediatamente antes de esta decisión y después de ella?*

¿En que cambió su autoestima, en el caso de que la decisión crítica influyera en su autoestima, antes y después de esta decisión crítica? ¿Qué aspecto o dimensión de la idea de sí mismo se vio involucrado o afectado por esa decisión? Anote por escrito sus observaciones.

Tal vez la decisión influyó en su sensación de control, en su ansiedad, en su ambición, en su orgullo o en su miedo. Sea cual fuere la dimensión afectada, déle un nombre y regístrela por escrito. Piense, como hizo con el ejercicio de los momentos decisivos, en estas "instantáneas" previas y posteriores a la decisión crítica como uno de los factores determinantes de la visión que actualmente tiene de sí mismo.

5. *Describa en un párrafo los efectos residuales a largo plazo de esta decisión crítica.*

¿Cuál ha sido el efecto a largo plazo de esta decisión crítica? Una vez más lo que estamos buscando son aquellos aspectos de sí mismo que se hayan desarrollado como consecuencia directa de ese evento. En este sentido, su párrafo podría empezar diciendo algo así como «Creo que, como resultado de la decisión crítica de casarme y empezar a trabajar, esperaba que todo resultara mucho más sencillo. No hice el menor intento de protegerme con una "red de seguridad" de la posible pérdida de mi trabajo y empecé vivir de creencias. Me convertí en una persona económicamente irresponsable, creyendo que el trabajo siempre estaría ahí y que de vez en cuando seguirían aumentándome el sueldo. Entonces fue cuando mi expectativa vital fue estrechándose cada vez más». Describa las consecuencias de su decisión y el modo en que han influido en la idea que tiene de sí mismo.

6. *Señale cómo y por qué cree que esta decisión crítica ha aclarado o distorsionado su yo verdadero.*

La cuestión consiste aquí en determinar si la decisión le alejó o le acercó a su yo verdadero. ¿Contribuyó a que se sintiera más alegre, tranquilo y satisfecho o, por el contrario, le llevó a renunciar a algunas de estas cosas? ¿Qué aprendió sobre sí mismo como resultado de esa decisión? Explique todo esto en un pequeño párrafo.

7. *Revise su interpretación y su reacción a la decisión crítica. Pregúntese si cree o no que su interpretación fue y sigue siendo exacta o inexacta.*

Verifique ahora, como hizo con sus momentos decisivos, sus reacciones a esta decisión crítica aprovechando la ventajosa perspectiva que le proporciona el tiempo, la objetividad, la madurez y la experiencia. Quizás una decisión crítica de la que ha solido culparse haya acabado distorsionándose en su percepción y convirtiéndose en algo que no fue. Su párrafo debería responder a la siguiente pregunta: ¿Es exacta mi interpretación de esta decisión crítica o, por el contrario, la he exagerado y distorsionado?

Llegados a este punto, debería haber completado un conjunto de siete ejercicios para cada una de las categorías de edad que acabamos de señalar. Vuelva atrás, eche un nuevo vistazo a las distintas categorías y decida con cuál de ellas quiere seguir. Pregúntese ahora, como acabo de hacer: «¿Tomé alguna decisión crítica en este período de mi vida?». En tal caso responda a la primera pregunta y continúe con el resto hasta responder a las siete preguntas. Recuerde que sólo habrá concluido el trabajo propuesto en este capítulo cuando haya puesto de manifiesto un total de siete decisiones críticas.

6. LAS CINCO PERSONAS ESENCIALES

> Quien sólo busca el aplauso externo
> pone toda su felicidad en manos de los demás.
> OLIVER GOLDSMITH

Por más veces que la haya visto, siempre me sorprende la determinación autodestructiva inducida por el miedo que lleva a tantas personas a reprimir su yo verdadero. Y es que, si consideramos la energía vital que solemos invertir en negar el yo verdadero y en vivir en función de un yo falso, no podemos dejar de sorprendernos. ¡Qué derroche de talento y de energía! Cuanto más profundizamos en las complejidades de la vida adulta y tratamos en vano de "danzar" para los demás, cada vez perdemos más energía vital. En las complejas relaciones que establecemos con nuestros hijos, nuestros padres, nuestros esposos, nuestro trabajo, la iglesia, los amigos y tantas otras fuentes de demanda, puede parecer que tratamos de mantener simultáneamente hundidas no una, sino diez de las pelotas de playa que anteriormente mencionábamos. Tratar de ser demasiadas cosas para demasiadas personas –cuando ninguna de ellas suele tener que ver con nuestro yo verdadero– resulta agotador. A fin de cuentas, uno es quien es y, cuanto más se empeña en ignorar esa realidad, mayor es el peaje que debe pagar por ello. Tampoco hay que olvidar que uno puede ser su peor enemigo y generar todo tipo de crisis emocionales y físicas. Esta desconexión se pone de manifiesto en el alejamiento de los seres queridos, el agotamiento, la enfermedad física, la frustración y la confusión interna. Y, como si no bastara con nosotros para desconectarnos de nuestro yo verdadero y para boicotear nuestra vida adaptándonos a lo que no queremos, con mucha frecuencia recibimos la "ayuda" de las personas con las que nos encontramos a lo largo del camino. Estos "ayudantes" son las personas a las que yo califico como esenciales y que quizás incluyan a sus padres, su esposo, sus hermanos, sus maestros, sus amigos y sus colaboradores pero, en cualquiera de los casos, acaban determinando de manera muy positiva o muy negativa su vida. Sea como fuere, las personas esenciales son aquéllas que han tenido un impacto muy poderoso en la formación y el contenido de la idea que tiene de sí mismo. Además, estas personas pueden determinar el hecho de que uno viva en consonancia con su yo verdadero o, en lugar de ello, viva una vida falsa controlada por un yo falso que ha acabado desplazando a su yo verdadero.

Estoy seguro de que usted ha conocido centenares, e incluso miles, de personas que han tenido un impacto muy poderoso en su vida, pero la investigación ha demostrado que sólo unas cinco personas realmente esenciales han dejado una impresión indeleble en la idea que tiene de sí mismo y, en consecuencia, en su vida. Nuestro cometido en este capítulo consiste en identificar y examinar el efecto de esas personas y de sus roles en su vida.

A uno de los seminarios que dirigí hace ya algunos años acudió una mujer que tendría unos sesenta años de edad y era la imagen misma del éxito. La impresión inicial que tuve de ella, sentada en la segunda fila, era que se trataba de una mujer fuerte y "dura", una mujer poderosa. Parecía como si se hallara en una reunión de la junta directiva. El seminario tuvo lugar durante el fin de semana, pero era evidente que había decidido no vestir informalmente. Llevaba un elegante vestido negro cortado a medida y de aspecto muy caro. Cada hebra de su cabello plateado parecía cuidadosamente ubicada en su sitio. Sus grandes manos evidenciaban la manicura y en su muñeca resplandecía un brazalete de platino. Lo más sorprendente fue que, durante los dos primeros días del seminario de fin de semana, no dijo ni una sola palabra. El programa había sido diseñado para convertirse en un viaje de autodescubrimiento. Pero, independientemente de lo mucho que participasen los demás y de lo intensas que eran las cosas que se presentaban, aquella mujer permanecía estoicamente sentada, con las manos plegadas en el regazo, la mandíbula tensa y los ojos grises eludiendo el contacto con los demás. Cuando llegó el momento en que habitualmente solicitaba la participación de todos los miembros del grupo, decidí pasarla por alto, porque era evidente que no iba a decir nada hasta que no estuviera a punto.

A eso de las diez y media de la mañana del tercer y último día, después de una serie de comentarios sinceros y de las revelaciones catárticas de varios de los presentes, se hizo una pausa antes de pasar a la siguiente fase. Cuando, en medio de aquella pausa, la mujer se puso lentamente en pie, todo el mundo abandonó de inmediato lo que estaba haciendo y todos los ojos se dirigieron hacia Claire, nuestra silenciosa mujer de aspecto distante. Todos sospechábamos que estábamos a punto de escuchar algo vitalmente importante. Luego cogió el respaldo de la silla que se encontraba frente a ella con tanta fuerza que sus nudillos se volvieron blancos. Finalmente empezó a hablar mirando directamente hacia delante.

–Sus manos eran muy pesadas –dijo, con una voz que traicionaba su aparente fortaleza–, pesadas y muy fuertes –repitió, haciendo una pausa–. Y su correa era cruel.

Recuerdo que me costó un esfuerzo de voluntad interrumpir el hechizo que sin intención había creado y la animé a seguir.

–Mi madre estaba casada con un hombre que la golpeaba –dijo–. Yo estaba siempre asustada y tenía miedo de que la matara. Yo quería ayudarla, quería detenerle, pero no podía. Él me hacía sentar en una silla de respaldo de caña y ver cómo la golpeaba con los puños, con el cinturón y, a veces, con un palo de escoba con el que, en una ocasión en que yo no estaba presente, llegó a romperle una pierna porque, de ese modo –según me dijo– tal vez «aprendiese algo de respeto».

–Recuerdo que, a veces, mi madre me miraba con los ojos hinchados y ensangrentados al tiempo que negaba con la cabeza, pidiéndome que no me moviera ni me involucrase, porque sabía que yo también corría peligro y temía que, de algún modo, pudiera provocarle y descargase en mí su ira. En una ocasión me arrojó sobre mi madre y, cuando ella lloró y le rogó que se detuviese, empezó a pegarnos a las dos. Me sentía completamente indefensa. ¡Mi madre y yo no podríamos ayudarnos y no nos quedaba más remedio que recibir, recibir y recibir! Sólo tenía siete años cuando empezó todo esto, ahora tengo sesenta y cuatro años y, cuando pienso en él, todavía puedo sentir el miedo, la sequedad en la boca y la tensión en el estómago.

Entonces sus ojos se llenaron de lágrimas y su voz expresaba tanto sufrimiento que resultaba difícil de escuchar.

–Siguió pegándome durante catorce años más. Nada era demasiado pequeño y trivial para sacarle de sus casillas. Me golpeaba en el culo y en los muslos hasta que sangraba y, cuando lo hacía, gritaba cosas feas y sucias como: «¡Todo es por tu culpa, pequeña puta! ¡Me sacas de quicio con tantos gritos y llantos y tus constantes gastos! ¡Te odio por lo que me has hecho! ¡Espero que estés contenta, pequeña puta asquerosa!».

–Yo me sentía muy culpable –siguió–. Pasaba días sin comer, porque sabía que nuestros problemas eran a causa de mis gastos. Nunca podía llevar amigos a casa, porque temía lo que pudiera ocurrir y, en la escuela, siempre llevaba las piernas cubiertas. Nadie vio nunca las marcas que dejó su correa en mi cuerpo.

–Quizás les parezca extraño, pero a causa de él aprendí a abstraerme de mi cuerpo. Cuando me golpeaba, me arrojaba en el suelo con el rostro entre las manos y era como si, en cierto modo, no estuviera allí. Me sentía tan humillada y degradada que no me quedó más remedio que recluirme en mi mente, como si mi mente revolotease por encima de la cama observando todo lo que ocurría.

Mientras estaba de pie ante todos nosotros parecía una mujer sorprendentemente frágil y pequeña y, por vez primera, nos miró a los ojos. Pasó de uno a otro, como si acabase de dar una conferencia en un idioma extraño y necesitara saber si alguien la había entendido. Era como si, después de haber confesado su secreto, esperase nuestro juicio. Entonces agachó la cabeza avergonzada, como si deseara poder dar marcha atrás y ocultar de nuevo la verdad que tan cuidadosamente había escondido durante seis décadas. Entonces se le acercó una mujer que se hallaba en su misma fila y, para consolarla, colocó una mano en su hombro, que ella recibió con tensión antes de relajarse.

–He tenido mucho éxito en mi negocio –dijo finalmente Claire–. Se trata de una industria dedicada a la manipulación de chatarra, un sector habitualmente dominado por los hombres. Así es como he afrontado las crisis que he atravesado los últimos sesenta años, abstrayéndome y alejándome de mí misma. Esto significa que mis hijos no han podido contar emocionalmente conmigo. Su padre me abandonó poco después de que naciera mi hijo menor. Estoy aquí porque mis hijos me rogaron que viniese. Ellos no saben por qué he sido siempre, como dicen, "tan fría". De modo que si estoy aquí es por ellos... y también por mí. No quiero morir así, sin haber sentido, sin haber vivido y sin haber compartido.

–He estado emocionalmente "ausente" durante sesenta años –murmuró–. En julio cumpliré los sesenta y cinco. Llevo demasiado tiempo soportando esta carga tan pesada. Necesito que alguien me libere de ella. Ésta es mi última oportunidad.

Éste fue el comienzo de lo que acabó convirtiéndose en un conmovedor viaje de regreso a su yo verdadero. Durante las restantes horas de aquel seminario y en una sesión posterior nos ocupamos de mostrarle que podía bajar la guardia con total seguridad. Por ejemplo, a los pocos minutos de su primer comentario al grupo, todo el mundo se le había acercado cogiéndola amablemente del brazo o de las manos –actos de proximidad y amabilidad física más que de condolencia– a los que empezó respondiendo con miedo y luego con aceptación. Hubo lágrimas, murmullos de aliento y silenciosos abrazos, y ella empezó a reconectar con su yo verdadero. También le enseñamos a mostrarse vulnerable con las personas que no la dañarían. La ayudamos a ver que no debía sentirse avergonzada por acciones en las que no había tomado parte y de las que no tenía la menor responsabilidad. Con el paso del tiempo acabó descubriendo que no debía asumir la autoría de la enfermedad de su padrastro "escindiéndose" en una personalidad separada. Entonces acabó dándose cuenta de que podía recuperar el poder que había depositado en manos de aquel hombre que tan cruelmente había controlado su vida mientras estaba vivo y que seguía controlándola ahora que ya había muerto.

La moraleja de esta historia es que, una vez que esta mujer recuperó el contacto con su yo verdadero, fue como si se hubieran abierto las compuertas. Después de años de afecto reprimido, irrumpieron a la superficie sus dotes innatas de amar y cuidar a los demás. Sus encantados hijos descubrieron entonces a una madre que nunca antes habían conocido. En los siguientes talleres se convirtió en una facilitadora voluntaria y la pasión que ponía en ello era envidiable. Su experiencia le mostraba con toda claridad las personas más resistentes, más "frías" y más necesitadas, y asumió el trabajo de acercarse a ellas. Seminario tras seminario, se convirtió en una especie de gallina clueca que empollaba las almas más duras hasta que empezaban a ablandarse. Nunca renunció, por más reprimida, cerrada o amargada que estuviera la persona. Sabía por propia experiencia dónde estaban y el modo de llegar a ellos, y le aseguro que jamás abandonó a nadie a su suerte.

La experiencia de esta mujer demuestra que, del mismo modo que la idea de nosotros mismos se ve determinada por una serie de momentos decisivos y por un pequeño número de decisiones críticas, también puede verse profundamente influida por unas pocas personas esenciales cuyas acciones resuenan, para bien o para mal, durante el resto de nuestra vida. En el caso de esta mujer, un padrastro enfermo puso en marcha su desesperado alejamiento de la vida. Su brutalidad la llevó a cerrar de golpe su ventana emocional. De un modo trágico y completamente lamentable, se convirtió en una persona esencial para el desarrollo de la visión de sí misma. Él fue quien enterró su yo verdadero, un yo anteriormente caracterizado por la esperanza, el optimismo y la alegría, bajo el manto del dolor y del rechazo, negando su valor y usándola para descargar en ella toda su enfermedad. De este modo acabó convirtiéndose en una persona esencial para envenenar tan profundamente a una chica joven e impresionable que casi acaba distorsionando toda su vida. Todo el mundo, usted incluido, tiene unas pocas de estas personas esenciales y, una vez reconocidas, es decir, una vez identificadas como la fuente de un impacto tan poderoso, es posible afrontar el efecto que estas personas han tenido en usted, pero tal cosa no es posible hasta que descubra realmente el papel que han desempeñado en su vida.

También es muy frecuente que las personas esenciales de su vida sean aquellas que la alientan en los momentos críticos, que le abren puertas que anteriormente ignoraba que existieran y que le ayudan a resolver problemas que consideraba insolubles. A veces son personas que aparecen en momentos críticos, llevando a cabo acciones geniales de valor y de apoyo o que, de mil modos humildes y sencillos, le demuestran su amor y preocupación; otras veces son personas que reconocen en usted un talento particular y le invitan a desarrollarlo; otras, puede tratarse de personas que usted casi no conoce, personas a las que observa desde lejos y cuya forma de vida le inspira a imitarlas y, aun en otras ocasiones quizás sean personas que le aman aun cuando usted no sea muy amable.

Las personas esenciales pueden presentarse en lugares y etapas inesperadas de su vida. Quizás se trate de personas cuya influencia está, de algún modo, relacionada con la autoridad que ejercieron, de manera compasiva y responsable, durante sus años de desarrollo. Tal vez, por el contrario, se trate de una persona a la que acabe de conocer hoy mismo. La influencia que han tenido en su vida puede ser el resultado de años de guía estable, un día sí y otro también, o quizás sea el resultado de un solo acto que tal vez ellos ni siquiera podrían reconocer. Quizá sólo entraron en su vida durante un corto período de tiempo pero, a pesar de ello, los efectos de aquel encuentro todavía perduran en usted.

De un modo tal vez predecible, he observado que las personas exitosas –es decir, las personas cuyas vidas son tranquilas, bien equilibradas y satisfactorias– tienden a identificar más héroes o modelos de rol entre sus cinco personas esenciales. Por el contrario, las personas cuya vida está llena de dolor, tienden a destacar a aquéllos otros cuya influencia fue igual de significativa e importante, pero que fueron sus atormentadores. También es posible y nada infrecuente, por cierto, que una persona de éxito atribuya muchas características positivas a alguien cuya influencia fue, en su momento, claramente negativa o destructiva, pero la persona adaptó o integró aquella experiencia negativa de un modo sano y positivo. Y es que hay ocasiones en las que las personas más irritantes que haya conocido en su vida pueden haber acabado fortaleciéndole, pueden haberle hecho trabajar muy duro para salir de esa situación y, en el proceso, puede haber llegado a descubrir alternativas significativas. Pero tenga en cuenta que en modo alguno estoy diciéndole «¿Ve como todo merecía la pena? Ha servido para edificar su carácter y debería estarle agradecido». Esto es absolutamente falso. La crueldad y el dolor no son herramientas legítimas de enseñanza, por más fuerte y comprometido que puedan haberle hecho. Lo único que digo es que los problemas que ciertas personas esenciales pudieron haberle infligido han acabado sirviendo, con el paso del tiempo, para que usted descubriese y perfeccionase algunas de sus mejores cualidades y las trajera a la superficie. La "lección" fue probablemente demasiado cara, pero si éste fue el caso en su vida y descubrió el modo de crear valor del dolor, tal vez le haya ayudado a descubrir un sentido en el sufrimiento.

Teniendo en cuenta todas estas consideraciones, pregúntese:

¿Quiénes con las cinco personas esenciales de su vida? ¿Quiénes son las cinco personas que han acabado configurando mi vida, tanto en un sentido positivo como en un sentido negativo? ¿Quién ha escrito en "mi pizarra"?

Resultará muy útil, cuando piense en esta cuestión, echar un vistazo a sus escritos sobre los momentos decisivos y las decisiones críticas, porque es muy probable que sus respuestas al respecto le revelen de inmediato las personas que forman parte de su lista de cinco personas esenciales. En caso negativo, tal vez las asociaciones mentales evocadas por esos escritos traigan a su memoria algunos nombres.

Este ejercicio puede resultarle muy sencillo y no tener dificultad alguna en limitarse a cinco nombres o, por el contrario, ser muy difícil descubrir tantos. Sin embargo, sea cual fuere el caso, recuerde que está tratando de buscar las personas que han desempeñado un papel único y sustancial en la creación de la persona en la que ha llegado a convertirse. Piense en ellos como los cinco eslabones individuales de la larga cadena que han acabado convirtiéndole en la persona que actualmente es, mientras está leyendo este párrafo. Cada eslabón de esa cadena es un elemento crítico. Dicho en otras palabras, si eliminase cualesquiera de esas cinco personas, el yo que hay al final de la cadena sería alguien sustancialmente diferente, una persona que tal vez usted ni siquiera reconociese.

Tome su diario y anote como hizo anteriormente, dedique un tiempo en soledad para hacer este ejercicio. Luego, de manera relajada pero concentrada, haga lo siguiente:

- Escriba el nombre de una persona esencial de su vida.
- En dos secciones separadas, ubicadas bajo el mismo epígrafe del nombre de esa persona, describa, en primer lugar, las acciones de esa persona y, en segundo lugar, la influencia que tuvo en usted.

Comience identificando, con el mayor detalle posible, la conducta de la persona que, en su opinión, ha desempeñado un papel tan esencial en su vida. En este sentido será muy útil usar verbos que expresen acciones. Así, por ejemplo, Claire, la participante en mi seminario, podría empezar escribiendo: «Durante catorce años nos golpeó con su correa a mi madre y a mí, destruyendo mi sensación de identidad y, con ella, todo rastro de valor y de dignidad». Otra persona, escribiendo sobre una amiga adulta, podría comenzar diciendo: «Me quiso y se preocupó por mí cuando yo no era nada amable. Venía a visitarme cuando todos los demás salían huyendo y me fue fiel cuando hubiera sido mucho más fácil no serlo». Se sorprenderá de lo sencillo que le resulta escribir una descripción tan detallada y larga como necesite y pueda.

Escriba luego los efectos que atribuye a esa acción. ¿Cuáles son las consecuencias para su yo actual de la relación con esa persona? En el primer caso, por ejemplo, podría comenzar diciendo: «Al no poder soportar la humillación y el dolor, me alejé de la vida y de cualquier cosa que implicase a mis emociones, aun cuando mi marido y mis hijos anhelasen mi yo emocional» y, en el segundo, tal vez debiera escribir algo así como: «Sus palabras espontáneas de aceptación y aliento me han llevado a creer que debo tener algo que merece la pena porque, de lo contrario, una persona como ella jamás se hubiera fijado en mí. Me proporcionó la paciencia necesaria para superar algunos de los momentos más difíciles que he atravesado hasta el punto de que aun hoy trato de emular su carácter».

El valor de este ejercicio depende de que consiga dar voz a relaciones y consecuencias que nunca ha expresado en palabras. Por ello insisto en la necesidad de establecer la relación de causa-efecto existente entre la conducta de cada una de sus cinco personas esenciales y sus consecuencias en su vida y en la idea que actualmente tiene de sí mismo. Ésta será la información que necesitará para remontarse en el pasado al tiempo que camina hacia delante, de modo que conviene que se tome el tiempo necesario para llevar a cabo una revisión sincera y completa de cada una de sus cinco personas esenciales. No tema que el reconocimiento escrito de la importancia que han tenido en su vida algunas de esas personas reactive o justifique sus efectos. De ningún modo quiero que asuma el papel de víctima y que culpe a los demás por ser hoy en día como es. Pronto nos ocuparemos del modo en que puede recuperar su poder pero, por el momento, debe darse cuenta de que no es posible cambiar aquello que ni siquiera se reconoce. Sea lo más sincero que pueda o se quedará estancado para siempre por no haber diagnosticado adecuadamente el cáncer que está devorando su yo verdadero.

Conviene señalar aquí que las personas que han desempeñado un papel importante en su vida no siempre caen bajo los epígrafes de "blanco" o "negro". Así, por ejemplo, una persona que haya influido muy negativamente en su vida podía, al mismo tiempo, exhibir cualidades que usted aprecia y admira. Recuerdo que, en cierta ocasión, una paciente me dijo cuánto admiraba a su padre por su extraordinaria ética laboral y por su predisposición a desempeñar dos y hasta tres empleos diferentes para sacar adelante a su joven familia. Había llegado a los Estados Unidos sin saber inglés, con muy poco dinero y sin ninguna "red" que pudiera servirle de apoyo pero, al cabo de pocos años, consiguió forjar una vida cómoda y segura para su esposa y sus tres hijas. Por otra parte, sin embargo, también me dijo que había sido un padre muy severo y difícil. Cuando las tres hermanas, ya mayores, hablaron de este tema, descubrieron que nunca les había dicho que las amaba. (Y le aseguro que, por más que él pudiera haber creído que lo expresaba con sus acciones, ellas necesitaban oírlo de su propia voz.) Además, las expectativas académicas que les impuso eran muy difíciles de cumplir, generando todo tipo de tensiones nerviosas emocionales y físicas con las que todavía seguía bregando de adulta.

Así pues, esta mujer reconocía la gratitud y admiración que sentía por todo lo que hizo su padre para labrarles un futuro en los Estados Unidos pero, simultáneamente, también se hallaba en su lista de personas esenciales por haber sido un guía tan implacable y por haberla privado del apoyo que tan desesperadamente necesitaba y todavía sigue necesitando.

También puede darse el caso de que la vida de las personas esenciales experimente un cambio muy profundo. Bien puede ocurrir, por ejemplo, que una madre maltratadora y alcohólica cree una infancia llena de terror, soledad e inestabilidad para su hija pero que, finalmente, logre completar exitosamente un programa de recuperación y consiga permanecer sobria. Quizás entonces, reconociendo el trauma que ha ocasionado en la vida de su hija, esa madre busque entonces el modo de cambiar la relación, le pida perdón y haga todo lo que está en su mano para convertirse en la madre que hubiera querido ser. Es evidente que, en tales circunstancias, la hija puede llegar a la conclusión de que su madre ha sido una persona que ha tenido una influencia muy positiva en su vida. Ello no significa olvidar los años oscuros, porque resulta imposible borrar el dolor causado por su madre pero, si finalmente acabó venciendo el amor, nada impide que la hija identifique a su madre como una persona esencial.

Por más admirables que sean, en muchos sentidos, las personas esenciales, también pueden haberle influido de manera inequívocamente negativa. Y, del mismo modo, la persona cuyo "pliego de cargos" está lleno de malos tratos, también puede, con una palabra amable, un gesto de sacrificio o de cualquier otro modo, haber contribuido a afirmar y elevar su vida de un modo que le ennoblece. No debe, por tanto, pensar en las personas "esenciales" como completamente positivas o completamente negativas.

No siga adelante hasta haber respondido por escrito a las dos preguntas que le formulaba anteriormente sobre cada una de las cinco personas esenciales de su vida.

♠ ♠ ♠

Ahora ha llegado el momento de que se formule una pregunta realmente crítica:

¿Se halla usted mismo en la lista de las cinco personas esenciales en su vida?

¿Por qué –en caso negativo– no se encuentra entre ellas? Considere, en tal caso, lo que eso significa. Quizás sea que la idea que tiene de sí mismo se haya visto determinada fundamentalmente por otras personas o tal vez signifique que atribuye sus características más básicas y esenciales a las acciones y las conductas de los demás. Para bien o para mal, debe saber que ha renunciado a su poder y lo ha puesto en manos de otra persona, que tal vez haga buen uso de él... o tal vez no.

¿No le parece evidente que su nombre debería contarse en la lista de sus cinco personas esenciales? Permita que ése sea su objetivo durante el resto de este libro. Ahora está a punto de adentrarse en la parte de su idea del yo en la que yace su principal poder. Es por esto por lo que, en la medida en que avancemos y pongamos en funcionamiento una serie de herramientas que pueden mejorar espectacularmente su experiencia de la vida, pregúntese si está haciendo lo que debe para convertirse en una persona esencial de su vida. Le invito a que dé los pasos necesarios para llegar a convertirse en la primera persona en su lista de las personas que han determinado y seguirán determinando el curso de su vida.

INTRODUCCIÓN

A LOS FACTORES INTERNOS

Hemos descubierto al enemigo y somos nosotros.
WALT KELLY COMO POGO

Si ha realizado sinceramente los ejercicios propuestos en los capítulos anteriores, sabrá muchas cosas acerca de su propia biografía. Llevar a cabo un inventario de los factores externos –es decir, de los momentos, las decisiones y las personas– que más y más profundamente han influido en usted supone un gran paso hacia delante en la comprensión de la idea que actualmente tiene de sí mismo.

También es posible que, en este punto, se encuentre bastante confundido. De hecho, sería bastante extraño que, después de haber completado su revisión de las circunstancias externas, no se sintiera un tanto así. Y ello ocurre porque la revisión de sus momentos decisivos, de sus decisiones críticas y de las personas que han tenido una importancia capital en su vida suele colocarle frente a algunas de las principales fuentes de sufrimiento.

Pero no debe desalentarse por ello, porque ahora ha llegado

al fondo, donde realmente está el poder. Por ello digo que todas las circunstancias externas son lo que son, ya han pasado, ya han quedado atrás y, si bien, no puede cambiar su historia, sí que puede cambiar sus respuestas al respecto. Usted puede cambiar su respuesta a esos factores externos, puede cambiar el modo en que responde a esa historia. En la próxima parte de este libro vamos a aprender a utilizar sus factores internos para llevar a cabo estos cambios.

Puesto que es ley de vida que resulta imposible cambiar lo que no se reconoce, es importante que se dé cuenta muy concreta y exactamente del modo en que se ha configurado la idea que tiene de sí mismo y de lo que hace a diario para contribuir a distorsionar esa idea. Es por esto por lo que, del mismo modo que hemos analizado los factores externos que han contribuido a formar la idea que actualmente tiene de sí mismo, vamos a examinar también en detalle sus factores internos, es decir, el modo en que ha reaccionado internamente a esos eventos clave y el modo en que suele acercarse al mundo.

Como señalábamos anteriormente, usted no responde a lo que ocurre en el mundo, sino al modo en que interpreta lo que ocurre en el mundo. Así pues, los estímulos a los que realmente responde no son los acontecimientos que realmente han ocurrido, sino el modo como interpreta esos acontecimientos, es decir, sus percepciones y sus reacciones. Estas interpretaciones pueden asumir formas muy diferentes. Pueden ser inmediatas y provisionales o pueden hallarse profundamente arraigadas y ser, en consecuencia, bastante duraderas pero, en cualquiera de los casos, forman parte de la cadena de eventos que han acabado configurando la idea que actualmente tiene de sí mismo. Convendrá pues, cuando examine la idea que tiene de sí mismo, que no se salte ningún eslabón de la cadena.

En el supuesto de que le hubieran despedido de su trabajo, por ejemplo, no fue el despido, sino su reacción interna a él, lo que influyó en la idea que tiene de sí mismo. Supongamos que su reacción interna a tal evento haya sido: «Me han despedido y esto nos es bueno en absoluto, pero, en mi fuero interno, sé que soy una persona capacitada y que desempeñé bien mi trabajo. Simplemente no resultó aunque fue, no obstante, una buena experiencia de aprendizaje que estoy seguro de que me servirá en mi próximo empleo». En tal caso usted está siendo realista y, en consecuencia, su idea del yo no sufrirá un gran golpe. En el caso contrario de que su reacción interna hubiera sido: «Soy un fracasado. Desaproveché una ocasión y tengo lo que me merezco. Era un trabajo demasiado bueno para mí y se dieron cuenta», la idea de sí mismo habría sufrido un golpe muy duro.

Así pues, el mismo evento externo puede desencadenar reacciones que influyen de manera muy diferente en la idea que tiene de sí mismo y que, en consecuencia, conducen a dos resultados completamente diferentes. Por esto insisto en que usted no responde a lo que sucede externamente sino, muy al contrario, al modo en que interioriza ese evento. Y ello significa que usted tiene un poder extraordinario para influir y controlar la idea que tiene de sí mismo. Estoy refiriéndome concretamente a su diálogo interno, a la conversación en tiempo real y sobre usted mismo en la que continuamente se halla inmerso. En el pasado, usted ha tomado decisiones que han determinado su vida y, antes de que concluyamos este libro, aprenderá a tomarlas constructivamente. En resumen, pues, no es bueno que ocurran cosas negativas, pero la cosa puede llegar a ser desastrosa si, además de esto, no deja de empeorarlas culpándose por ello.

Como hicimos con los factores externos, la clave para comprender su respuesta interna reside también aquí en saber dónde buscar y qué preguntas debe formularse. Eso es, precisamente, lo que trataremos de hacer en los siguientes capítulos, en los que examinaremos cinco tipos diferentes de actividad interna:

Locus de control
Diálogo interno
Etiquetas
Grabaciones
Creencias fijas y creencias limitadoras

Antes hemos esbozado sin mucho detalle estas categorías, pero en los siguientes capítulos, nos ocuparemos con mucho más detenimiento de cada una de ellas y buscaremos el modo de aplicarlas a sus circunstancias personales. Vamos a descubrir la naturaleza exacta de su contenido personal, tanto a nivel consciente como a nivel inconsciente, y lo haremos con la precisión de una observación estructurada e independiente. Recuerde que su auténtico poder y, por tanto, la ocasión de cambiar la idea que tiene de sí mismo, reside en estos factores internos. Preste mucha atención, porque lo que vamos a ver trasciende con mucho los meros juegos semánticos. Vamos a ocuparnos del punto exacto en el que el neumático toca la calzada en lo que respecta al control de la idea que tiene de sí mismo y de su vida.

Debemos empezar diciendo que, para muchas personas, éste es un punto algo confuso porque, cuando empiezo a hablar de factores internos, su comprensible reacción puede ser la siguiente: «Está pidiéndome que examine mi pensamiento y revise mi forma de pensar», lo que no sería más que una excelente receta para acabar con un fuerte dolor de cabeza. Pero, por más que ésta pueda parecerle una propuesta circular e imposible de llevar a cabo, le invito a que confíe en mí, porque no lo es. No voy a enviarle a la cima de la montaña desprovisto de un mapa para que contemple, desde allí, la esencia de su yo. Sólo le pediré que responda a preguntas muy concretas y, una vez más, que lo haga por escrito en su diario privado. Esto es muy importante, porque le proporcionará una cierta objetividad. Uno sólo se confunde cuando trata de observarse a sí mismo y a su pensamiento sin tomar nota de lo que está observando, algo parecido a tratar de ver su rostro sin la ayuda de un espejo y que, ciertamente, acabará ocasionándole un buen dolor de cabeza. Cuando, por el contrario, anota por escrito sus respuestas, podrá contemplar sus eventos internos desde el exterior. En este sentido, el hecho de escribir nos proporciona un espejo que refleja fielmente todo lo que está sucediendo en su mente y en su corazón.

Pero también debemos aclarar otra cuestión, porque tal vez se diga: «Lo cierto es que yo no suelo pensar mucho en mí mismo. Quizás no sea una persona tan inteligente. Yo no creo que tenga lugar en mi interior, toda esa actividad mental de la que habla».

Le aseguro que, si éste es el caso, está equivocado porque, en su interior está teniendo lugar toda esa actividad mental, aunque quizás una parte de ella (no su diálogo interno, que sucede en tiempo real) discurra tan veloz y repetitivamente que todo suceda de un modo casi automático. Tenga en cuenta que, cuando uno repite una y otra vez el mismo proceso, deja de ser consciente de los pasos y de los pensamientos concretos que lo componen.

Piense en que cuando conduce su automóvil, por ejemplo, ni siquiera tiene que pensar en lo que debe hacer. Sencillamente pone la llave de contacto en su sitio sin necesidad siquiera de mirar, porque ya ha instalado recuerdos y hábitos musculares tan arraigados, que la acción se dispara automáticamente. Lo mismo ocurre con sus pensamientos. Es por esto por lo que puede moverse, a través de las etiquetas, las grabaciones y las creencias fijas o limitadoras, a una velocidad increíble. Así pues, usted puede pensar en una serie de observaciones y juicios sobre sí mismo en el tiempo que tarda en guiñar el ojo, sin darse siquiera cuenta de lo que está haciendo.

Para entender el modo en que los factores internos pueden llegar a afectarle debe darse cuenta de su velocidad y de su automatismo. La fobia a las serpientes servirá perfectamente para ilustrar este tipo de pensamiento automático que discurre a la velocidad de la luz. Me refiero a la persona que tiene un miedo irracional a las serpientes, no al resto de nosotros, a quienes tal vez nos desagraden y nos apartemos de su camino apenas las veamos, pero que no escapamos saltando por la ventana cuando nos enteramos de que, hace un año, una serpiente entró en la habitación. Me refiero a personas que entran en pánico apenas piensan en una serpiente, personas que tratan desesperadamente de eludir cualquier circunstancia en que pudieran hallarse frente a una serpiente, personas, en suma, que experimentan un miedo cerval a las serpientes.

Si usted se halla frente a tal persona y le pregunta lo que odia tanto quizás obtenga una respuesta que ponga de manifiesto sus grabaciones al respecto como, por ejemplo: «¡Son terribles! ¡Son criaturas infernales, viscosas, malvadas y sanguinarias! ¡Pueden morderme, envenenarme y hasta matarme! ¡Tienen ojos de diablo! ¡Son frías y astutas! ¡Se arrastran por tu boca y tus ojos! ¡Me hacen gritar, llorar, mojar los pantalones y aún peor! ¡Son criaturas espantosas, frías y pegajosas!».

Si, mientras esa persona está sentada, usted suelta frente a ella un montón de serpientes, no tendría tiempo para procesar todas estas palabras: «Me asustan. Son viscosas. Pueden morderme y matarme. Tienen ojos de diablo, etcétera», como bien sabe quien ha visto o experimentado este tipo de cosas en su propia vida.

En el mismo momento en que esa persona percibiese la realidad física de una serpiente, inmediatamente gritaría: «¡Una serpiente!» y perdería todo control racional. Entraría en pánico y querría salir de allí, saltando sobre la mesa o escapando por la ventana, sin pensar siquiera en su propia seguridad física. El hecho es que el término "serpiente" resume el conjunto de creencias que esa persona ha interiorizado sobre las serpientes. Así es como la palabra "serpiente" acaba convirtiéndose, para ella, en un símbolo que representa todo el conjunto de miedos que experimenta con respecto a las serpientes, y no tener que repetir así una larga lista de cinco o diez frases que expliquen por qué son malas las serpientes. Todo lo que necesita es registrar la palabra "serpiente", comprender al instante "mal asunto" y salir disparado por la ventana. Este símbolo o término sumario está tan sobreaprendido y discurre tan rápidamente, que el cuerpo y la mente de la persona entran de inmediato en la modalidad de "piloto automático". Tal vez, en su caso, suceda también algo parecido pero, en lugar de serpiente, su palabra clave sea la de "fracasado", "atrapado" o "inútil".

Cuando digo "sobreaprendido" me refiero a una reacción o pensamiento que ha acabado convirtiéndose en una suerte de atajo. Se trata de algo semejante a lo que ocurre cuando las personas que están encarceladas se reúnen a contar chistes e historias. Tienen tanto tiempo y repiten tantas y tantas veces los mismos temas que pueden llegar a establecer un atajo para cada chiste y resumir uno de diez minutos en un número cuyo significado todos ellos identifican claramente. Basta entonces con que alguien diga "cuarenta y uno" para que todos estallen en risas y que otro diga "veintinueve" para que vuelvan nuevamente a reír. Ellos saben muy bien lo que significa cada número, porque la repetición ha acabado condensando automáticamente toda la información en una sola palabra o número.

♠ ♠ ♠

Peggy era una buena amiga mía que estaba muy orgullosa de ser independiente y de haber puesto en funcionamiento un negocio muy exitoso. Acudió a mi consulta para que la ayudase a prepararse para su quinto matrimonio. Según me confesó, estaba muy enamorada de su futuro marido, pero también lo había estado de los cuatro anteriores y las cosas, sin embargo, no habían funcionado. Obviamente, tenía miedo a otra relación desastrosa y creía que tal vez pudiera darle algún consejo que la ayudara a afrontar más adecuadamente la situación.

Pero, en lugar de aconsejarla, le pedí que fuese enlenteciendo la velocidad de sus pensamientos y se relajase. Luego le dije que cerrara los ojos y se imaginase casada con su futuro marido y me contase todo lo que acudiera a su mente. Cuando Peggy escuchó su actividad mental interna, empezó a decir cosas tales como «Espero estar equivocada y que Harry no sea tan débil como mi padre y pueda soportarme. Harry me parece muy amable, pero me pregunto si será muy inteligente, porque su trabajo me parece un tanto deslucido. Estoy segura de que todo irá bien y de que haré las cosas que tengo que hacer».

Yo tomé nota de todas sus afirmaciones mientras iba diciéndolas y, cuando llegó el momento de revisar la sesión, le pedí que las leyera en voz alta. Entonces se dio cuenta de sus miedos, creencias y actitudes sobre Harry y se quedó muy sorprendida. Tal vez aquellas grabaciones y miedos se hallaran también presentes en sus anteriores relaciones o quizás no, pero en este caso, sí que lo estaban. Al decirse a sí misma que Harry era tan débil como su padre y que esperaba que no se decepcionase de ella y que debería haber sido fuerte, estaba impidiéndose ser vulnerable con un marido al que no podía respetar. No era improbable por tanto que, de seguir con aquellos mensajes en su cabeza, estuviera allanando el camino para otro divorcio. Y todo eso sucedía a tal velocidad que no tenía la menor idea consciente de que estaba preparándose otro fracaso. ¿Qué es lo que sucede en su caso? Usted también tiene pensamientos automáticos, aunque no giren en torno a las serpientes ni a los maridos; usted también tiene pensamientos y reacciones internas, tan rápidas y sobreaprendidas que no se da cuenta del modo en que influyen en su conducta y en la idea que tiene de sí mismo. Debe aprender a ralentizar esos pensamientos y a registrarlos por escrito muy cuidadosamente.

La siguiente pregunta es evidente: «¿Qué es lo que puedo hacer yo, si esos pensamientos ocurren tan rápidamente?». En este sentido, la experiencia de Peggy nos proporciona algunas respuestas porque, entre las increíbles habilidades que, como todo ser humano, usted también posee, se cuenta la de enlentecer la velocidad de su mente, es decir, la de ponerla "a cámara lenta" para que todo discurra más pausada y deliberadamente, poder así escuchar todo lo que piensa y tener tiempo para registrarlo por escrito. Y el modo de hacerlo consiste en permanecer muy quieto y tranquilo y responder por escrito a algunas preguntas sobre el modo en que piensa y organiza lo que cree de sí mismo con respecto a ciertas dimensiones y categorías concretas. De ese modo, usted empieza a poner en cuestión sus procesos internos y a proporcionarles una cierta realidad consciente. No olvide que, para poder modificar lo que ocurre en su mente, antes tendrá que identificarlo.

Cuando lleve a cabo este examen interno, enlentezca la velocidad de su pensamiento automático y lo registre por escrito para poder considerarlo con mayor objetividad, se sorprenderá del modo en que ha determinado la forma en que actualmente se siente y actúa. Esta revisión le permitirá ver con más claridad la idea que tiene de sí mismo y descubrir finalmente que esa idea tiene muy poco que ver con su yo verdadero y constituye el fundamento de la vida que ha estado viviendo pasiva y reactivamente hasta ahora.

La observación detallada y a plena luz de estos eventos internos le permitirá ver, valorar y cuestionar lo que hasta este momento había estado boicoteando insidiosamente desde dentro su existencia. Si quiere descubrir el camino de regreso a su yo verdadero, antes deberá cobrar conciencia de estas percepciones internas, es decir, deberá darse cuenta del modo en que sus procesos internos han acabado configurando su falso yo. Sólo entonces podrá corregir lo que está determinando negativamente la idea que tiene de sí mismo. Cuando se enciende el indicador del aceite del salpicadero de su automóvil, el problema no tiene que ver con el indicador, sino con el motor. Si usted vive una vida ficticia que no diseñó ni tampoco quiso, el problema no está en los acontecimientos externos que le han ocurrido, sino en sus reacciones internas.

Usted siempre tendrá problemas debidos a los factores externos que inciden en su vida. Un día se fundirán los plomos, otro esperará inútilmente la llegada del fontanero y hasta es posible que nunca consiga ese ascenso que tanto desea. Cuando contempla objetivamente todos esos problemas quizás advierta que no son tan importantes, pero si sus reacciones internas a esos eventos adversos son lo suficientemente tóxicas, tenga por seguro que pueden acabar con su salud. Le digo todo esto para asegurarme de que se lo toma muy, pero que muy en serio. Quizás no pueda cambiar los acontecimientos externos de su mundo, pero lo que sí puede cambiar es el modo en que los interioriza y reacciona a ellos. Ésta es una tarea que realmente merece la pena. Pasemos ahora a examinar e identificar los objetivos que debe cambiar.

7. EL *LOCUS* DE CONTROL

El mejor lugar para encontrar una mano amiga
se encuentra al final de su brazo.
PROVERBIO SUECO

Para que este capítulo tenga algún sentido deberá responder antes a las dos pruebas que presento en los Apéndices A y B. Verá que este capítulo es muy práctico pero, para sacarle el adecuado provecho, antes deberá conocer los resultados de esos dos tests. Tenga en cuenta que lo que veremos a continuación se centra concretamente en lo que usted hace. Tómese, pues, el tiempo necesario para responder lo más sinceramente que pueda a todas las preguntas. Cuando los haya concluido vuelva de nuevo a este punto.

Ahora que ha llevado a cabo los dos tests, está en condiciones de seguir adelante. En una de mis "vidas pasadas", una vida que tuvo lugar antes de que restableciera el contacto con mis sentidos y consiguiese salir a flote de mis problemas, trabajé en una clínica que se dedicaba al tratamiento del dolor físico crónico y debilitador. En cierta ocasión acudieron al programa dos personas que presentaban perfiles asombrosamente similares. Ambos habían nacido en el mismo pueblo, eran con-

214

ductores de camión, estaban casados, tenían la misma edad y el mismo diagnóstico, una protuberancia discal en la parte inferior de la espalda que irradiaba un intenso dolor en la pierna izquierda. Pero, al margen de todas estas similitudes, su actitud era completamente diferente y también lo fue, en consecuencia, el resultado conseguido.

En su primera cita, Steve me describió los ataques de dolor agudo y la profunda depresión reactiva en que habían acabado sumiéndole. A pesar de ello, sin embargo se mostró muy interesado en participar activamente en el tratamiento y me pidió que le proporcionara algún material de lectura, como libros, artículos y cualquier cosa que pudiera ayudarle, en suma, a entender cómo y por qué sufría aquel problema crónico que tanto le incapacitaba. Según me dijo, había seguido sin éxito un tratamiento médico convencional y creía que «debía haber algo que pudiera hacer para ayudarse a sí mismo». Después de responder detenidamente a varias preguntas suyas inusualmente profundas, la cita concluyó y Steve se marchó a su casa, cargado con toda la información que me había solicitado.

A los diez días de terapia, Steve me dijo que había llegado a un par de conclusiones, que su dolor se derivaba de un desequilibrio muscular crónico que debía originarse en el desajuste y la tensión emocional, fruto, en su opinión, del exceso de trabajo acumulado año tras año y de su reciente frustración por el dolor que tanto le molestaba. También me dijo que sospechaba que su escarceo con la depresión probablemente se derivase de una historia familiar tachonada de frecuentes ataques de depresión y ansiedad.

Según me dijo, creía estar en condiciones de romper el ciclo del dolor e invertir la situación mejorando el equilibrio conductual y emocional de su vida, y aliviando también, en consecuencia, su tensión muscular. Fiel a esta predicción, volvió de nuevo a las pocas semanas para decirme que había conseguido reducir su dolor a un nivel bastante más moderado, al que describió como manejable. Un año más tarde, en una visita de seguimiento, Steve me contó, optimista y relajado, que su dolor había mejorado mucho y que sólo sufría una leve molestia.

Aunque Don padecía del mismo problema, su caso discurrió por cauces completamente diferentes. Durante su primera visita a la clínica, Don se encargó de dejar bien claro que no nos había venido a visitar voluntariamente, sino que lo había hecho acuciado por la insistencia de su esposa que, según sus palabras, «le había insistido machaconamente» hasta que finalmente accedió. Por ello estaba ahí. Durante el resto de la visita, sólo abrió la boca para decirnos: «Me duele mucho. Lo único que quiero es que alguien me quite este dolor. Todos los médicos que me han visto hasta el momento son unos incompetentes. Merezco un mejor tratamiento», pero lo que realmente me llamó la atención fue su comentario de despedida mientras se dirigía hacia la puerta «¿Por qué tengo tan mala suerte? Todo me sale mal –comentó, sacudiendo la cabeza–. ¡Primero se me echa a perder la espalda y luego sólo encuentro doctores de pacotilla! ¡Ésta es –agregó, a modo de colofón– la historia de mi vida!».

El pronóstico que, tras aquella visita, elaboraron varios de los miembros del personal fue que, después de completar el programa de rehabilitación, Don probablemente no habría experimentado «ninguna mejoría». Y lamento decir que estaban en lo cierto porque, en ninguna de las fases del programa, hizo el menor esfuerzo por entender y, mucho menos, por asumir la responsabilidad de la situación por la que estaba atravesando. Más que intentar resolver el problema, parecía estar ahondando en él. Según dijo, no podía realizar ningún esfuerzo, ni dentro ni fuera de casa. No creía que hubiera nada que pudiera aliviar su dolor y, de hecho, en su opinión, el tratamiento sólo consiguió empeorarlo.

Don no tardó en concluir que estábamos perdiendo el tiempo. Según nos dijo, era evidente que todo se resumía a haber recibido "un palo" de la vida. Finalmente, lo que Don consiguió del tratamiento fue precisamente lo mismo que estaba buscando, es decir, nada.

Los casos de Steve y de Don ilustran claramente dos maneras muy diferentes de abordar el tema de la salud que abocan, en consecuencia, a dos resultados muy diferentes.

Es muy probable que la pregunta que más se formulen los seres humanos sea «¿Por qué?»: «¿Por qué ha sucedido esto?» «¿Por qué no ha sucedido tal otra cosa?» «¿Por qué ha sucedido ahora?» «¿Por qué me ha sucedido a mí, en lugar de sucederle a otra persona?» «¿Por qué el accidente tuvo que ocurrirme a mí y no al coche que iba atrás?» «¿Por qué no consigo el ascenso que tanto deseo?» «¿Por qué esto?» «¿Por qué lo otro?» «¿Por qué lo de más allá?».

A estas alturas, debería tener ya muy claro que los "factores internos" merecen toda su atención. Uno de los objetivos fundamentales de este libro consiste en ayudarle a cobrar conciencia de sus factores internos y a tomar buena nota del modo en que interpreta y responde internamente a sus experiencias. Y para ello deberá comenzar dándose cuenta del equipo mental concreto con el que se enfrenta a los porqués que se presentan en su vida. Piense que, cada vez que extiende la mano para coger un lápiz, su destreza o zurdera le predisponen a hacerlo con una determinada mano, algo que ha repetido miles de veces desde que era niño. De la misma manera, cada vez que se enfrenta a uno de los muchos porqués de su vida, lo hace con un estilo, actitud o predisposición que le lleva a responder siempre del mismo modo, una pauta de respuesta característica a la que se denomina *locus* de control.

"*Locus*" significa "ubicación" o "lugar". Por ello, el término *locus* de control se refiere al lugar al que tiende a atribuir la causa de los acontecimientos que ocurren en su vida o, dicho de otro modo, el lugar en donde percibe que se halla el control.

Instante tras instante y día tras día, su *locus* de control identifica y describe la persona o situación a los que usted atribuye la responsabilidad de todo lo que le ocurre. De un modo u otro, el *locus* de control explica cómo y dónde atribuye la culpa de sus dificultades y el mérito de sus logros. De hecho, su *locus* de control no sólo le dice cuáles cree que son las causas de sus problemas y de sus logros, sino que también establece dónde suele buscar esas causas.

Todo el mundo, sin excepción alguna, lleva consigo este "equipo perceptual", es decir, este modo de interpretar y asignar la causa de lo que sucede en su vida. Poco importa, en este sentido, que uno sea o no consciente de ello porque, en cualquiera de los casos, no deja por ello de estar ahí, en lo más profundo, en el lecho mismo de la idea que tenemos de nosotros mismos. Es por esto por lo que comenzamos nuestra revisión con este factor interno. Tenga en cuenta que sus creencias sobre la situación o la persona a las que atribuye el control de su vida determinan muy profundamente el diálogo que mantiene consigo mismo y con el mundo. Se trata, pues, de un factor que influye de manera muy poderosa y duradera en el modo en que interpreta y reacciona a los eventos y oportunidades que le depara la vida, lo que implica que usted está respondiendo a ciertas preguntas sencillas, pero esenciales, de un modo ciertamente previsible.

¿Hacia dónde apunta, pues, su *locus* de control cuando le formulo preguntas como las siguientes?: ¿Qué o quién controla su vida? ¿Quién es el responsable de los resultados en su vida? ¿Hacia quién o hacia qué se dirige en busca de respuestas cuando se ve obligado a afrontar un determinado reto? ¿De quién es la culpa cuando van mal y de quién el mérito cuando van bien?

Tal vez, para ilustrar este punto, podamos servirnos de un ejemplo procedente del mundo de los negocios. Si alguna vez se ha encontrado en una situación en la que tenía que convencer a alguien, sabrá bien lo importante que es hablar con la persona que toma las decisiones, es decir, la persona en la que recae la responsabilidad de responder "sí" o "no". Es evidente por ejemplo que, si yo quisiera llevar a cabo una operación comercial con una empresa llamada Usted S.A., necesitaría hablar con la persona encargada de esa operación. ¿Quién es la persona que toma las decisiones, es decir, la persona que se ocupará de la puesta en marcha de esa operación? ¿Quién asumirá la responsabilidad de llevarla a cabo? ¿Dónde está ubicada esa persona?

Si, como única respuesta a todas estas preguntas, usted dijese: «Me importa un bledo. Lo único que sé es que el responsable no soy yo», estaría desperdiciando mi tiempo. Si yo creyese que usted no es más que una persona que está simplemente de paso por ahí, alguien que no tiene el menor control sobre lo que sucede, cuándo sucede o durante cuánto tiempo sucede, no me tomaría siquiera la molestia de dirigirle la palabra mientras que si, por el contrario, usted me dijese que es la persona que está a cargo de Usted S.A., el maquinista que dirige el tren, por así decirlo, concentraría en usted todos mis esfuerzos.

En breve estará en condiciones de descubrir el papel que usted desempeña en el organigrama de su yo. Identificar la forma en que suele responder a las preguntas más fundamentales de su vida representa un paso muy importante hacia delante en el camino que conduce a restablecer el contacto con su yo verdadero. No olvide esto y permita que este capítulo le ayude a identificar y comprender su particular *locus* de control.

Para comenzar debe saber que, hablando en términos generales, el *locus* de control puede ser interno o externo. A partir de ahora, pues, vamos a referirnos a estos dos diferentes estilos utilizando el término interiorizadores para aquellas personas cuyo *locus* de control es interno y el término exteriorizadores para aquellos otros cuyo *locus* de control es externo.

LOS INTERIORIZADORES

Los interiorizadores operan basándose en una idea de sí mismo que dice algo así como: «yo soy el culpable de todo lo malo y el causante de todo lo bueno» o, dicho en otras palabras, el artífice de todo lo bueno y de todo lo malo que sucede en mi vida. Es por esto por lo que, para entender lo que le ocurre en su vida, este tipo de persona apela a sus acciones, sus omisiones, sus rasgos y sus características, y casi siempre explica los eventos de su vida como la consecuencia de algo que hizo o dejó de hacer y concluye, en consecuencia, que, por activa o por pasiva, el acontecimiento se debió a él.

Cuando el interiorizador tiene problemas con un examen de la universidad, por ejemplo, dice: «No soy una persona inteligente. No tengo la suficiente capacidad intelectual» o, tal vez: «Suspendí ese examen porque no estudié lo suficiente» pero, en ambos casos, su explicación gira, de un modo u otro, en torno a él, es decir, a aspectos que se encuentran bajo su control. En el caso contrario de que aprobara el examen, el interiorizador explicaría su éxito diciendo: «Soy inteligente» o: «He trabajado duro y me he preparado adecuadamente», aspectos que, obviamente, también se hallan bajo su control.

LOS EXTERIORIZADORES

Los exteriorizadores no asumen la autoría de lo que les sucede, tanto si es bueno como si es malo. Desde su punto de vista, lo que le ocurre se halla bajo el control de alguien o algo ajeno que, según los casos, puede ser el gobierno, su madre, etcétera, pero nunca se trata de él.

En cierta ocasión leí un estudio que valoraba el grado de estrés de diversas ocupaciones en una escala que iba de "muy estresante" a "nada estresante" y, de todos los trabajos investigados, el más estresante resultaba ser el de conductor de autobús. ¿Por qué? Porque no hay nada tan estresante como ser responsable de los eventos pero, no obstante, carecer de control sobre ellos. Tenga en cuenta que los conductores de autobús se ven obligados a atenerse a un horario muy estricto en medio de situaciones que, la mayor parte de las veces, escapan completamente de su control. No pueden controlar el tráfico, no pueden controlar a sus pasajeros y, obviamente, tampoco se halla en sus manos la construcción de la carretera por la que circulan. En cierto modo, podríamos decir que los exteriorizadores son los conductores de autobús de esta ruta a la que llamamos vida y, en este sentido, suelen ser personas tensas y ansiosas, y convencidas de que casi todo se halla fuera de su control.

Por ejemplo, ¿a quién atribuye la culpa el exteriorizador de haber suspendido el mismo examen que el interiorizador del que hablábamos en la sección anterior? Quizás a los profesores, a los amigotes con los que se fue de juerga la noche anterior, a la dificultad del examen o, simplemente, a una injusticia, pero ni por un momento se le ocurre pensar en que el fracaso pueda deberse a no haber estudiado, no estar preparado o no haberse concentrado lo suficiente.

En el caso contrario de que el exteriorizador aprobara el examen, su explicación suele ser la de que «era muy sencillo» o «el examinador ha sido muy generoso». Y es que la respuesta habitual del exteriorizador, su "equipo perceptual", por así decirlo, no le permite atribuirse el mérito de haber logrado un éxito. La historia de su vida es, para él, la historia de fuerzas y personas ajenas y, en consecuencia, el diálogo interno que sostiene consigo mismo le lleva a asumir el papel de víctima. Pase lo que pase, pues, para bien o para mal, la responsabilidad nunca es suya.

LOS QUE EXPLICAN SU VIDA EN FUNCIÓN DEL AZAR

A pesar de todas sus diferencias, los interiorizadores y los exteriorizadores coinciden en identificar a algo o a alguien como los responsables de sus vidas. Independientemente de que sea "siempre yo" o "nunca yo", ambos comparten la creencia de que todo lo que ocurre se debe a una razón o una causa directa.

Pero existe una tercera categoría de personas de la que todavía no hemos hablado y a los que podríamos denominar como personas que atribuyen al azar los acontecimientos que suceden en su vida. Según esta última modalidad de equipamiento perceptual, todo se debe al destino, a un accidente o simplemente al azar. Para estas personas, la expresión "sucedió" no es una etiqueta sino un credo, una auténtica filosofía de la vida. Son personas que no tienen la menor idea de los motivos que explican por qué las cosas suceden como suceden y, en consecuencia, no creen que ellos ni nadie tenga el menor control sobre los resultados de su vida. Para ellos, pues, los accidentes y los golpes de buena fortuna se deben simplemente al azar.

El caso del jugador de las máquinas tragaperras de Las Vegas nos proporciona un buen ejemplo de esta tercera categoría porque, aparte de meter la moneda y tirar de la palanca, carece de todo control sobre los resultados, que dependen completamente del azar.

Las personas que logran una elevada puntuación en este rasgo tal vez crean en Dios, pero no lo consideran el artífice de lo que sucede cotidianamente, ni tampoco creen formar parte de un plan mayor y lleno de sentido. Para ellos, las cosas simplemente suceden, y no hay nada que nosotros podamos hacer por cambiarlas. Desde esta perspectiva, por ejemplo, la muerte es un evento azaroso completamente desconocido que seguirá su trayectoria independientemente del lugar en que vivamos, de lo inteligente que sea nuestro médico, de lo mucho que nos cuidemos y de los cientos de otros factores que muy posiblemente incidan en nuestra salud. Desde su punto de vista, las cartas están ya echadas y, cuando llega el momento de la muerte, no hay nada que podamos hacer. Eso, simplemente, es algo que sucede.

Consideremos ahora más detenidamente el tema de la salud física, puesto que nos abre las puertas a un modo útil de aumentar nuestra comprensión de la importancia del *locus* de control. La cuestión, dicho en pocas palabras, es la siguiente ¿A qué atribuye usted el estado de su salud, al esfuerzo (ejercicio, dieta sana, etcétera), al cuidado médico o al azar?

Es muy probable que el interiorizador se atribuya la responsabilidad de su enfermedad. Por ejemplo, algunos pacientes con problemas cardíacos consideran que su enfermedad se debió a haber descuidado el peso, a no hacer ejercicio, al exceso de estrés o al tabaco. Pero, por el mismo motivo, también suelen asumir la responsabilidad de su curación y participan activamente en el proceso de recuperación. Así pues, los interiorizadores suelen asumir la responsabilidad de su curación, son fieles a la medicación y acometen los cambios necesarios en su estilo de vida.

Los exteriorizadores, por su parte, pueden yacer tumbados en la cama del hospital, culpando de sus problemas cardíacos a cualquier conjunto de factores externos que no tenga nada que ver con los dos paquetes de cigarrillos que se fuman diariamente ni con las dos hamburguesas gigantes con queso que suelen cenar desde hace diez años. También pueden culpar a sus padres («tengo unos genes muy malos») o a Dios, y no es de extrañar oírles decir que el problema se debe a la "maldición" de un enemigo, ya sea el medio ambiente o la investigación secreta de alguna organización gubernamental. Y, como es de suponer, tampoco se consideran responsables de su recuperación porque desde su perspectiva, después de todo, tal cosa compete a los médicos, las enfermeras y los terapeutas, y no tiene nada que ver con ellos.

Este último tipo de personas, obviamente, son las más difíciles de ayudar. Son personas que no asumen la responsabilidad personal de su recuperación, personas que no confían en la eficacia del tratamiento médico y que, por tanto, no ven razón alguna para establecer objetivos ni tratar de mejorar. Careciendo, por tanto, de razones para llevar a cabo el menor esfuerzo, tienen poca o ninguna motivación. Para ellos, el comienzo de la enfermedad es el fruto de un simple accidente, la carta que, por así decirlo, les acaba de tocar en el juego de la vida. Desde su punto de vista, la responsabilidad no es de nada ni de nadie, porque todo se debe a una combinación accidental de eventos, a una cuestión de mala suerte, a estar en el momento equivocado y en el lugar equivocado.

Consideremos de nuevo el caso de Steve y Don, los dos pacientes que mencionamos al comienzo de este mismo capítulo. Para empezar, debemos decir que la calidad de vida de Steve es hoy en día mucho mejor que la de Don. Pero no nos interesa tanto demostrar quién estaba en lo cierto como poner de relieve el modo en que el *locus* de control puede crear y, de hecho, crea, los resultados de su vida. El hecho de que Don dispusiera de un equipamiento mental que atribuyese sus problemas a la mala suerte o a una mala racha, le llevó a ignorar los poderosos recursos de que disponía. De un modo u otro, su "radar" consideraba tan irrelevantes aquellos recursos y oportunidades que ni siquiera los percibía. Él consideraba simplemente a su dolor de espalda como una maldición y, por tanto, consideraba que nada ni nadie podía hacer algo al respecto. La idea que tenía de sí mismo, que se hallaba sometida a un equipamiento mental que giraba en torno al azar, consideraba –y estoy seguro de que todavía sigue considerando– que los eventos claves de vida, en este caso su salud, le condenaban a una vida llena de dolor.

Pero por más importante que sea la salud, no crea, sin embargo, que todo se limita a ella. Es cierto que la adecuada comprensión y corrección del *locus* de control tiene implicaciones muy profundas en su bienestar físico, pero también afecta a todos los dominios de su vida e influye directamente en el contenido y la calidad de cualquier instante de su vida.

El lugar en el que ubiquemos la causa de los eventos que nos suceden afecta a todas las cosas importantes, como nuestra carrera, nuestra competencia como padres, nuestro matrimonio y, obviamente, también nuestra salud. Es por esto por lo que, si atribuye continua y repetidamente a causas equivocadas el origen de los eventos que ocurran en esas dimensiones de su vida, no tenga la menor duda de que está viviendo desde un yo falso y, muy probablemente, también esté "asignando equivocadamente" las cosas menos importantes. Por ejemplo, hace unos días, Jordan, mi hijo menor, irrumpió en casa con el aspecto de haber conquistado el mundo. Yo sabía que aquellos días tenía un examen muy importante, de modo que supuse que lo habría aprobado y le pregunté:

–¿Cómo ha ido el examen? ¿Has aprobado o suspendido?

–¡He aprobado, papá! –respondió orgulloso–. ¡Pero era muuuy fácil!

Ése me pareció un claro "momento especial" para ayudar a Jordan a sanar su idea del yo. (Estoy seguro de que Dios tendrá un lugar especial en su corazón para los hijos de los psicólogos.)

–Pero –apostillé entonces– tú has estudiado mucho y te sabías las respuestas. El examen era fácil porque lo habías estudiado, ¿no es así? En lugar, pues, de decir que el examen era fácil, podrías tener también en cuenta que hiciste el esfuerzo de estudiar, ¿no te parece? Si no recuerdo mal, incluso dejaste de ver *Los Simpson* para poder estudiar, ¿no es así?

Después de mirarme como si me hubiera salido un ojo de más y probablemente de pensar "¡Caray, papá! ¡Déjame tranquilo!", me miró con expresión despierta, asintió con la cabeza y dijo: «Sí, tienes razón. A fin de cuentas estuve trabajando dos noches seguidas».

Mi hijo había decidido que el examen había sido fácil. ¿Pero no son acaso siempre fáciles los exámenes, cuando uno los prepara adecuadamente? Fácil o difícil, el examen es el mismo, el único que lo convierte en fácil o difícil es uno mismo. El exteriorizador atribuye su resultado a la facilidad o dificultad del examen, mientras que el interiorizador lo atribuye al hecho de haber estudiado y de saberse las respuestas (o, en términos más generales, a su inteligencia) y, por último, la persona perteneciente a la tercera categoría que ubica su *locus* de control en el azar, concluye que ha sido el fruto de la "buena suerte" o de la "mala suerte".

¿A qué categoría perceptual pertenece usted? ¿A qué atribuye la responsabilidad de su rendimiento en la vida? ¿Toma sus decisiones basándose en su responsabilidad o en la responsabilidad de alguna otra persona? ¿Está acaso esperando que alguien a quien ha atribuido el control de su vida sea lo suficientemente inteligente como para hacerlo bien?

Ha llegado el momento de contrastar todo lo dicho con la realidad. Puesto que yo tiendo a subrayar que usted es el responsable del modo en que funciona su vida, probablemente crea que considero que quienes pertenecen a la categoría del interiorizador sean quienes más éxito tienen en el camino que conduce a la autenticidad. Es cierto que, en muchas ocasiones, afirmo que uno crea su propia experiencia y que también creo firmemente que la mayor parte de nuestra vida está controlada internamente. Pero también confío en que, al leer este capítulo, habrá advertido también las deficiencias implícitas en cada una de estas tres modalidades de *locus* de control. Ni el exteriorizador, ni el interiorizador, ni la persona que atribuye al azar los acontecimientos de su vida pueden afirmar tener el punto de vista perfecto, porque cada una de esas perspectivas posee sus propias deficiencias

Una mujer, por ejemplo, no es culpable de que su marido la abandone a ella y a sus tres hijos para irse, sin previo aviso, con algún bomboncito de la oficina. La conducta invertebrada, inmadura y cruel de su marido no se halla bajo su control ni bajo su responsabilidad. Si, al cabo de un año, esa mujer todavía sigue pensando que «ha sido por mi culpa», es que algo anda mal en su equipamiento perceptual y está interiorizando inadecuadamente los acontecimientos al asumir la autoría de una conducta que no es suya. Me parece muy bien que el yo verdadero quiera asumir naturalmente el control de su vida y de sus reacciones a todo lo que ocurre, pero también me parece que hay que ser lo suficientemente realista como para diferenciar claramente lo que uno puede controlar de lo que en modo alguno se halla bajo su control.

Supongamos que usted está disfrutando de un partido de béisbol cuando, a tres mil kilómetros de distancia, su anciano padre muere de un repentino ataque cardíaco. Usted estaría cometiendo un error si interiorizara el hecho pensando: «Ojalá hubiera estado allí. Tal vez, en ese caso, papá todavía estaría vivo. Soy, pues, el culpable de la muerte de mi padre». Bastaría, en tal caso, con unos pocos segundos de reflexión lógica para advertir que la muerte de su padre no se hallaba bajo su control, pero son muchas las personas a las que oigo decir continuamente este tipo de cosas. Éste es, para mí, un ejemplo de comportamiento negativo interiorizado. Hay quienes se culpan de los accidentes que han sufrido sus hijos en el patio de recreo y, en los casos extremos, las personas inestables que solemos etiquetar como psicóticos pueden llegar a considerarse incluso responsables de las guerras y de todos los desastres del mundo. Es fácil advertir la falacia de este pensamiento extremo en el que, con cierta frecuencia –aunque con una intensidad más moderada–, todos solemos incurrir.

La tendencia de la gente a caer en este tipo de atribución interna negativa es una debilidad de la que a veces, sacan provecho los abogados. ¿Cuántas veces ha oído usted decir a algún abogado que usted, yo y toda la sociedad somos los responsables de que su defendido haya acabado convirtiéndose en un asesino como si, al culpar a la sociedad, exculpasen a sus defendidos? Éste es también el tipo de treta al que suelen apelar los adolescentes cuando tratan de que sus padres se sientan culpables de no tener un coche tan grande y bueno como el de los padres de sus amigos. «¡Papá y mamá, vosotros sois los culpables!»

¡Tonterías! Tenga en cuenta que, si hace caso a este tipo de cosas, es decir, si decide interiorizar eventos y conductas que no se hallan bajo su control, estará allanando el camino para caer en la depresión y el sufrimiento innecesario. ¿No le parece además, si lo piensa bien, que este tipo de actitud es muy egoísta y arrogante? Es como si afirmase que el sol no puede salir sin su permiso y que el movimiento de los planetas en sus órbitas se hallase también bajo su control. Seamos sensatos. Hay cosas que uno puede controlar y cosas que se encuentran fuera de su control. No reclame, pues, la autoría de estas últimas porque, en el caso de hacerlo, colocará a la idea que tiene de sí mismo en el punto de mira de la crítica indebida y, en consecuencia, correrá el riesgo de recibir una posterior reprimenda del departamento de confianza en sí mismo. Sea realista, bastantes cosas hay ya de las que usted es clara e innegablemente responsable como para tener la necesidad de asumir también la autoría de aquellas otras que se encuentran fuera de su control.

¿Y qué podemos decir de los exteriorizadores? ¿Acaso su *locus* de control puede crearles problemas? Obviamente sí. Tenga en cuenta que la atribución externa negativa puede ser sumamente destructiva. El exteriorizador manirroto que se hallara al borde de la bancarrota, por ejemplo, podría decir: «Dios quiere que me quede sin dinero. Es la voluntad de Dios». Imagine las consecuencias que podrían derivarse de este tipo de pensamiento. Si usted es un exteriorizador y muere uno de sus padres tal vez llegue a percibir que se debe a una fuerza externa, en cuyo caso, probablemente se irrite con esa fuerza externa y se enfade con su injusticia, en cuyo caso bien podría decir: «¿Por qué me desprecia Dios? Me ha castigado de la peor de las maneras. ¿Qué pecado cometí para merecer este sufrimiento?». Es como si la culpa inapropiada nunca se dirigiese al núcleo del problema. Si usted diagnostica equivocadamente una determinada situación, la tratará inadecuadamente y no estará en condiciones de hacer lo que realmente tiene que hacer. Una vez más, el asunto consiste en ser racional y auténtico con respecto a lo que le dice su verdadero yo. El yo verdadero se basa en el conocimiento exacto de quién es usted y de lo que es capaz de controlar, mientras que, en cambio, el yo falso se asienta en la culpabilidad, en la manipulación y en expectativas que le desorientarán. El paso más importante que puede dar consiste en empezar a escuchar lo que se dice a sí mismo y poner en cuestión las lentes a través de las cuales contempla el mundo. Recuerde que, para que sus pensamientos sean auténticos, debe tratar exclusivamente con hechos. Una visión distorsionada del yo con un *locus* de control inapropiadamente externo resulta, en este sentido, muy peligroso.

Una elevada puntuación en la escala del "azar" también mutila la idea que tiene de sí mismo y le predispone a incurrir en problemas fácilmente evidentes. Si su visión tiende a ser la de que «Lo que yo haga no importa», probablemente pierda el tiempo manteniéndose al margen de las cosas. Tampoco es de extrañar, por tanto, que este tipo de personas acusen a los demás de indolentes y poco comprometidos con la vida. Son personas que desaprovechan las ocasiones para conectar más profundamente con su yo verdadero y hacer algo importante con su vida.

Sea cual fuere la argumentación con la que trate de explicarse la adopción de un *locus* de control externo o interno, no hay ninguna que justifique la asunción de la tercera modalidad. Y esto es así porque, en realidad, en la vida no hay accidentes. Vivir como si uno no tuviera capacidad de decisión es vivir sobre una falsa premisa y sólo un yo falso puede tratar de "vendernos" esta lógica que nos lleva a ignorar las oportunidades de cambio que se nos presenten. Si desaprovechamos la ocasión de convertirnos en la persona que realmente somos nos condenaremos a vivir en un estado de caos continuo. Una vida abandonada en manos del azar jamás puede ser una vida auténtica.

LA IDENTIFICACIÓN DEL *LOCUS* DE CONTROL

Confío en que, a estas alturas, se encuentre ya cómodo con el concepto de *locus* de control y que probablemente sospeche incluso cuál es el suyo. Pero tratemos ahora de asegurarnos volviendo a los cuestionarios que ya ha completado y analicemos más detenidamente sus respuestas.

Comenzaremos echando un vistazo a los resultados del Apéndice A, el cuestionario relativo a la salud y que le ayudará a determinar a quién o a qué atribuye la responsabilidad de su salud. Sus respuestas a las preguntas de cada sección dieron origen a una puntuación que debe moverse en el margen de entre 5 y 40. Para cada una de las diferentes secciones del test –*locus* de control interno, *locus* de control externo y *locus* de control debido al azar– su puntuación cae dentro de una de las tres siguientes categorías (baja, media y alta), según la siguiente tabla:

✍ ✍ ✍

Puntuaciones

Sección I: Locus interno de control

entre 5 y 12 Muy baja atribución de su salud a responsabilidades internas

entre 13 y 20 Baja atribución de su salud a responsabilidades internas

entre 21 y 32 Atribución normal de su salud a responsabilidades internas

entre 33 y 40 Alta atribución de su salud a responsabilidades internas

Sección II: *Locus* externo de control

entre 5 y 10 Muy baja atribución de su salud a fuentes externas

entre 11 y 15 Baja atribución de su salud a fuentes externas

entre 16 y 21 Atribución normal de su salud a fuentes externas

entre 22 y 40 Alta atribución de su salud a fuentes externas

Sección III: *Locus* aleatorio de control

entre 5 y 9 Muy baja atribución de su salud al azar

entre 10 y 17 Baja atribución de su salud al azar

entre 18 y 25 Atribución normal de su salud al azar

entre 26 y 40 Alta atribución de su salud al azar

A continuación analizaremos el significado concreto de sus puntuaciones. No se sorprenda, a la luz de lo que acabamos de decir con respecto al enfoque "azaroso", que una elevada puntuación en esta categoría sea el mejor predictor de una pobre salud en el futuro y del fracaso de la rehabilitación. Así pues, si su puntuación en este estilo perceptual se mueve en el nivel superior (de 26 a 40), es muy probable que no confíe en sí mismo ni en nadie para custodiar su salud y es muy probable que crea que se encuentra inerme y a merced de cualquier germen o trauma del universo. Si éste es su perfil, probablemente asuma una actitud muy pasiva en lo que respecta a la gestión de su propia salud (recuerde, en este sentido, el caso de Don).

Si tiene poca o ninguna confianza en sí mismo y en los demás, probablemente tampoco confíe en ningún recurso relacionado con la salud y no tenga, en consecuencia, el menor interés en cambiar de dieta o en dejar de fumar. Advierta que la dinámica implicada en el "azar" no tiene tanto que ver con la "autodisciplina" como con la impotencia que le lleva a no ver sentido alguno en la disciplina y, en consecuencia, a no tener motivación de cambio alguna.

¿Cuáles son las implicaciones para la salud de la actitud exteriorizadora? Una puntuación alta (entre 22 y 40) en la escala externa implica una elevada confianza en el poder de los demás y en el poder de las cosas para modificar su estado de salud. Es por esto por lo que, como sucede con el caso del *locus* "azaroso" de control, si usted fuera un exteriorizador tendería a ser mucho más pasivo en el cuidado de su salud. Pero, en este caso, en lugar de confiar sencillamente en la "suerte", confía en que los médicos u otras personas "corrijan" los problemas de salud con que pueda tropezar y tampoco asume al respecto un comportamiento responsable que le lleve a evitarlos. El viejo dicho popular de que «más vale una onza de prevención que una libra de cura» expresa con mucha claridad la maldición a que se halla sometida la existencia del exteriorizador porque, en el mismo momento en que entrega a alguien su poder, se hallará a merced de fuerzas ajenas a su control. Supongamos, por ejemplo, que dos o más de sus médicos mantienen opiniones contrapuestas, una confusión que muy probablemente le asuste y le lleve a ignorar lo que debe hacer. Nunca es buena idea dejar que el juicio de los demás sustituya al nuestro, algo que vuelve muy vulnerables a los exteriorizadores.

Si usted ha conseguido una elevada puntuación en el *locus* externo o aleatorio de control de la salud, tal vez le convenga considerar los principales causantes de muerte de nuestro país: la enfermedad cardíaca, el cáncer, la diabetes, el homicidio, el suicidio y los accidentes de automóvil. ¿Cuáles son las decisiones relativas al estilo de vida que afectan a esos resultados? Los principales determinantes de una enfermedad cardíaca son la dieta pobre, la falta de ejercicio, el estrés elevado y el tabaco. La investigación realizada al respecto ha puesto de relieve la importancia del estrés, el tabaco y las cuestiones relacionadas con la dieta en la prevención del cáncer. La diabetes, por su parte, depende de factores genéticos, pero también se ve determinada por cuestiones ligadas, una vez más, a la dieta, el ejercicio y el estrés. El estrés también tiene mucho que ver con el homicidio y el suicidio. Y, por último, los factores más determinantes de los accidentes de automóvil son la velocidad, la ingestión de alcohol, la falta de previsión y no utilizar los cinturones de seguridad.

Pregúntese ahora, después de haber considerado todos estos factores, ¿Quién controla todas estas cosas? ¿Es usted quien toma estas decisiones o deja que otra persona las tome por usted? No olvide que sus acciones y omisiones determinan las principales cuestiones relacionadas con la salud. Le guste o le desagrade, muchas de las causas y de los efectos están en su mano. Es cierto que los profesionales de la salud que le tratan pueden tener un gran conocimiento sobre su enfermedad, pero no lo tienen sobre usted. A la larga, usted tiene más poder sobre su cuerpo y su mente que cualquier otra persona... y, obviamente, también mucha más responsabilidad. Es por esto por lo que una elevada puntuación en el *locus* de control interno resulta, en este sentido, muy interesante.

Ahora ya sabe algo con respecto a su *locus* de control en el ámbito del bienestar físico. Revisemos ahora las puntuaciones obtenidas en el cuestionario presentado en el Apéndice B en el que, igual que ocurría en el cuestionario relativo a la salud, sus respuestas han dado lugar a una puntuación que debe encontrarse en el arco que va de 5 a 40. Para cada una de las secciones del test –*locus* de control interno, *locus* de control externo y *locus* de control debido al azar– sus puntuaciones caerán en una de las tres categorías siguientes, baja, media o alta. Considere la siguiente tabla de puntuaciones para determinar el significado concreto de las suyas.

Sección I: Locus interno de control

entre 5 y 20   Muy baja atribución del yo verdadero a fuentes internas

entre 21 y 32   Atribución normal del yo verdadero a fuentes internas

entre 33 y 40   Alta atribución del yo verdadero a fuentes internas

Sección II: Locus externo de control

entre 5 y 15   Muy baja atribución del yo verdadero a fuentes externas

entre 16 y 21   Atribución normal del yo verdadero a fuentes externas

entre 22 y 40   Alta atribución del yo verdadero a fuentes externas

Sección III: Locus aleatorio de control

entre 5 y 17   Muy baja atribución del yo verdadero al azar

entre 18 y 25   Atribución normal del yo verdadero al azar

entre 26 y 40   Alta atribución del yo verdadero al azar

Si logró las puntuaciones más elevadas en el nivel interno y las más bajas en el del "azar", se considera responsable de los cambios positivos de su vida, en cuyo caso estará dispuesto a formularse las preguntas necesarias para poder recuperar la claridad y la autenticidad.

Si, por otra parte, su puntuación más elevada tuvo lugar en la escala externa, necesita corregir la idea que tiene de sí mismo y darse cuenta de lo que le obligó a renunciar a su control. No crea que estoy acosándole porque no se ajuste al "mejor" escenario porque, como ya ha visto, el *locus* interno de control también tiene sus debilidades. Además, hay ocasiones en las que no podemos controlar todo lo que nos ocurre y ésa, por tanto, sería una creencia falsa y arrogante. No obstante, deberá controlar su mundo externo en todos aquellos casos en que pueda hacerlo y también debe permanecer muy atento a los aspectos negativos de la atribución externa, que acaban conduciendo al clásico rol de "víctima".

Si su puntuación más elevada tuvo lugar en la escala del "azar", tenemos que hablar muy seriamente porque, en tal caso, necesita decidir, ahora mismo, si va a comprometerse y participar en el juego o seguirá permaneciendo en las gradas durante el resto de su vida, esperando que la pelota llegue hasta usted.

¿Le parece, realmente, tan difícil su decisión? Tenga en cuenta que se trata de su vida. ¿O es que acaso quiere seguir siendo un pasajero?

Al examinar su *locus* de control, hemos hablado del estilo concreto con el que uno interpreta y responde a los eventos que tienen lugar en su vida. Espero que, a estas alturas, ya tenga una comprensión clara de cuál de los tres estilos describe mejor su aproximación a la vida. El conocimiento es poder y conocer cuál es su estilo le proporcionará una nueva cuota de poder, un primer paso absolutamente necesario para corregir sus factores internos.

En la medida en que avancemos a través de los siguientes capítulos, usted irá haciéndose cada vez más consciente de su particular pauta de respuesta a los porqués que se formule en la vida y reconocerá oportunidades para revisarl su tendencia personal y su *locus* de control, sean cuales fueren, y también aprenderá a ubicar la causa de ese evento en el lugar al que realmente pertenezca, en lugar de hacerlo de manera automática.

Espero que también se haya dado cuenta de que la arrogancia y el victimismo son los gemelos impostores que han usurpado su yo y le han complicado la vida. La interiorización equivocada de causas implica la asunción arrogante de la autoría de todo lo que sucede en su vida, sea bueno o malo, independientemente de los hechos. Deje de hacer eso. Usted no podía haber impedido la muerte de su padre, el abandono de su esposa o el huracán que acaba de arrasar Florida. Si, de un modo u otro, insiste en hacerlo, estará reconstruyendo su yo falso y alejándose, una vez más, de su yo verdadero. Es necesario, pues, diferenciar las cosas que puede controlar de aquellas otras que se encuentran fuera de su control.

En cuanto a aquéllas que sí puede controlar –que son la mayoría–, está comenzando a darse cuenta de que no puede seguir desempeñando el papel de víctima. Hay un viejo dicho que afirma que «ni siquiera Dios puede conducir coches estacionados». Pues bien, su coche ya no puede seguir aparcado por más tiempo en el estacionamiento. Su yo verdadero está llamándole y ha llegado ya el momento de ponerse en movimiento. Vamos a seguir trabajando, pues, para eliminar los obstáculos que le impidan seguir adelante.

8. EL DIÁLOGO INTERNO

Nadie puede hacerle sentirse inferior sin su consentimiento.
ELEANOR ROOSEVELT

La distorsión de la percepción

En cierto experimento realizado hace ya unos cuantos años, un grupo de científicos solicitó a varios estudiantes voluntarios que llevasen gafas inversoras de imágenes. Durante los primeros días del experimento, los estudiantes parecían mi tío Bob cuando, en todas y cada una de las reuniones familiares a las que tuve la desgracia de asistir, acababa borracho como una cuba, caminando de rodillas y abrazado a la cómoda. Y es que iban de un aula a otra golpeándose con todos los muebles y esquinas que se encontraban a su paso, caían de bruces y pasaron, en suma, un mal rato. Era como si su cerebro supiera cómo eran realmente las cosas y, en consecuencia, rechazara los nuevos datos… o eso, al menos, fue lo que sucedió al comienzo.

Porque a los pocos días empezaron a pasar cosas raras, como si sus cerebros se estuvieran familiarizando con la distorsión y empezaran a admitir la realidad de aquel mundo invertido y falso, sin cuestionarse siquiera que lo que estaba abajo era, en realidad, lo que estaba arriba y viceversa. En suma, al cabo de una semana todos acabaron desenvolviéndose perfectamente.

Los investigadores decidieron prolongar entonces durante todo un mes el experimento. Pasado ese tiempo, las gafas ya no creaban ningún problema a los sujetos y podían moverse con total normalidad, lo que significa que podían leer, escribir, calcular distancias y hasta incluso subir y bajar escaleras casi tan fácilmente como antes.

Los resultados de este experimento parecen sugerir que los seres humanos tenemos una gran facilidad para adaptarnos a nuestras percepciones, aun en el caso de que estemos contemplando el mundo a través de unas gafas que distorsionan la realidad hasta el punto de que, con el tiempo, acabamos considerando normales hasta las percepciones más distorsionadas. Si proporcionamos, pues, los suficientes datos durante el suficiente tiempo, podremos convencer a casi cualquier persona de casi cualquier cosa. Son muchos los ejemplos que, en este sentido, nos proporciona la historia, desde los lavados de cerebro de los prisioneros de los campos de concentración hasta el adoctrinamiento al que se ven sometidos los miembros de las sectas y el proceso de ingreso de nuestros hijos en las bandas callejeras. Todo el mundo, independientemente de su edad, inteligencia y grado de cultura, puede ver modificadas, mediante el adecuado aluvión de datos distorsionados, su visión, su realidad y sus valores. Personas que, en un determinado momento, tienen una visión muy exacta de la vida, una sensación muy clara de lo que está bien de lo que está mal, y prioridades y valores firmemente sostenidos, pueden empezar a admitir las visiones distorsionadas como si se tratara de la misma realidad, con resultados frecuentemente trágicos.

¿Qué parte de la idea que tiene de sí mismo se basa en esta forma distorsionada de pensar? Este capítulo sugiere que usted también puede tener "el cerebro lavado" de un modo tan destructivo, aunque ciertamente menos espectacular, por cierto, que si se hallara atrapado en una secta. Porque, aunque no esté metido en ninguna secta ni en ninguna banda callejera, usted mismo es el mayor de los "lavadores de cerebros" que jamás conocerá. Es por este motivo por lo que, si ha recibido y se ha "creído" un montón de información falsa sobre quién es usted y quién no es, su mundo puede estar boca abajo sin darse siquiera cuenta de ello. Si la idea que tiene de sí mismo le lleva a permitir que cualquier persona malintencionada y destructiva socave cotidianamente la confianza en sí mismo o si está convencido de que es un fracasado, se encuentra en apuros. En este capítulo veremos el modo como esto ocurre, qué tiene que ver con usted y lo que puede hacer al respecto.

LOS FILTROS

Nosotros vemos el mundo y a nosotros mismos a través de un sistema de filtros, es decir, dispositivos que permiten el paso de ciertas cosas al tiempo que impiden el paso de otras. Dependiendo del material del que están construidos, los filtros también distorsionan nuestra visión o lo que pasa a través de ellos como sucede, por ejemplo, con el caso de las gafas oscuras. Pero, obviamente, no me refiero ahora a ningún artilugio físico que, como las gafas, podamos quitarnos y ponernos a voluntad. De hecho, los filtros de los que estoy hablando no son de naturaleza visual, sino que son filtros internos, es decir, filtros mentales, filtros emocionales, filtros verbales y filtros perceptuales mediante los que procesamos y asignamos un peso y un significado a todos los acontecimientos que influyen en nuestra vida. Y, por más que los filtros descarten ciertas cosas y sólo dejen entrar otras, todo se ve afectado por ellos. Además, no sólo tenemos filtros "visuales", sino también filtros "auditivos" y hasta filtros de creencias.

Sin embargo, habitualmente creemos que somos sinceros y no nos engañamos a nosotros mismos y, en consecuencia, tendemos a creer que nuestras percepciones filtradas nos proporcionan una representación exacta de la realidad. Pero lo cierto es que, sin importar que sea exacto o inexacto, nos creemos todo aquello que atraviese nuestros filtros. Así pues, si nuestras percepciones nos mienten, vivimos engañados y acabamos tomando el mundo distorsionado y hasta invertido por el mundo real. Por tanto, deberíamos ser muy cuidadosos con las visiones no corroboradas que tengamos de nosotros mismos, porque quizás podríamos estar contemplando al yo desde una perspectiva equivocada.

Y digo todo esto porque la naturaleza humana es tal que nuestros filtros perceptuales tienen la desafortunada tendencia a ser muy sensibles a las percepciones negativas soslayando, simultáneamente, las positivas.

Todos distorsionamos la verdad, especialmente cuando nos sentimos emocional o físicamente amenazados. La investigación, por ejemplo, ha puesto de relieve que la persona a la que se está apuntando con un arma, no busca –como sería de esperar– una puerta o alguna otra vía de escape, sino que suele centrar en ella su atención. ¿Por qué? Porque lo negativo llama invariablemente más nuestra atención que lo positivo y, cuanto más intenso sea lo negativo, más intensas son también sus exigencias. Centramos nuestra atención en las cuestiones negativas, las amenazas y los problemas porque estamos programados a autoconservarnos de modo que, si percibimos que alguien o algo nos amenaza (con una pistola, por ejemplo), esa amenaza puede obstaculizar el registro de cualquier otra sensación. Es como si el miedo al arma nos desbordase y polarizara toda nuestra atención, excluyendo la entrada de cualquier otro dato, hasta el punto de que el edificio podría llegar a desplomarse sin que ni siquiera nos diéramos cuenta de ello. Tal es el poder de la mente humana cuando se fija en una cuestión negativa.

Ocupémonos ahora de un escenario mucho más habitual y que se encuentra mucho más próximo a nuestra vida. Es muy posible que sean muchas las personas que crean en usted y le alienten pero, independientemente de lo nutrido que sea su "equipo de animadores" y de que incluso supere los varios centenares de personas, basta con el abucheo de unos pocos –con uno o dos bastan– para que su atención se focalice en ellos y llegue a anular el efecto de las percepciones positivas. A todos nos duele ser rechazados, criticados y atacados, y quizás por ello prestemos más atención al dolor. Nuestros filtros son tan sensibles a todo lo que percibimos como una amenaza a la idea que tenemos de nosotros mismos que recordamos éstas con mucha más nitidez y, lo que es mucho más importante, durante mucho más tiempo, que cualquier otra cosa. Basta con el abucheo de un solo espectador para que un actor aclamado por una multitud de cientos de admiradores se olvide de los aplausos y sólo recuerde los silbidos de aquél.

En el Capítulo 3 dije que el pasado influye en nuestro presente y programa nuestro futuro. Esto es algo que los filtros explican bastante bien. Si alguna de las personas que ha conocido en su vida le ha causado dolor, puede reaccionar internamente de un modo que le lleve a ignorar la visión mayoritariamente positiva y acabe viendo el mundo a través de un filtro que percibe a todas las personas como una amenaza o un daño potencial. Tal vez haya concluido erróneamente que acabó herido porque se lo merecía (*locus* de control interno inapropiado) o, al menos, que debe aceptarlo, pero, en cualquiera de los casos, ese episodio negativo ha acabado afectando a su modo de ser, le ha convencido de que tal persona estaba en lo cierto y, en consecuencia, le ha llevado a sumarse al coro de quienes le critican.

Si, por el contrario, su experiencia del mundo ha sido positiva y confirmadora, y eso es lo que decide interiorizar, probablemente anticipe los nuevos acontecimientos a través de un filtro fundamentalmente positivo que le lleve a creer que es capaz de hacer frente a todo lo que la vida le depare. Resulta natural que su interacción con el mundo se vea influida por lo que cree que ve que, a su vez, no es más que el producto de los filtros a través de los cuales ve, oye, siente y piensa sobre el mundo.

Pero, por más que los filtros sean el producto de nuestra experiencia pasada, los llevamos con nosotros cada instante de nuestra vida. Quizás esos filtros resultaran adecuados para alguna situación pasada pero ¿siguen siéndolo hoy en día? ¿Dicho en otras palabras, ¿acaso está interpretando el presente en función de algún evento pasado? ¿Está usted juzgando a las personas con las que se encuentra basándose en lo que hacen o en quiénes son o, muy por el contrario, lo hace basándose en lo que otros hicieron en el pasado?

Como podría haberle dicho cualquiera de los estudiantes universitarios de los que hablábamos al comienzo de este capítulo, cuanto más se familiariza uno con una vida distorsionada, más natural parece o, dicho de otro modo, una mentira repetida acaba convirtiéndose en una verdad... y nosotros, obviamente, vivimos de acuerdo a la "verdad". El hecho es que, a diferencia de los estudiantes de ese experimento, usted lleva mucho más de un mes interpretando del mismo modo el mundo y el lugar que ocupa en él, y es por ello por lo que experimenta sus filtros como algo completamente "normal". ¿Pero qué ocurre en el caso de que se haya visto, como el prisionero de guerra o el miembro de una secta, bombardeado con información falsa durante tanto tiempo que haya acabado creyendo y viviendo como si ésa fuera la realidad misma? Las cosas pueden parecer perfectamente normales, ¿pero realmente lo son o simplemente lo parecen porque ha pasado ya tanto tiempo desde que tenía una visión clara de usted y de lo que le interesa que ha acabado volviéndose incapaz de reconocer la realidad? ¿Se ha olvidado acaso ya de todo ello? Quizás su vida se haya convertido en una lucha por la "supervivencia" cotidiana y su filtro esté tan sucio que sólo le permita ver sus deudas, sus hijos, su matrimonio, su trabajo, su familia, su culpa y, en suma, su confusión. Tal vez entonces haya acabado tirando la toalla y concluyendo que no merece la pena esforzarse en alcanzar lo que realmente quiere.

Si observa que en su vida sucede algo o todo lo que llevamos dicho y no puede corroborar la veracidad de las percepciones que atraviesan esos filtros, puede acabar cometiendo serios errores de juicio, porque sus percepciones, derivadas de su biografía y de su miedo al dolor, pueden estar sencillamente equivocadas y llevarle a ignorar lo que está fuera de usted. Pero, cuando lo que está en juego es su propia vida, no puede permitirse estar sencillamente equivocado.

Permítame ofrecerle ahora un resumen breve y claro de todo lo que vamos a ver en el presente capítulo. La idea que tiene de sí mismo está en peligro, ya que, por efecto de las "gafas inversoras" que inadvertidamente lleva puestas, ha acabado acostumbrándose a considerar "verdadera" la información errónea. Así pues:

- Necesita darse cuenta de que usted no responde a lo que ocurre, sino a su percepción de lo que ocurre.
- También debe corroborar la veracidad de sus percepciones (es decir de la información filtrada que llega a usted), en lugar de seguir admitiendo simplemente las meras creencias como si de hechos se tratara.

INTRODUCCIÓN AL DIÁLOGO INTERNO

El concepto de filtro nos proporciona una analogía muy útil para pensar en el modo en que distorsionamos las percepciones, tanto de nosotros mismos como del mundo. Pero, por más útil que sea, a fin de cuentas no deja de ser más que un "concepto" que forma parte de la comprensión operativa de la influencia de nuestra percepción en la visión que tenemos de nosotros y de nuestra vida. Para desmitificar este proceso y, de paso, aclarar lo que realmente ocurre en nuestro interior, debemos prestar atención al diálogo interno que mantenemos con nosotros mismos. Y ello es así porque, cuando la información atraviesa nuestros filtros, acaba plasmándose en palabras y convirtiéndose en un diálogo, en una conversación continua con nosotros mismos. (¡No es ninguna locura, por tanto, hablar consigo mismo, a menos que lo haga en voz alta mientras está en la cola del supermercado o que no deje de decirse tonterías!) Ese diálogo interno se expresa en las negaciones, en las autocríticas y en las visiones distorsionadas sobre sí mismo y sobre el mundo que ha acabado fijando e interiorizando. Es por ello por lo que, si quiere cobrar conciencia de sus filtros, deberá tomar buena nota de lo que se dice en todos los momentos de su vida.

El diálogo interno es una charla que discurre en tiempo real e incluye todas las conversaciones, tanto positivas y racionales como negativas y destructivas, que mantiene consigo mismo sobre todo lo que ocurre en su vida. El diálogo interno es lo que usted se dice, en este mismo instante, sobre usted mismo y sobre el mundo, lo que se dijo antes de coger este libro y lo que se dirá cuando lo deje. Dicho en otras palabras, sus filtros son, de hecho, una voz, una voz que sólo usted puede escuchar... ¡y por tanto, dicho sea de paso, una voz que sólo usted puede llegar a controlar!

En realidad, su diálogo interno es un subconjunto, una parte de su forma global de pensar. Con ello quiero decir que, considerada en su totalidad, su forma de pensar incluye un gran número de pensamientos imprescindibles, aunque no necesariamente relevantes para la idea que tiene de sí mismo. Considere, por ejemplo, lo que ocurre cuando piensa en un problema de matemáticas o cuando trata de entender el manual de instrucciones para programar un vídeo o montar un columpio. Este último tipo de actividad mental no afecta a la idea que tiene de sí mismo y, en consecuencia, no es el tipo de pensamiento del que ahora estamos hablando. Ahora estamos refiriéndonos a un tipo de conversación que mantiene consigo mismo y que suele discurrir de manera paralela o bajo el umbral de la conciencia cuando trata de programar un vídeo o de montar un columpio.

Todavía recuerdo la Nochebuena, hace ya varios años, en que traté de montar un columpio. Todavía recuerdo que saqué todas las piezas –¡le aseguro que eran varios millones!– y empecé a leer las instrucciones. Mientras una parte de mi energía mental se dedicaba a leer las instrucciones, el resto –mi diálogo interno– no paraba de decir: «¡Estás loco! ¡Mañana todavía no habrás terminado! ¡Será mejor que saques a Scott (mi cuñado, que parece poseer una mente "ingenieril" de la que sencillamente yo carezco) de la cama y lo traigas, aunque sea a rastras, hasta aquí, si no quieres que los niños se lleven mañana un buen chasco!». Durante todo ese episodio fue como si, en mi interior, se hubiera puesto en marcha un proceso de dos pistas, una de las cuales –mi diálogo interno– no tenía nada que ver con "atornille A" ni con "apriete Z", y mucho, en cambio, con la idea que tengo de mí mismo.

Veamos ahora con más detenimiento algunos de los rasgos fundamentales que caracterizan a todo diálogo interno.

El diálogo interno es constante.

No podemos comparar el tiempo que pasamos con nosotros mismos con el tiempo que pasamos con los demás, por más íntimamente que compartan nuestra vida. Usted está consigo las veinticuatro horas del día y los siete días de la semana, un tiempo durante el cual su diálogo interno permanece continuamente activo. Dicho de otro modo, usted nunca deja de decirse cosas a sí mismo.

El diálogo interno discurre en tiempo real.

A diferencia de lo que sucede con los pensamientos veloces, sobreaprendidos y automáticos de los que más adelante hablaremos con cierto detalle, el diálogo interno discurre a una velocidad normal. Bien podríamos decir que se trata de una especie de radio que retransmite en directo el desarrollo de su diálogo interno a la misma velocidad que cualquier otra conversación.

Es como si, mientras estuviera haciendo cualquier otra cosa, hubiera alguien susurrándole contínuamente cosas a su oído. Este diálogo puede ser tan débil que ni siquiera le permita "ponderar" ni deliberar al respecto o, por el contrario, tan intenso y real que le lleve incluso a hablar en voz alta. Dicho de otro modo, el volumen de los mensajes que se dice a sí mismo puede ser tan bajo que se asemeje a un susurro o, por el contrario, tener la intensidad de una corriente de alto voltaje que siempre está en funcionamiento. No obstante, su poder puede resultar engañoso, porque su constancia y su flujo imparable pueden llevarle a creer que no tiene el menor poder sobre ellos.

El diálogo interno va acompañado de un cambio fisiológico.

Cada uno de sus pensamientos tiene un determinado correlato físico. Así, por ejemplo, un determinado diálogo interno en el que esté diciéndose que jamás conseguirá hacer tal cosa puede ir acompañado de sudoración de las palmas de las manos, tics, un temblor incontrolable y hasta un aumento de la frecuencia cardíaca. Como luego veremos, estos correlatos físicos se acumulan hasta tal punto que una actitud derrotista y pesimista puede resultar tan destructiva para la salud física como una lesión o un virus.

El diálogo interno está muy determinado por el *locus* de control.

En el Capítulo 7 hemos dicho que el *locus* de control –ya sea interno, externo o basado en el azar– determina muy poderosamente el contenido de su diálogo interno. Así, por ejemplo, si usted es un exteriorizador, la mayor parte de su diálogo interno podría sonar algo así como «Yo no puedo haber hecho tal cosa, de modo que tendrá que haberla realizado otra persona». Si, por el contrario, es un interiorizador, tal vez se diga «No puedo permitir que nadie me fastidie este proyecto, de modo que será mejor que me quede hasta medianoche para acabarlo». Así pues, independientemente de la situación y de las exigencias que se vea obligado a afrontar, su diálogo interno probablemente esté muy determinado por su *locus* de control.

El diálogo interno tiende a monopolizarlo todo.

El diálogo interno tiende a desplazar e incluso a acallar los datos procedentes de cualquier otra fuente. Después de todo, usted es la fuente de todos esos datos y, puesto que no quiere engañarse, se presta mucha atención a sí mismo, ¿no es así? Como resultado de todo ello, es mucho el tiempo que puede perder en un diálogo estrepitoso y frenético consigo mismo en el que se condene por no saber o no poder hacer las cosas mejor, o tal vez, por el contrario, no deje de aclamarse con una incesante sesión de hurras por haberlas hecho tan bien. Sin embargo, en cualquiera de ambos casos su diálogo interno puede ser tan activo, intenso y omnipresente que no le permita ver las cosas importantes que suceden a su alrededor, en cuyo caso, perdería la oportunidad de advertir tanto las señales de peligro como las ocasiones reales de éxito. Además, el diálogo interno también puede llegar a impedirle cobrar conciencia de sus posibilidades, porque los pensamientos racionales y optimistas no resultan tan amenazadores y exigentes, y pueden quedar simplemente arrumbados.

Pero el rasgo más inquietante de todos es que el diálogo interno negativo parece tornarse más intenso cuando menos se lo necesita, y su intensidad es mayor cuando mayor es la presión, porque se deriva, al menos en parte, de su verdad personal. Si su verdad personal está llena de dudas y ansiedades, lo mismo sucederá con su diálogo interno. La intensidad de ese diálogo, con todos sus mensajes contradictorios, aumenta cuando uno se enfrenta a otra persona como sucede, por ejemplo, cuando está tratando de conseguir un nuevo trabajo («No eres lo suficientemente inteligente» «No eres lo suficientemente bueno» «Acabarás fracasando»). También aumenta su intensidad cuando busca pareja, quiere cambiar de estilo de vida o acude a una entrevista de trabajo. Lo que, en tal caso, escucha que se dice a sí mismo es algo así como: «¡Bienvenido! ¿Cómo estás?» «¿Como está el rey o la reina del universo?» «Ya sabes que debes coger todo lo que puedas y seguir adelante» «No te dés aires», etcétera, diálogos que, en determinados momentos críticos, pueden transformar su vida para siempre y acabar convirtiéndole en su peor enemigo.

LOS COSTES

Ésos eran los rasgos distintivos del diálogo interno. ¿Pero cuál es su precio, es decir, cuál es el coste del diálogo interno negativo que habitualmente mantenemos con nosotros mismos?

El diálogo interno es interminable y omnipresente y, en consecuencia, puede acabar convirtiéndose en una fuerza vital muy importante que le arrastre de manera lenta, sutil e inexorable a una especie de autodestrucción. Imagínese los problemas que supondría pasear descamisado de continuo en pleno verano sin darse cuenta de los efectos nocivos del sol. Si yo le quemase con una plancha en la espalda, gritaría y escaparía corriendo. Las quemaduras provocadas por sol y por una plancha son parecidas, pero aquéllas son más sutiles y, en consecuencia, no se advierten con tanta facilidad. Si alguien, de manera parecida, se le acercase y, mirándole a los ojos, le dijera «Eres un estúpido que no sirve para nada», simplemente se enfadaría y dejaría simplemente a esa persona con la palabra en la boca. Pero ése es, precisamente, el tipo de diálogo interno que las personas suelen tener consigo mismas hora tras hora y día tras día. La exposición cotidiana al diálogo interno negativo, al igual que la exposición prolongada al sol, puede llegar a matarle porque, en tal caso, está generando una atmósfera interna tan tóxica que puede matarle sin que usted se dé siquiera cuenta de ello.

Cuando, en el Capítulo 1, le dije que el hecho de ignorarse a sí mismo podría llegar a "matarle", estaba hablando de manera muy literal, porque los correlatos fisiológicos que acompañan al diálogo interno negativo modifican hasta tal punto su funcionamiento fisiológico que acaban volviéndole vulnerable a la enfermedad y despojándole, al cabo, de varios años de vida. ¿Cómo sucede todo eso? No olvide que las células de su sistema inmunológico mantienen vínculos muy estrechos e inmediatos con las células de su sistema nervioso. Es por esto por lo que cada pensamiento va acompañado del correspondiente correlato en su cuerpo físico de modo que los pensamientos negativos que tenga sobre sí mismo provocan el correspondiente cambio fisiológico negativo que podría plasmarse, por ejemplo, en un aumento de la actividad endocrina, de la tasa de adrenalina en sangre, de la presión sanguínea y llegar incluso a desencadenar un ataque cardíaco.

Pero, por el mismo motivo, el diálogo interno también es una poderosa medicina aunque, para ello, deberá antes aprender a escuchar a su cuerpo. Es evidente que su cuerpo le escucha a usted; lo que no resulta tan claro es que usted le escuche a él. Su organismo le habla a través de los dolores de cabeza, del dolor de espalda, de la depresión, de la ansiedad y hasta del resfriado. En este sentido, su cuerpo le informa y confirma lo que se dice a sí mismo porque, si piensa detenidamente en ello, verá que, a través de todos esos mensajes, su yo verdadero está diciéndole: «Ayúdame a salir de aquí». Si está constantemente cansado, dolorido, enfermo o se encuentra físicamente mal, necesita cobrar clara conciencia de lo que, día sí y día también, está diciéndose a sí mismo.

Este diálogo interno también tiene un coste emocional que bien podríamos asimilar a una especie de esclerosis de las arterias de su psiquismo. Como ya hemos visto, cuando su *locus* de control está fuera de servicio, el diálogo interno negativo puede llevarle a soslayar información que, de otro modo, resultaría vital, en cuyo caso ni siquiera reconocería las alternativas positivas porque, una vez más, habría cerrado su ventana de entrada de datos.

¿Sigue buscando las llaves cuando las encuentra después de haberlas perdido? ¿Sigue acaso buscando una respuesta cuando cree que ya la tiene? No, entonces es, precisamente, cuando abandona la búsqueda. Supongamos ahora que la conversación que habitualmente tiene consigo mismo es, más o menos, la siguiente: «Soy un bobo, siempre lo he sido y siempre lo seré y, por tanto, nadie me respetará nunca». ¿Le parece que, si ha llegado a esa conclusión, seguirá recogiendo nuevos datos? Quizás la próxima semana se le presenten diez experiencias que refuten esa conclusión pero, como ya ha cerrado la ventana de recogida de datos, no se dará cuenta de ellas. Así pues, si su diálogo interno afirma que usted es un bobo y cree ser sincero consigo mismo, desestimará e ignorará cualquier información que afirme lo contrario, por más que le sea servida en bandeja de plata y, obviamente, tampoco estará motivado para salir en busca de esa prueba.

Supongamos que usted desempeña un trabajo muy especializado que hace felices a muchas personas pero que, de algún modo, le incomoda, porque no pone en juego sus notables habilidades artísticas. En tal caso resulta fácil imaginar el diálogo interno provocado por esa situación, culpando de su infelicidad a cualquier cosa, como su esposo, la región en la que vive, su falta de formación o de especialización, sin ocurrírsele siquiera que su frustración puede derivarse de la desconexión con su yo verdadero. En tal caso es como si cerrase las puertas y ni siquiera se cuestionase si está haciendo lo que debe, como si su diálogo interno pusiera la superdirecta y se ocupase de racionalizar y justificar la decisión insatisfactoria y le impidiera advertir la presencia de otras alternativas.

Como resultado de todo ello, el estímulo que usted mismo crea acaba convirtiéndose en la respuesta que obtiene. Su diálogo interno negativo le aleja de la verdad y distorsiona la idea que tiene de sí mismo. De este modo, la persona frustrada e infeliz que presenta al mundo es la persona a la que el mundo responde, generando más frustración e infelicidad. Así es como el diálogo interno negativo acaba cerrándose en el círculo vicioso de la profecía autocumplida.

Hay ocasiones en que el diálogo interno genera un entorno tan tóxico que no hay modo de desembarazarse de él y acaba provocando el desastre. Ilustremos este punto con el caso de Greg, uno de mis pacientes, un ejecutivo de una empresa de Fortune 100 que acababa de ser ascendido a una posición en la que no tardaría en verse en la obligación de hablar en público ante mucha gente, en su opinión, bastante escéptica sobre el impacto medioambiental de su empresa. Antes de acudir a mi consulta había tratado de perfeccionar sus habilidades al respecto en un curso Dale Carnegie y participando en un grupo Toastmaster que, si bien mejoraron sus habilidades, no disminuyeron, sin embargo, un ápice su ansiedad.

Cuando me di cuenta de que su problema no se debía tanto a la falta de habilidades, destrezas o motivaciones, como a la interferencia de un diálogo interno negativo, le invité a que me relatara detenidamente una reciente conferencia que había acabado muy mal. Según me dijo, los días anteriores se había dedicado a preparar tanto la forma como el contenido de la charla. Luego practicó una y otra vez hasta asegurarse de que estaba perfectamente preparado y llegó incluso a realizar ejercicios de relajación imaginándose sentado ante la audiencia y visualizándose desempeñando perfectamente su tarea. Todo aquello estaba muy bien y era muy racional pero, apenas subió al estrado, la intensidad de su diálogo interno se disparó. Entonces le pedí que me comentase lo que se decía a sí mismo y ésta fue su respuesta:

> «¡Oh no! ¡Ya estoy sudando! Nadie se creerá lo que digo y todos creerán que estoy tratando de envenenar a sus hijos.
>
> »¡Qué mal lo estoy haciendo! ¡No puedo seguir con esto! ¡Por qué no acepto de una vez que no estoy hecho para esto! Ya son diecisiete las personas que se han levantado y se ha marchado desde que empecé. Esto es un auténtico desastre.»

Probablemente crea que el fracaso de Greg se debió al diálogo interno que mantenía consigo mismo y, en ese sentido, está en lo cierto, pero veamos con más detenimiento lo que ocurrió. Es cierto que su diálogo interno era negativo y que, según la mecánica de la conducta humana, cada uno de sus pensamientos negativos desencadenaba determinados efectos fisiológicos, como sudor, temblor, etcétera, pero lo más significativo fue el modo en que su diálogo interfirió con la charla. Si, al comenzar el acto, Greg tenía 100 unidades de intelecto, cuando se acercó al micrófono, 50 de ellas se dedicaron al diálogo y dejaron sólo para la conferencia el 50% restante.

¿Qué cree usted que sucedería si, cada mañana, saliera de su casa y se enfrentase a los retos que le deparase la vida con sólo la mitad de su intelecto? ¿Dicho en otras palabras: ¿qué pensaría si, en lugar de tener un CI excelente de 110, dispusiera únicamente de un CI retardado de 55? Porque ése es, precisamente, el efecto que suele provocar la intromisión del diálogo interno. ¿Deberíamos sorprendernos, pues, de las dificultades de Greg para superar una situación compleja con un CI de 55? Su problema no era que no supiera hablar en público ni que no supiera pronunciar una buena conferencia, su problema era que estaba tratando de hacer dos cosas a la vez: escuchar cómo se amonestaba y, al mismo tiempo, pronunciar una difícil conferencia. Es por esto por lo que bastó con diagnosticar adecuadamente el problema y con enseñarle a controlar su diálogo interno –como, dicho sea de paso, pretendo que usted aprenda– para que el problema sencillamente se esfumase. Es cierto que Greg no pudo acallar por completo su diálogo interno, pero sí, al menos, hacerle frente y llegar a controlarlo.

¿De dónde obtiene la información su diálogo interno o, dicho de otro modo, cuáles son sus fuentes, cuáles son sus "*inputs*"? En nuestra sociedad, la gente suele desconocerse y ser, en consecuencia, muy vulnerable al *input* externo proporcionado por los padres, los compañeros, las figuras de autoridad, los periódicos, las revistas, los anuncios de televisión, Hollywood e Internet. Si realmente nos conociéramos, si realmente supiésemos quiénes somos, lo que creemos y lo que no creemos, no estaríamos tan expuestos a lo que alguien pudiera afirmar desde el exterior. «¡Si no te aceptas a ti mismo, hijo mío –solía decir mi padre–, estarás a expensas de todo!», y, como era habitual, estaba en lo cierto. Y es que, cuando uno se desconoce a sí mismo y no se reconoce como es, está poniendo las condiciones para alejarse de su yo verdadero.

Con cierta frecuencia nos enteramos del modo en que este tipo de *input* influye sobre nuestros hijos y les lleva a adentrarse en el mundo de las drogas y otros problemas. Uno sólo puede verse arrastrado a hacer cosas que, por sí solo, jamás haría cuando no tiene claro quién es y, en consecuencia, no está seguro de que la actividad propuesta sea realmente "suya". Tal vez, en su caso, el *input* en cuestión provenga de un anuncio de televisión o de algún compañero de oficina que trate de hacerle la pelota. Todos estos eventos se disparan y son interpretados por usted a través de su diálogo interno. De este modo, el diálogo A conduce a un determinado resultado, y el diálogo B conduce a otro resultado diferente. Cuantas más personas, anuncios de televisión y fuentes externas nos influyan, más reactivo se vuelve nuestro diálogo interno y, en lugar de reflejar nuestro yo verdadero, nos aleja cada vez más de él.

Conviene recordar que, cuando estos mensajes externos afectan a nuestra sensación de valor y de mérito, nos volvemos más vulnerables, algo que resulta más intenso cuanto más concreto es el tema en cuestión. Como ya he dicho, si alguien tratase de persuadirle de que usted es un ladrón, no lo conseguirá, porque usted sabe perfectamente que los hechos refutan claramente esa afirmación. En cambio, cuando lo que se pone en tela de juicio es algo más abstracto y subjetivo –como su inteligencia, su bondad, su sensibilidad, su valor, su talento o su carácter–, es como si sus oídos se abriesen y se viera irremisiblemente arrastrado a dejar entrar ese mensaje en su diálogo interno, porque carece de hechos con los que refutarlo. No es extraño, en tal caso, que llegue a absorberlo con tal intensidad y emoción que, como una simple marioneta, empiece a repetirlo cada vez que hable consigo mismo, aunque no tenga nada que ver con lo que antes se decía. Así pues, alguien puede hacerle una crítica infundada e irreflexiva o un comentario improvisado, y usted lo deja entrar y lo incorpora "reactivamente" a su diálogo interno. Si se conociera a sí mismo, jamás hubiera iniciado ese tipo de diálogo interno negativo pero, en caso contrario, es –como el niño que cae en manos de "malas compañías"– muy vulnerable a los comentarios de los demás. Éste es el motivo por el cual resulta esencial que uno esté dispuesto a vivir en consonancia con su yo verdadero.

TEMAS, TÓPICOS Y CONTENIDOS

Aunque su diálogo interno sea reactivo y, por tanto, nuevo en todas y cada una de las situaciones, existen ciertos temas que se repiten de manera predecible. Supongamos que usted tiene un sobrepeso o que no le gusta el modo en que le sienta la ropa. Si éste es el caso, es muy probable que su diálogo interno sea el mismo cada vez que se encuentre en un entorno social, como el trabajo, el mercado, una boda o (Dios no lo permita) la piscina de los apartamentos, donde «la flacucha de la puerta de al lado no deja de pasear su culito». Quizás entonces se diga: «¿Por qué diablos habré bajado? Parezco una vaca. ¿Cómo podría salir de aquí? Me pondré donde nadie pueda verme. Si al menos pudiera ponerme esa chaqueta... ¡Juro que me pondré a dieta! ¡No voy a comer más! ¡Dios mío, ahí está otra vez! ¡Cómo la odio! Tengo un culo como una vaca y todo el mundo puede verlo. ¡Menos mal que nadie me presta atención! ¿Cómo podría salir de aquí? ¡Oh Dios mío, no! ¡No les dejes acercarse! ¡Oh no, ya vienen! Hola, ¿cómo estás? ¡Me alegro de verte! ¡Sácame de aquí, Scotty... esto es terrible!».

El ejemplo anterior ilustra el modo en que el diálogo interno reproduce temas familiares pero, puesto que es tan único y variado como el ADN, también lo son los temas y tópicos en cuestión. De hecho, muchos de los comentarios que se hace a sí mismo, aisladamente considerados, no parecen tan malos. La mayor parte del tiempo, el diálogo interno se orienta hacia la tarea que esté llevando a cabo, aun a riesgo de resultar obsesivo. Así, en sus mañanas más ocupadas, su diálogo interno puede decirle: «Tengo que hacer esto» «No te olvides de hacer aquello» «Deberías...» «Tienes que...» «Debes...». Un retazo de su diálogo interno de hoy, por ejemplo, podría perfectamente haber sido: «Tengo que llegar a la oficina, pero este tráfico me hará llegar tarde». Quizá su diálogo interno no deje de culparle por haber estado tanto tiempo sentado, viendo la televisión o leyendo el periódico. El asunto es que su diálogo interno gira en torno a temas muy concretos que, aunque no siempre son negativos, nunca son neutrales.

Así pues, el contenido del diálogo interno puede girar en tono a comparaciones, miedos, preocupaciones, pesimismo o sensaciones de ansiedad. También puede consistir en la repetición obsesiva de casi cualquier cosa, desde detalles irrelevantes hasta cuestiones muy importantes, o minimizar algo que realmente le preocupa, generando un diálogo que se ve marcado por una falsa sensación de apatía. Después de todo, si «no le importase» tampoco le molestaría no conseguirlo ¿no es así?, en cuyo caso ese diálogo cumpliría con una cierta función autoprotectora, lo que puede acabar acosándole con todo tipo de bobadas cada vez que trate de hacer algo que no esté meridianamente claro.

LOS BENEFICIOS

A la hora de evaluar nuestro diálogo interno negativo bien podríamos preguntarnos: «¿Por qué, si es negativo, sigo manteniéndolo» y, en el caso de que se trate de una conducta manifiestamente nociva, «¿Por qué insisto en ella?». Como ya hemos visto, la primera de ambas cuestiones tiene que ver con el poder de la negación. Del mismo modo que el miedo a la pistola del atracador nos desborda y acaba cerrando la puerta de acceso a otro tipo de datos, la tendencia a focalizar toda nuestra atención en la información negativa puede llevarnos a desatender lo que nos rodea, con el resultado de que los datos negativos acaban pareciendo más vívidos y reales que los positivos.

Tampoco debemos olvidar los beneficios que suelen acompañar al diálogo interno. Si quiere, pues, entender su diálogo interno, deberá prestar una gran atención a los "beneficios" que se derivan de él. Puede estar seguro de que no mantendría ninguna conducta, diálogo o pauta de pensamiento si ello no le reportase alguna recompensa. Dicho en otras palabras, usted no elige al azar su diálogo interno, sino que lo hace porque, a cierto nivel, "le sirve". Recuerde que, sin recompensa, no hay repetición.

Supongamos que el tono y el contenido de su diálogo interno no dejen de insistirle en la necesidad de aceptarse tal cual es, una idea que tal vez usted afirme detestar. Pero créame si le digo que, si realmente la detestase y no le proporcionase ningún beneficio, no le prestaría la menor atención. Por lo tanto, por más que tal idea le repugne, no estaría de más que se preguntase por el beneficio que ello le reporta... y dejara de insistir en que usted es la excepción a esta regla, porque lamento decirle que, en este caso, no existe ninguna excepción.

Supongamos, por ejemplo, que Carol está considerando la posibilidad de volver a matricularse en la universidad y reanudar la carrera que abandonó cuando conoció al que sería su esposo y se casó con él. Eso es, al menos, lo que Carol afirma conscientemente pero, al menos en el nivel del diálogo interno, las cosas no son tan sencillas. Por esta razón, si quisiéramos predecir el resultado de sus esfuerzos, no sólo deberíamos escuchar lo que Carol dice en voz alta a los demás sino también, y mucho más importante, lo que está diciéndose en voz baja a sí misma. Tenga en cuenta que, si el diálogo interno está considerando las muchas posibles complicaciones que acompañan a un mayor nivel de formación, Carol podría empezar a ponerse nerviosa puesto que, con un título en sus manos, ya no tendría excusa para seguir en el mismo trabajo absurdo y poco gratificante que desempeña hoy en día. No sería nada extraño que su mayor preparación profesional la obligase a entrar en un mercado laboral mucho más competitivo y a enfrentarse a un nuevo conjunto de exigencias. Quizás, pues, en esas condiciones, el hecho de permanecer en un trabajo en el que se siente "segura" suponga un auténtico beneficio que la libre de la necesidad de afrontar retos más arriesgados.

Tal vez, si nunca ha destacado mucho, su diálogo interno sea: «Es cierto que mi trabajo no es gran cosa, pero no hay que olvidar que renuncié voluntariamente a tal o cual oportunidad porque, en caso contrario, hoy en día tendría un trabajo extraordinario. Es cierto que, de haber recibido una mejor formación, tendría muchas más oportunidades ¿pero es realmente eso lo que quiero?». ¿No le parece que resultaría muy embarazoso no tener un buen trabajo y ninguna excusa que lo justifique?

Hay ocasiones en que el beneficio que le proporciona el hecho de engañarse a sí mismo para no enfrentarse a un gran riesgo le permite escaparse del posible dolor que implica el hecho de no ser aceptado y no tener, para ello, ninguna excusa. Hay veces, como sucede con el caso de Carol, en que su diálogo interno complica y boicotea hasta los objetivos más importantes y fundamentales y acaba convenciéndole de que «es más fácil no hacerlo».

Pero todavía tenemos que hablar más sobre el tema del riesgo porque todo cambio supone un riesgo que nos lleva a emprender un diálogo interno. Por tanto, no debe sorprenderse de ser tan porfiadamente refractario al cambio. Su diálogo interno puede ser autodestructivo aunque su problema sea tan sencillo como permanecer atrapado en un trabajo que no le gusta. Tenga en cuenta que el simple hecho de plantearse cambiar de trabajo, aunque se trate de un cambio positivo, conlleva el riesgo de admitir que no tiene lo que quiere. Cuando su diálogo interno reconoce eso, ya no puede seguir mirando hacia otro lado y ocultándose en la negación, sino que debe enfrentarse a la cruda realidad de una vida laboral deplorable. Así pues, su diálogo interno puede obligarle a «ponerse en movimiento» y hacer algo al respecto, lo que puede generar una gran presión. Cuando admite la existencia de un problema, se ve obligado a seguir viviendo de buen grado una vida miserable o a buscar algo más, en cuyo caso, puede fracasar lo que, naturalmente, implica miedo al fracaso.

Éste es uno de los muchos problemas que puede generar el diálogo interno. No resulta difícil, cuando nuestro diálogo interno interpreta como terribles y dolorosas las posibilidades que nos presenta la vida, acabar paralizados. En ese caso, en lugar de enfrentarnos a la realidad podemos empezar a engañarnos y vivir una vida falsa, emprendiendo entonces un diálogo falso que bien podría discurrir del siguiente modo: «Este trabajo realmente me gusta. Ya sé que no es muy bueno, pero estoy contento, al menos, de tener un trabajo. Quisiera hacer algo diferente, pero la verdad es que no creo mucho en mí». Ése es, en tal caso, un beneficio que le aleja de la verdad y le evita el miedo, la presión y el sufrimiento que implica ponerse en marcha para tratar de cambiar las cosas.

Dicho en otras palabras, la baja autoestima que puede generar y perpetuar el diálogo interno es, para muchas personas, una excusa muy cómoda, un pretexto para jugar sobre seguro y no esperar mucho de sí. «Me gustaría cambiar las cosas, pero lo cierto es que no confío mucho en mí.» ¿Pero cree que eso realmente le conviene? Usted está aterrado y lleva setenta años arrastrando el culo de un lado a otro, lo que no resulta muy adecuado que digamos. Todo el mundo tiene dudas, pero ¿cómo podemos enfrentarnos al diálogo interno, en lugar de vernos paralizados por él?

Pregúntese pues, si su diálogo interno gira en torno a la autoestima, si está aproximándole o alejándole de lo que quiere. El mundo no necesita pasajeros, sino participantes. Tenga en cuenta que, si está nervioso y teme a la vida, y si su diálogo interno lo muestra, estará en apuros. Todo el mundo se pone nervioso con respecto a diferentes aspectos de su vida; todo el mundo tiene dudas sobre sí mismo, todo el mundo tiene miedos y todo el mundo tiene ansiedades pero, si sigue aceptando pasivamente las excusas que le proporciona su diálogo interno sin hacerles frente, estará engañándose a sí mismo y a todos los que le rodean.

EL DIÁLOGO INTERNO POSITIVO

Aunque en este capítulo hayamos visto muchos ejemplos de diálogos internos claramente negativos, debemos reconocer también la existencia de diálogos internos muy racionales y productivos. Expliquemos ahora estos criterios –racional y productivo– porque pueden ayudarle a diferenciar con claridad el diálogo interno positivo del que no lo es.

Después de haber pasado casi toda mi vida haciendo deporte –primero fútbol y luego tenis–, he tenido muchas ocasiones de conocer entrenadores que reconocían la importancia del aspecto mental del juego y, más concretamente, del profundo efecto que tiene el diálogo interno en medio del fragor de la batalla.

Paul Vishnesky es uno de esos entrenadores. Paul es un excelente jugador de tenis, una gran pareja de dobles y un mejor entrenador. Lleva mucho tiempo estudiando psicocibernética y diálogo interno, algo que se pone claramente de manifiesto en su enseñanza. En cierta ocasión me dijo: «En el caso de que yerres el primer lanzamiento, no debes decirte "No hagas doble falta"», porque, en su opinión, uno no debe permitir que las últimas dos palabras que uno se diga antes de lanzar el segundo saque sean "doble falta". «Dite, en su lugar –me comentó–, algo así como "¡Métela!"», una sugerencia, ciertamente, mucho más positiva. Y creo, por todas las razones que ya hemos mencionado, que estaba completamente en lo cierto, porque su consejo se centraba en el poder de la sugestión, apuntaba directamente al momento concreto del diálogo interno y a una consecuencia física concreta y, como no tardé en descubrir, resultaba muy útil.

Así pues, cuando juego al tenis controlo regularmente mi diálogo interno para asegurarme de que su contenido sea productivo y racional. Cada vez que un juego o un *set* se me resiste, me descubro diciendo cosas tales como «Quien resiste gana» «Relájate y disfruta» «Esto te gusta» «Él está tan cansado como tú» «Esto lo ganará quien más lo quiera» «No tienes que ganar, simplemente quieres ganar, así que mira la pelota, mueve los pies y juega».

Ignoro si todas estas frases tendrán, para usted, algún sentido, pero le aseguró que para mí sí que lo tienen. En cualquiera de los casos, sin embargo, no se trata de un diálogo interno que tenga lugar en un momento en que pueda interferir con el juego sino, por el contrario, en algún punto intermedio entre un punto y el siguiente. Es precisamente por ello por lo que, en el momento en que empieza un punto y la pelota está en juego, puedo concentrarme total y completamente en moverme y golpear la pelota. Se habrá dado cuenta de que me descomprimo diciéndome «No tienes que ganar» porque, a fin de cuentas, no soy más que un amateur calvo que se pasa el día trabajando y no estoy jugando en Wimbledon. Así es como utilizo mi diálogo interno para poner las cosas en su justa perspectiva, juego para pasar un buen rato y, gane o pierda, luego me ducharé, comeré algo y ayudaré a Jordan a hacer sus deberes de geometría.

Ya hemos dicho que el diálogo interno negativo va acompañado de correlatos fisiológicos y que puede provocar un aumento crónico en la tasa de adrenalina en sangre, un aumento de la presión sanguínea, etcétera. Y lo mismo ocurre, obviamente, con los pensamientos positivos racionales y motivadores, en cuyo caso, sin embargo, las células de su cuerpo responderán de manera mucho más positiva.

Las investigaciones sobre la relación entre mente y cuerpo realizadas desde hace muchos años por los psicólogos del deporte han puesto de relieve, una y otra vez, que los pensamientos que tenemos sobre el modo en que estamos llevando a cabo una determinada tarea física influyen poderosamente en el resultado. Así, por ejemplo, los pensamientos positivos contribuyen a que los halterófilos levanten pesos mayores, a que los nadadores naden más deprisa y a que los corredores corran más rápido. El testimonio de los atletas olímpicos también demuestra la importancia que atribuyen a su diálogo interno. Y, como me enseñaron mis entrenadores, lo que sucede en el caso de los atletas es igualmente aplicable a los seres normales y corrientes como nosotros. Por ello, aunque no sea ningún atleta olímpico, adopté sin empacho el consejo de Paul Vishnesky y me dispuse a observar lo que me decía a mí mismo en la cancha de tenis.

Veamos ahora lo que no es un diálogo interno positivo. Como ya he dicho anteriormente, el diálogo interno positivo es una conversación positiva y racional con uno mismo que no tiene nada que ver con las afirmaciones disparatadas ni los hurras infundados. El diálogo interno positivo gira en torno a pensamientos, mensajes y argumentos basados en hechos que nos permiten dejar a un lado las mentiras, las creencias y las opiniones, y vivir asentados en la realidad. El diálogo interno positivo, en suma, no se basa en la negación sonriente, sino en el compromiso sincero con el mundo.

El diálogo interno positivo tampoco tiene que ver con letanías ni mantras del tipo «siéntete bien» (como «soy bastante bueno, soy bastante inteligente» o similares). Tenga en cuenta que, cuando necesita llevar a cabo un cambio para que su vida mejore, no se dice «soy bastante bueno tal como soy», porque quizás sea demasiado perezoso y no sea lo bastante bueno, en cuyo caso convendría mantener un diálogo racional y sano consigo mismo para poder identificar los aspectos a cambiar y colocarlos en los primeros lugares de su lista de cosas por hacer. Si usted es un perezoso, debe admitirlo pero, si no lo es, convendrá que deje de repetírselo. Empiece, pues, a escuchar y a poner en cuestión su diálogo interno, deje a un lado las ficciones y aténgase a los hechos.

Es posible que usted, como yo, también conozca a personas que no le tienen miedo a nada… ni aun en aquellos casos en que deberían tenerlo. Para mí, el diálogo de estas "personas antibala" (como suelo llamarlas, porque parecen creer que son inmortales) no es sano ni positivo, sino tan peligroso como el excesivamente crítico.

Tenga en cuenta que el trabajo que le propongo con el diálogo interno no es un ejercicio de afirmación ciega, sino que le exige restablecer el contacto con su verdad personal y conocer cuál es la verdad en función de la cual vive. Mentirse a uno mismo tiene un precio, y poco importa que esa mentira consista en negarse, en desaprobarse o en ensalzarse exageradamente, porque, en cualquiera de esos casos, sigue tratándose de una mentira. Poco importa también que esa mentira sea intencional o el mero producto de distorsiones que han acabado impregnando silenciosamente toda su vida. Lo único que, en este sentido, sirve, es la verdad sincera y sencilla. Si su verdad personal se asienta en la desconfianza en sí mismo, la autoinculpación o la autoflagelación, vivirá esa verdad en el mismo momento en que salga al mundo, pero, si confía de manera natural y duradera en sí mismo, no necesariamente tendrá miedo, por más que se encuentre en una situación peligrosa. A fin de cuentas, nuestra reacción se deriva del modo en que nos percibimos a nosotros mismos. Deje de preocuparse, pues, de las opiniones sobre sí mismo y empiece a ocuparse directamente de los hechos.

El conocimiento es poder. Es por esto por lo que el diálogo interno positivo le permitirá conocer su historia y seguir avanzando o, dicho de otro modo, le permitirá «ir más allá de donde ahora se encuentra». Recuerde que antes le dije que mi padre fue la primera persona de su familia y de la de mi madre en ir a la universidad. Y, si pudo «dar un paso hacia delante», fue porque estuvo dispuesto a cuestionar lo que, día tras día, le decía su diálogo interno («Somos pobres e incultos. Eso es lo que somos. Ahora estoy luchando para salir de todo eso, abrirme y seguir ascendiendo los peldaños de la escalera de la vida. Estoy luchando por salir de aquí»).

El diálogo interno positivo es lo que lleva al atleta olímpico a dar lo mejor de sí. Bien podríamos decir, en este sentido, que la energía liberada por el diálogo interno positivo es lo que le permite acceder a un nivel de logro superior. Luego, el atleta sólo recuerda que se hallaba completamente absorto en el momento presente.

El diálogo interno positivo fue el legado de la experiencia que tuvo Oprah en tercer grado. Una y otra vez, el mensaje es siempre el mismo: «Si haces las cosas lo mejor que puedas, tendrás éxito y serás valorado». En mi propio caso, por último, se trató del mensaje del mundo real, el mensaje de autoestima que afirmé con orgullo cuando me expulsaron de la escuela por haber defendido a mis amigos y por haberme defendido a mí mismo.

El diálogo interno positivo es completamente coherente con su yo verdadero y dice: «No tengo que ganarme el derecho a estar aquí porque ése es un derecho que, en tanto que ser humano, me corresponde por derecho de nacimiento».

HACIENDO INVENTARIO

Confío en que esté dispuesto a prestar atención a su diálogo interno y poder así descubrir exactamente lo que se dice a sí mismo. Para ello necesitará, como siempre, su diario y algo con qué escribir.

✎   ✎   ✎

EJERCICIO 1

Elija un día para llevar a cabo este ejercicio, preferentemente un día en el que no piense hacer nada especial ni fuera de lo ordinario. Debería tratarse, pues, de un día normal y corriente como cualquier otro.

Lleve consigo su diario o un pequeño cuaderno y lápiz durante todo el día. Organice una serie de citas consigo mismo, cada dos horas pongamos por caso, en las que deberá dejar de hacer lo que esté haciendo, sacar el cuaderno y anotar por escrito todo lo que recuerde sobre el diálogo interno que haya mantenido las últimas dos horas. Dedique unos pocos minutos a cada una de estas ocho o diez sesiones. Tome nota de lo que se dice a sí mismo con respecto a:

- su apariencia
- lo que haya hecho en las últimas dos horas
- su trabajo, en términos generales
- su inteligencia
- su competencia
- sus habilidades y destrezas
- su valor

También puede tomar nota, si así lo prefiere, de su diálogo interno en el mismo momento en que tenga lugar. El asunto consiste en anotar todos los diálogos internos que haya mantenido durante un día normal y corriente.

EJERCICIO 2

Supongamos que mañana tiene previsto llevar a cabo una presentación importante en su trabajo ante un numeroso público compuesto por clientes, colaboradores y hasta su propio jefe. ¿Qué es lo que se dice la noche anterior, mientras está tumbado en la cama en plena oscuridad?

Tómese todo el tiempo que necesite para considerar, sincera y completamente, todos los mensajes que discurran por su cabeza. ¿Qué es lo que se ha dicho durante esa conversación consigo mismo?

Tome nota de todo lo que recuerde de esa conversación.

EJERCICIO 3

Vuelva ahora a las notas que tomó en los Ejercicios 1 y 2. ¿Advierte acaso la existencia de temas o tópicos comunes a ambos? ¿Cuáles son, en tal caso, los rasgos comunes? Anótelos por escrito.

EJERCICIO 4

¿Cómo describiría, después de haber revisado su respuesta a los Ejercicios 1 y 2, el tono o estado de ánimo global de su diálogo interno? ¿Es positivo u optimista o, por el contrario, derrotista, pesimista o autoculpabilizante? ¿Es, en el primer caso, racional, o no es más que un montón de cháchara autoglorificadora carente de todo sentido? ¿Existen acaso áreas concretas en las que su diálogo parezca especialmente duro o crítico o, por el contrario, las hay especialmente optimistas y positivas? Subraye todos aquellos aspectos que ejemplifiquen un diálogo especialmente positivo o especialmente negativo.

EJERCICIO 5

Eche un nuevo vistazo a su respuesta a los Ejercicios 1 y 2. ¿Qué cree que le dicen con respecto a su *locus* de control?, ¿Añaden algo nuevo, en este sentido, a su respuesta a los cuestionarios relacionados con el *locus* de control? ¿Se halla su diálogo interno orientado hacia el interior, hacia el exterior o hacia el azar? Anote sus respuestas por escrito.

EJERCICIOS 6

Revise sus escritos y responda a la siguiente pregunta: ¿Qué tipo de amigo es usted, a lo largo de todo un día, para sí mismo? ¿Qué tipo de amigo sería el que le susurraría al oído los mensajes que anotó como respuesta a los Ejercicios 1 y 2?

Usted es la única persona que habla consigo todos los días. ¿Qué tipo de amigo es? ¿Está usted generando acaso activamente un entorno tóxico que contamina su experiencia del mundo o acaso los mensajes que se repite a sí mismo se caracterizan por un optimismo racional y productivo?

9. LAS ETIQUETAS

Cada hombre estampa su valor en sí mismo…
es la voluntad la que nos hace grandes o pequeños.
J.C.F. VON SCHILLER

Hace ya muchos años, un equipo de psicólogos llevó a cabo un proyecto de investigación en el que utilizó como sujetos a alumnos de una escuela primaria. La investigación trataba de poner de relieve la incidencia del entorno social y, más concretamente, del tratamiento al que nos someten las personas que nos parecen más poderosas e importantes, en la idea que tenemos de nosotros mismos. A comienzos del año escolar, los investigadores dividieron una clase de alumnos de sexto grado en dos grupos, asegurándose de que el grado de inteligencia, la habilidad, el nivel de madurez, el sustrato cultural, etcétera, de ambos eran virtualmente idénticos.

Luego los investigadores anunciaron a los miembros de uno de los grupos –a los que se llamó "los Pájaros Azules"– que la investigación les había identificado como excepcionalmente diestros y se les dijo que, en atención a sus especiales dones, el ritmo de trabajo de aquel año sería especialmente rápido y estimulante. En cambio, a los integrantes del otro grupo –a los que, por cierto, se denominó "los Pájaros Amarillos"–, se les informó que deberían trabajar más duro para realizar sus deberes, que se enfrentarían a muchos retos y que muy probablemente aquel curso escolar sería, para ellos, muy difícil, pero que su maestro estaba dispuesto a tratarles más duramente para que pudieran superarlo. El mensaje, en suma, que se transmitió a los Pájaros Amarillos era aproximadamente el siguiente: «No eres muy inteligente y, por tanto, no debes esperar gran cosa de la vida». Sin embargo, al margen de ambos mensajes, todos tuvieron que hacer exactamente los mismos deberes, seguir el mismo programa y superar los mismos exámenes.

Afortunadamente, un proyecto de este tipo no superaría, hoy en día, la fase de propuesta, porque no creo que alguien se atreviese hoy en día a aprobar una investigación psicológica que implicase un riesgo para los participantes. Y es que, por más que se tratase de una división artificial y que únicamente duró cuatro meses, sus consecuencias fueron muy profundas y duraderas. De hecho, los Pájaros Amarillos experimentaron problemas y frustraciones que no acabaron al finalizar el experimento y retirárseles la etiqueta que tan aleatoriamente se les había asignado. Y es que cuando, diez años más tarde, los investigadores volvieron a conectar con ellos, descubrieron que la puntuación en los tests de inteligencia, el rendimiento escolar y el éxito en actividades extraescolares como la música y los deportes de los Pájaros Amarillos, había sido significativamente más pobre que los de sus compañeros, amén de haber tenido muchos más problemas con la ley. ¡Una simple etiqueta –quiero asegurarme de que entiende perfectamente la gravedad de lo que estoy diciendo– había conseguido que niños originalmente semejantes en todos los aspectos alcanzasen resultados completamente diferentes! Todo sucedió, dicho en dos palabras, como si aquellos niños hubieran vivido en función de las etiquetas que se les había asignado al azar. Y poco importa, en este sentido, que fueran conscientes o no de que una mera etiqueta había cambiado completamente la idea que tenían de sí mismos porque ¡vaya si lo hizo! De un modo ciertamente devastador.

Independientemente de que seamos o no conscientes de ellas, las etiquetas, tanto procedentes del exterior como del interior, determinan muy poderosamente nuestra vida, una influencia que se deriva del lugar capital que ocupan en el núcleo mismo del falso yo. Ése es uno de los modos en que el mundo ataca su autenticidad y le señala lo que espera de usted si es un "buen chico". Quizás esas etiquetas se las hayan asignado sus padres, sus compañeros, sus maestros o sus entrenadores o, por el contrario, se las haya asignado usted mismo cuando se dio cuenta de que estaba arruinando su vida, pero, sea cual fuere su origen, es imprescindible admitir la existencia de las etiquetas, resistirse a su "ataque" y considerar el impacto que han provocado en la idea que actualmente tiene de sí mismo. Si realmente quiere restablecer el contacto con su yo verdadero no puede seguir ignorándolas. Los seres humanos somos muy proclives a aceptar e interiorizar las etiquetas, en cuyo caso nos vemos profundamente transformados. Y es que, cuando aceptamos su validez, reemplazamos lo que creemos ser por lo que la etiqueta nos dice que somos.

Recuerde la pregunta que le formulé en el Capítulo 2: «¿Quién es usted?». Son muchas, como vio en ese capítulo, las personas que contestan a esta pregunta en términos del trabajo o de la función que desempeñan. Así, por ejemplo, son muchas las personas que, a esa pregunta, responden cosas tales como «soy banquero», «soy fontanero», «soy televendedor», «soy madre», «soy profesor» o «soy agente inmobiliario», es decir, que se describen en función del papel externo que desempeñan o, dicho de otro modo, no nos dicen tanto quiénes son, como lo que hacen.

Pero también existe otro modo de responder sin palabras a esa pregunta y, en este sentido, su respuesta interna puede ser muy diferente a lo que afirman sus palabras («soy una mujer de negocios» o «soy procurador»). Tenga en cuenta que todo el mundo dispone de un conjunto de "máscaras sociales", etiquetas a las que se repliega cuando se encuentra con alguien o se presenta al mundo. Y, por más que nunca las revelaríamos en voz alta, todos tenemos un conjunto de etiquetas internas –que forman parte de nuestra verdad personal– que nos aplicamos en función de la idea que tenemos de nosotros mismos. Así pues, su respuesta interna a esta pregunta apela a un conjunto diferente de etiquetas que en ocasiones puede llegar a ser muy cruel y hasta mordaz. Dicho simplemente, las etiquetas aparecen:

- cuando permite que otra persona le defina basándose en el modo en que le percibe y
- cuando se juzga a sí mismo y cristaliza ese juicio como si se tratara de un rasgo duradero.

Si usted vive en función de una etiqueta, acabará forjándose una idea falsa de sí mismo con fronteras artificiales. Las etiquetas son generalizaciones o estereotipos que nos llevan a ignorar nuestra propia realidad. Poco importa, en este sentido, que la etiqueta provenga del exterior o del interior; en el momento en que la admite, la hace también suya y, del mismo modo, poco importa que haya sido otra persona o usted mismo quien le dijera que es un Pájaro Amarillo, porque hoy en día seguirá creyendo serlo.

Las etiquetas son los iconos de la charla interna que mantenemos con nosotros mismos, un diálogo que iniciamos siendo niños y prosigue hasta el día de hoy, y reflejan las conclusiones a las que llegó cuando se valoró en función de algún criterio externo. Quizá ese criterio fue la popularidad y, como usted no era popular, le asignaron la etiqueta de "fuera de onda" o de "petardo"; tal vez fue el dinero y, como no lo tenía, acabó reci-

biendo la etiqueta de "fracasado", o quizás fueron las califica-
ciones y, como su hermano o hermana las sacaba mejores, acabaron designándole como "el segundo" (una forma, por cierto,
muy desagradable y dura de referirse a alguien). A diferencia
del resto de las palabras, las etiquetas poseen una "carga"
emocional asociada, de modo que no sólo son descriptivas,
sino también acusatorias y, en consecuencia, muy inquietantes. Es precisamente esta dimensión emocional la que les proporciona su extraordinario poder.

Todo esto significa que, cuando empezó a hablar, aprendió
primero los nombres de las cosas en términos de sus propieda-
des e identificaciones exclusivamente físicas. Quizás, por dar
sólo un ejemplo, la primera palabra que aprendió fue "pelota",
algo que no es especialmente bueno ni especialmente malo.
Cuando su madre se colocaba junto a su cuna repitiendo "pelota,
pelota", "pelota", estaba ayudándole a diferenciar ese objeto de
todos los demás. Pero, cuando le enseñó los términos "malo" o
"mala", sucedía algo muy distinto. Para empezar, su ceño estaba
fruncido, su voz sonaba diferente y usted sabía que, de algún
modo, estaba molesta con usted. Así fue como esas palabras
acabaron asociándose a usted y a sus respuestas emocionales a
su madre. Es por esto por lo que las palabras "malo" o "mala"
están cargadas de connotaciones emocionales y no son tan neutras como la palabra "pelota".

Cuando su vocabulario se amplió, aprendió a diferenciar
las palabras neutras de las palabrotas. Quizás entonces se enteró del significado de expresiones tales como "hijo de…" o
"afeminado". De ese modo es como la palabra "fracaso" puede haber acabado impregnando la idea que tiene de sí mismo,
socavando su autoestima, hiriendo su orgullo y despertando el
deseo del logro o quizás la etiqueta que escuchó fue la de "impotente", que se aplicó a sí mismo en su acepción de "inútil" o
"inepto" o quizás, por último, la etiqueta fue la de "feo", que
acabó convirtiéndose en "odioso" o "indigno de amor".

Tenga en cuenta que los términos abstractos resultan difíciles de valorar, porque no tienen que ver con hechos objetivos, sino con opiniones subjetivas. Como anteriormente señalábamos, usted puede afirmar con certeza que no es un ladrón, porque posee datos creíbles y objetivos con los que contrastar y corroborar tal afirmación. Pero las cosas son muy distintas cuando alguien le tilda de "impotente", "fracasado" o "feo", por ejemplo, hasta el punto de que bien podríamos decir, en tal caso, que está atacando su autoestima.

«¿Quién soy yo para estar en desacuerdo? Quizás estén en lo cierto –puede pensar usted–, tal vez realmente sea un fracasado, quizás sea feo.» Resulta difícil resistirse al poder de las etiquetas, aunque sólo sea porque resultan difíciles de cuantificar y la cosa se complica más todavía cuando añadimos al guiso un buen puñado de sufrimiento emocional. Poco importa, en este último caso, que haya escuchado la etiqueta mil veces o que sólo la haya escuchado una porque, cuando experimenta la palabra a un nivel emocional, se convierte en algo significativo. El daño convierte a la palabra en algo concreto y, a partir de ese momento, es precisamente su abstracción la que la convierte, para usted, en algo más vívido y real que cualquier objeto tridimensional como una pelota, por ejemplo.

Si busca en el diccionario la palabra "etiqueta", descubrirá que está definida como "término de clasificación". Y es que las etiquetas sirven para ubicarnos dentro de cierto grupo de otras personas que supuestamente son similares a nosotros. Por otra parte, las etiquetas también nos diferencian de tal o cual otro grupo de personas. Así pues, los que caen dentro de la clasificación se comportan de un determinado modo y los que quedan fuera de ella se comportan de manera diferente.

Si piensa en este punto reconocerá también que una etiqueta es una especie de predicción. Los Pájaros Azules siempre destacarán, mientras que los Pájaros Amarillos lo pasarán mal en la escuela; usted es Sagitario y, en consecuencia, se comportará de tal modo en determinada situación, mientras que ella, por el contrario, es Escorpio y, por tanto, se comportará de tal otro. Resulta curioso el modo en que personas inteligentes incurren en ese tipo de vudú para circunscribir a otras personas o a sí mismos dentro de fronteras definidas y predecibles.

La universidad tiende a ser un terreno fértil para ejercitar el impulso a clasificar. Ahí nos encontramos con los guays, con los que no están en onda, con los deportistas, con los listillos, con las reinas de la belleza, con los vegetarianos, con los friquis, con los colgaos, etcétera. La adolescencia es una etapa de la vida en que somos especialmente sensibles a las relaciones sociales y ansiamos saber a qué grupo pertenecemos, una sensibilidad emocional que nos hace muy vulnerables a las etiquetas. Las expectativas que entonces imponemos sobre nuestros semejantes y sobre nosotros mismos pueden "endurecerse" hasta el punto de resultar inconcebible que alguien no se comporte de acuerdo a la etiqueta que se le había asignado. Entonces desarrollamos ideas muy firmes sobre cómo "deberían" o "no deberían" ser las personas. Nos desagrada que "el atleta mudo" saque un sobresaliente, porque ello viola nuestra sed de previsibilidad y, del mismo modo, nos incomoda que el empollón toque la guitarra como Buddy Holly. No es de extrañar que acabemos completamente convencidos de que la predicción asociada a la etiqueta que se nos había asignado es tan real como si estuviera grabada a fuego. Pero lo más curioso es que podemos acabar amoldándonos tanto a nuestra etiqueta que llegamos a considerar una bobada o una amenaza cualquier cosa que la cuestione. Hay veces en que la etiqueta nos hace sentir cómodos porque, al menos, nos proporciona una cierta identidad y la defendemos a capa y espada: «Éste es mi terreno y tú no puedes obligarme a salir de él. ¡No olvides que soy el rebelde problemático!», porque tememos que, en caso de perderla, no tendríamos nada con qué reemplazarla.

El hecho es que, cuando usted era joven y vulnerable, pudo haber aceptado una clasificación que ha acabado impidiéndole el acceso a su verdadero yo. Recuerde que el mundo espera algo de usted y que su autenticidad no forma parte de esa agenda. Al mundo le gustan las etiquetas porque son útiles y todo aquel que se niegue a vivir en función de una etiqueta se convierte también en una persona incómoda.

EL ETIQUETADO IATROGÉNICO

Para poder identificar las etiquetas que puedan estar operando en su propia vida también deberá tener en cuenta que no todas ellas se han visto motivadas por el odio o por el deseo de controlar a los demás. Debe saber, en este sentido, que existe el término daño "iatrogénico", que se refiere al daño provocado por un sanador y que, por ello, también resulta aplicable –hablando en un sentido lato– al daño provocado por las buenas intenciones. Así, por ejemplo, el daño iatrogénico tiene lugar cuando la recomendación del médico de que su paciente permanezca un par de semanas más en la cama acaba llagándole o cuando, por el simple hecho de que el médico advirtiera al enfermo de la posibilidad de sufrir daño en alguna función mental –una causa completamente ajena a su enfermedad– éste acaba produciéndose.

No basta con las buenas intenciones para garantizar el efecto benéfico de una etiqueta que pretendía ser útil, ya que también, en ese caso, puede acabar teniendo efectos dañinos.

Por ejemplo, hay ocasiones en que los padres de niños minusválidos les transmiten el mensaje de que no poseen la capacidad de relacionarse con el mundo "normal". Es comprensible que los padres teman que sus hijos puedan verse acosados o maltratados por el mundo, pero hay veces en que el deseo de proteger a su hijo puede acabar generando un adulto más incapacitado por los miedos y debilidades derivados de una visión limitada de sí mismo que por la misma incapacidad física. Por ejemplo, el principal de los obstáculos que tuvo que superar Helen Keller cuando era joven, no fue la ceguera ni la sordera, sino la sobreprotección de su padre. Imagínese la pérdida que hubiera supuesto para el mundo si su vida se hubiera visto encorsetada por el etiquetado bienintencionado, aunque sumamente estrecho, de su padre, y por su deseo de mantenerla alejada para siempre del mundo. En este sentido, son demasiados los niños a los que se les dice que tienen una «constitución delicada» o que son «extraordinariamente sensibles». Hay que tener mucho cuidado con las etiquetas que podemos asignar a un niño porque, a largo plazo, pueden acabar provocando lamentables consecuencias

Conviene estar muy atento, pues, a los posibles efectos del etiquetado iatrogénico en su vida. Busque cualquier etiqueta que, independientemente de su intención protectora o maliciosa, pueda haber limitado y circunscrito excesivamente su sensación de identidad. Y permítame también agregar rápidamente que ésta no es una invitación a culpar a sus padres de su sensación de impotencia. Es cierto que los padres, los maestros y otras figuras de autoridad pueden haberle asignado algunas etiquetas iatrogénicas pero, en la actualidad, la responsabilidad es exclusivamente suya. Su tarea consistirá en buscar en su interior, descubrir esas etiquetas y decidir por sí mismo si quiere seguir usándolas o no.

VIVIR EN FUNCIÓN DE LAS ETIQUETAS

En cierta ocasión traté a una mujer de cuarenta y cinco años de edad cuya idea de sí misma era la más pobre con que jamás me haya encontrado. Beth Ann era la primogénita y tenía otros tres hermanos varones de edad parecida. Ella era la única chica y, francamente, no diría que, en su caso, se tratase de una circunstancia muy agradable.

Su padre, Joe Bob, era un hombre fornido con una personalidad muy fuerte y arrogante, y un sistema de valores tan machista que, ante él, hubiera palidecido hasta el mismo Archie Bunker. Joe Bob era el hombre por excelencia, pasaba el tiempo cazando, pescando y practicando o asistiendo a espectáculos deportivos. Él hubiera querido tener un hijo, «un camarada –según dijo– con el que pudiera correr» y, cuando nació Beth Ann, no hizo nada por ocultar su decepción. Trataba a su esposa como si fuera una sirvienta y, cuando Beth Ann creció, acabó tolerando su presencia, pero de mal grado. Cuando sus hermanos crecieron, su padre se dedicó exclusivamente a ellos hasta el punto de que Beth Ann pareció desaparecer de su vista, por más que ella se esforzara en ser aceptada e incluida en su mundo. Las diferencias con su padre se acentuaron con el paso del tiempo y acabaron culminando en un abierto rechazo cada vez que solicitaba de él su tiempo, su dinero o algún esfuerzo. Los niños siempre tuvieron las mejores ropas, el mejor equipamiento deportivo, la mayor asignación económica y, cuando crecieron, los coches más bonitos, hasta el punto de que Beth Ann acabó convirtiéndose en una especie de Cenicienta que llevaba ropa de segunda mano, vivía en un cuartucho que servía también de porche y de trastero, y conducía la vieja y destartalada furgoneta de su madre. No tenía intimidad, respeto, ni atención alguna de su padre o de sus hermanos. Joe Bob jamás hubiera pensado siquiera en perderse una de las actividades o deportes en que participaban sus hijos, pero no acudió a una sola de las representaciones teatrales en que intervenía su hija, desdeñándolas como «cosas de niñas». No es de extrañar que, habiendo vivido tanto tiempo en un sistema familiar que realmente la trataba como una persona inferior, Beth Ann acabase concluyendo que era una persona de segunda clase. Los niños aprenden muy bien lo que viven y Beth Ann aprendió perfectamente aquella penosa lección.

"Viviendo en función de su etiqueta", Beth Ann aprendió que merecía muy poco de la vida y, en consecuencia, se acostumbró también a esperar muy poco. Cada vez que quedaba con un chico, se mostraba tan servil y pasiva que casi invitaba a que la maltratasen, y sus compañeros solían considerarla como una persona muy aburrida y falta de espíritu e iniciativa. Cuando acudió a mi consulta, en busca de un profesional remunerado para que le proporcionara consejo y ayuda, se sentía mal por obligarme a escuchar todos sus problemas. La dañina etiqueta impuesta por el trato de su padre y, lo que es más importante, aceptada después por ella misma, había acabado cerrándole las puertas a cualquier otra alternativa y ni siquiera cuestionaba la miserable idea que tenía de sí misma. Su etiqueta controlaba hasta tal punto sus pensamientos, sus sentimientos y sus acciones, que no sería exagerado decir que vivía en función de ella. Había acabado interiorizando la etiqueta transmitida por las palabras y los hechos de su padre y se había convertido, para ella, en una auténtica prisión. Cuanto más se conformaba, más intolerable le resultaba su vida y, cuando su espíritu ya no pudo más, no le quedó más remedio que solicitar ayuda.

El modo en que la trataba su padre era tan elocuente que a veces ni siquiera era preciso que abriese la boca. Luego ella respondió al aguijón de su rechazo agregando sus propias etiquetas y condenándose a sí misma, una reacción que la llenó de dudas y acabó obligándola a renunciar a su verdadera sensación de identidad. El hecho de que, en algunas ocasiones, la reacción sea menos evidente no significa por ello que sea menos destructiva.

Hay quienes reaccionan a las etiquetas adaptándose total y completamente al mensaje implicado, mientras que otros, en cambio, lo hacen rebelándose en contra de la etiqueta. Quizá la persona que haya sido tratada y etiquetada como lo fue Beth Ann pueda responder con arrogancia y una falsa sensación de superioridad, pretendiendo con vehemencia que le importa un bledo la aceptación que tanto le ha sido negada. Pero es importante señalar que, en cualquiera de los casos –ya sea que uno se adapte a la etiqueta o que se rebele contra ella–, se halla sometido al control de una etiqueta que está determinando su vida. No es difícil imaginar que el modo en que es tratada una niña pequeña, impresionable y vulnerable, puede llegar a controlar su pensamiento pero ¿cómo se manifiesta cuando la persona madura y se convierte en un adulto? ¿Por qué, dicho en otras palabras, una mujer madura y competente debería seguir sometida a las etiquetas que le fueron asignadas en su infancia? La respuesta es muy clara, pero en modo alguno evidente.

Sólo es posible vivir en función de una etiqueta que acaba convirtiéndose en parte de su verdad personal y de la idea que tiene de sí mismo cuando, de un modo u otro, esa etiqueta le sirve. Lo único que explica la permanencia y resistencia al cambio de las etiquetas más dolorosas e inapropiadas son los beneficios –sociales, espirituales o de cualquier otro tipo– que proporcionan. Y es que, de no proporcionar algún tipo de ventaja, jamás se hubiera acabado aceptando la definición contenida en esa etiqueta. Quizás, por ejemplo, la etiqueta proporcione al sujeto una excusa para permanecer pasivo o enojado, o para desempeñar el papel de víctima, pero no existe otra explicación porque, sin recompensa –por más retorcida que ésta pueda parecer–, haría tiempo ya que la etiqueta en cuestión se habría desvanecido.

He conocido a muchas personas normales y corrientes –casos decididamente mucho menos dramáticos que el de Beth Ann– que se etiquetaban a sí mismas como "pacientes", pero no porque estuvieran enfermas, sino por la recompensa que les proporcionaba. Hay personas a las que el estatus de "paciente" les proporciona una cierta identidad. Independientemente de que sus desórdenes sean reales o imaginarios, independientemente de que sufran verdaderos trastornos o de que sus males sean exclusivamente hipocondríacos, ese estatus refleja claramente el modo en que la persona quiere tratarse a sí misma y que los demás le traten, al tiempo que define lo que pueden y no pueden hacer. Es como si esas personas considerasen que la enfermedad les proporciona el "honor" de ser un paciente, el mismo tipo de honor, a fin de cuentas, que suele concederse al soldado que regresa herido de la guerra. Así pues, mientras la etiqueta les proporcione ese honor, no tienen ningún incentivo para levantarse de la cama. Se sorprenderían de lo orgullosos que están muchos de mis pacientes de sus lesiones y de sus enfermedades, y hasta los hay que compiten en ver quién está más enfermo. En este tipo de casos, las citas con el médico se convierten en una razón para vivir. Así es como personas otrora muy competentes acaban convirtiéndose en parásitos improductivos que van de un hospital a otro comparando lo que les ha dicho este médico con los que les dijo aquel otro y viviendo exclusivamente en función de sus etiquetas, sin estar nunca dispuestos a volver a asumir un rol productivo.

El mensaje implícito de esa actitud es el siguiente: «Yo soy un paciente y prefiero que respete esa etiqueta antes de que me respete a mí. Soy una persona débil y enferma que no puede hacer nada por sí misma ni por los demás. Respéteme y compadézcase, pero no espere nada de mí». También hay personas a las que etiquetas como "paciente" o "estudiante" les proporciona la posibilidad de disponer de un "tiempo de espera" socialmente admitido para sustraerse a las exigencias del mundo. ¿Cómo puede esperarse que alguien se levante y vaya a trabajar si, después de todo, está enfermo y siguiendo tal o cual tratamiento? ¿Acaso ésta no le parece una excusa perfecta? El problema, una vez más, es que es completamente falso, y que el hecho de vivir en función de esa etiqueta acaba suplantando al yo verdadero y, con él, perdiendo el contacto con todas las habilidades y destrezas del sujeto.

Hay quienes necesitan aferrarse a una etiqueta que les proporcione la certeza de tener una identidad porque, de ese modo al menos, son "alguien". Es cierto que todo el mundo tiene derecho a ser alguien, ¿pero qué sucede cuando uno trasciende con mucho lo que permite el corsé de una determinada etiqueta? No olvidemos, pues –como nos recuerda el caso de Beth Ann–, que estas situaciones no son nada extrañas y que las etiquetas pueden ser muy limitadoras.

Todo esto me recuerda la reunión del trigésimo aniversario de titulados de la universidad. Las "chicas guapas" de antaño tal vez sigan siéndolo, pero lo cierto es que ya no resultan tan interesantes. La necesidad es la madre de la creatividad y, aunque algunas de ellas eran hermosas, inteligentes y trabajadoras, otras, que sólo eran hermosas –y que, de otro modo, hubieran pasado completamente inadvertidas–, se veían elegidas para cualquier cosa exclusivamente a causa de su belleza y, como resultado de ello, se acostumbraron a ser simplemente "guapas". Nunca trataron de ser interesantes o inteligentes, porque creyeron que no lo necesitaban. Está claro, pues, que esta etiqueta, por más cómoda que pueda resultar en un determinado momento, también puede acabar convirtiéndose en una maldición. Es por esto por lo que muchas de ellas ya no pueden satisfacer hoy en día el modelo de "joven y hermosa", pero siguen empeñándose en vivir en el pasado, encerradas en una etiqueta que el tiempo ha dejado ya obsoleta.

Éste, obviamente, es otro de los problemas habituales de las etiquetas, que siempre están pasadas de moda. Las etiquetas describen dónde ha estado uno, no dónde ésta, pero, si uno se abandona a ellas, seguramente acaben determinando claramente hacia dónde se dirige.

Centrar la atención en las etiquetas que ha ido acumulando es como conducir mirando únicamente el espejo retrovisor; el mejor modo, en suma, de que el futuro no sea más que una repetición del pasado.

La función distorsionadora de los factores internos de la que hemos estado hablando resulta también aplicable a las etiquetas. Si usted decide que su hijo es un diablo, que su jefe es un estúpido o que usted es un fracasado, tenderá a buscar ansiosamente cualquier información que corrobore esa etiqueta y refutará, en cambio, aquella que la contradiga. Es como si, en tal caso, su "radar de información" operase exclusivamente en la modalidad "confirmación" y únicamente buscase ejemplos e interpretase las conductas e interacciones que confirman la etiqueta y la categoría que más relevante le resulta. Y esto resulta tan aplicable en el caso de que se refiera a otra persona como en el caso de que tenga que ver con usted.

Como ocurrió con las antiguas reinas de belleza de mi clase, si su etiqueta era y sigue siendo la de ser "la chica más bonita de la clase", cuando inevitablemente envejezca y su belleza se marchite, se verá obligada a evitar, so pena de sentirse muy incómoda, los espejos y las personas que le digan la verdad. Si usted se etiqueta a sí misma como "la madre perfecta" y ha llegado ya el momento en que sus hijos abandonen el nido para ir a la universidad, su etiqueta y sus fronteras dejarán de servirle. Si, cuando percibe y enjuicia a alguien, se dice: «Este tipo es un idiota», dejará de escucharle, porque ya habrá decidido lo que es. Una vez que ha pronunciado la sentencia interna ya no hay nada más que decir: «es un idiota y punto». Si la etiqueta, por su parte, es «soy un fracasado», la mantendrá durante toda su vida cotidiana y, por más que lleve a cabo numerosas conductas del tipo "triunfador", acabará convirtiéndose en una profecía autocumplida.

Le aseguro que, si se ha provisto de un buen puñado de etiquetas, su radar escrutará y finalmente descubrirá información que las corrobore y, si es como la mayoría de las personas, cerrará la ventana de recogida de datos y vivirá en función de esa etiqueta. ¿Por qué? Porque, en tal caso, preferirá tener razón antes que ser feliz, una situación cuyas ventajas, aunque ilógicas, son muy poderosas.

Ejercicios

Ahora ha llegado ya el momento de llevar a cabo un diagnóstico de sus etiquetas. ¿Cómo se designa usted a sí mismo? ¿Le han dicho alguna vez que es un "fracasado"? ¿Se ha etiquetado alguna vez como un "fracasado"? ¿Ha aceptado, en algún momento de su vida, una determinada etiqueta para poder ser aceptado por un grupo? ¿Ha etiquetado acaso su vida como un callejón sin salida? ¿Qué es lo que eso ha significado todo eso para su vida?

Para liberarse del falso yo, antes deberá identificar las etiquetas en que puede hallarse atrapado, valorarlas y eliminarlas. Ése es, precisamente, el objetivo de los ejercicios que presentamos en el presente capítulo.

✎   ✎   ✎

EJERCICIO 1
Enumere simplemente, sobre el papel, todas las etiquetas que recuerde que le hayan asignado a lo largo de la vida. Remóntese lo más atrás que pueda y anote todas las etiquetas que recuerde. Esta lista, obviamente, incluirá algunas etiquetas que sabe que han influido en la idea que actualmente tiene de sí mismo y otras que haya rechazado.

EJERCICIO 2
Copie la siguiente tabla en su diario. Después de haber llevado a cabo el Ejercicio 1 y de haber enumerado todas las etiquetas que recuerde, vuelva a su lista y encierre en un círculo todas aquéllas que le fueron asignadas por sus padres.

Tal vez muchas de ellas se remonten tan atrás que ni siquiera recuerde la primera ocasión en que las escuchó pero, a pesar de ello, trate de recordar la primera vez que sintió su aguijón y lo que estaba haciendo en aquel momento. Rellene la tabla con el mayor detalle posible.

Etiqueta	Primera ocasión mencionada	Conducta
_____	_____	_____
_____	_____	_____
_____	_____	_____

EJERCICIO 3

Vuelva de nuevo a la tabla que hizo para el Ejercicio 2 y subraye aquellas etiquetas que considere que hoy en día todavía formen parte de su vida. ¿Está usted actuando bajo la creencia de que estas etiquetas siguen siendo válidas hoy en día y todavía le reflejan?

EJERCICIO 4

Copie ahora la siguiente tabla en su diario.

Vuelva de nuevo a su lista original del Ejercicio 1. ¿Cuáles de esas etiquetas le fueron asignadas por personas distintas a sus padres? ¿Recuerda lo que estaba haciendo cuando la recibió?

Rellene la tabla con toda esta información.

Etiquetas	Quién se la colocó	Primera ocasión mencionada	Conducta
_____	_____	_____	_____
_____	_____	_____	_____
_____	_____	_____	_____

EJERCICIO 5

Para hacer este ejercicio necesitará tres columnas que deberá colocar como mostramos a continuación.

Ahora es el momento de recordar cuáles de las etiquetas de su lista ha acabado asumiendo como propias. Este ejercicio requerirá toda su atención porque, en muchas ocasiones, el etiquetado interno yace por debajo del umbral de la conciencia.

Lo que está a punto de anotar son las etiquetas que haya extraído, a modo de conclusión sobre sí mismo, de algún evento que le haya sucedido.

Ejemplos: ¿Se adjudicó y sigue adjudicándose acaso la etiqueta de "perdedor" cuando se sintió herido y deprimido al romperse su relación de pareja?

¿Se consideró y sigue considerándose como un "fracasado" por haber vivido mal un proceso de divorcio?

¿Se consideró, en el caso de no aprobar un examen, como un "estúpido"?

¿Recuerda algún trabajo o incidente laboral que le llevara a asignarse una determinada etiqueta? ¿Cuál fue ese incidente y cuál la etiqueta que entonces se adjudicó?

¿Cuáles son las etiquetas que lleva consigo?

Trate de recordar, para cada etiqueta, las ocasiones en que recuerde que se identificó con ella o, dicho en otras palabras, en que aceptó la etiqueta como una caracterización verdadera de sí mismo. ¿Cuál fue esa situación?

Copie la siguiente lista en su diario y registre por escrito toda la información.

Etiqueta	Tiempo en que ocurrió	Conducta
_____	_____	_____
_____	_____	_____
_____	_____	_____

Recopilar toda la información

Luego nos ocuparemos con cierto detalle de sus respuestas. Por el momento, sin embargo, bastará con revisar las distintas etiquetas que haya descubierto sobre sí mismo y que supongo que habrá anotado en su resumen. Imagine ahora lo que diría, al leer este resumen, un supuesto entrevistador que estuviera considerando la posibilidad de contratarle. ¿Qué le parece que diría si leyese algo así?: «Veamos a quién tenemos aquí... ¡Oh vaya! Un gordo, un perezoso y un zángano sin la menor ambición. Perfecto. Contratemos a un montón de éstos».

¿No le parece absurdo? ¿Por qué sigue adjudicándoselas, si no son las etiquetas que quisiera que le asignase un posible patrón? Convendría, pues, que tomase la decisión de no seguir conspirando con el mundo en asignarse etiquetas limitadoras. Sea cual fuere el beneficio que le proporcione vivir en función de ellas, decida salir, de una vez por todas, de esa zona supuestamente cómoda.

10. LOS GUIONES

DE LA VIDA

En su tumba habrá dos fechas que todo el mundo leerá,
pero lo que realmente importa es el pequeño guión
que las separa.
KEVIN WELCH

En el capítulo dedicado al diálogo interno hemos dicho
que cada uno de nosotros mantiene una incesante conversación en tiempo real consigo mismo que tiene consecuencias
inmediatas y concretas. Cuando ese diálogo es racional y positivo, uno se siente fortalecido y lleno de energía, y su cuerpo y
su mente actúan dentro de un área que le abre a nuevas posibilidades y, cuando es negativo, sucede –aun a nivel celular– lo
contrario. El diálogo interno incluye, al tiempo que refleja,
nuestra verdad personal y, en consecuencia, la imagen que tenemos de nosotros mismos. Es por esto por lo que la visión
distorsionada que tenga de sí mismo se pondrá de manifiesto
en los mensajes negativos que transmiten al mundo todo lo
que siente, dice y hace, y éste, obviamente, le responde en
consecuencia.

Tal vez, al observar su propio diálogo interno, haya advertido la existencia de una variedad un tanto especial. También se trata de una conversación consigo mismo pero, en este caso, se halla saturada de connotaciones negativas procedentes del pasado, y discurre tan velozmente que resulta bastante difícil de advertir. A diferencia de lo que sucede con su diálogo interno, que tiene lugar en tiempo real y puede ser escuchado a voluntad, este tipo de actividad mental –al que denomino "grabación"– se mueve a gran velocidad y es especialmente dañino, razones por las cuales no resulta fácil de controlar. Merecerá la pena, pues, dedicarle un debate separado y una atención especial.

Una grabación es una conversación negativa con nosotros mismos que hemos reproducido tantas veces y con tanta frecuencia que hemos acabado "sobreaprendiéndola". Son tantas las ocasiones que se ha repetido en su cabeza hora tras hora, día tras día, mes tras mes y año tras año, que ha acabado arraigando y convirtiéndose en una respuesta automática que se pone en marcha sin que ni siquiera seamos conscientes de lo que la ha reactivado. ¿Recuerda el ejemplo que dábamos anteriormente de la reacción casi refleja de las personas que padecen fobia a las serpientes cuando oyen pronunciar la palabra "serpiente"? La reactivación de las grabaciones puede ser espectacular o, por el contrario, expandirse de manera casi imperceptible hasta llegar a impregnar la totalidad de nuestra conciencia, pero, en cualquiera de los casos, su poder es realmente extraordinario y desencadena una reacción tan rápida y poderosa que, a veces, hasta llega a imposibilitar la puesta en marcha del pensamiento racional.

Si sus movimientos se hallaran controlados por algún extraño titiritero, usted querría saberlo en seguida. Estoy seguro de que, en tal caso, se sentiría consternado al enterarse de que usted no es, como creía, el piloto de su vida ni la persona que decide qué hacer y cuándo hacerlo. Ésta es, precisamente, la premisa que analizaremos en el presente capítulo. Comenzaremos, pues, revisando el modo en que funcionan las grabaciones para que pueda identificar las suyas. Luego echaremos un vistazo a las creencias fijas y limitadoras que configuran el contenido de sus grabaciones. Finalmente veremos que esas grabaciones incluyen un guión de vida que, como el titiritero que acabamos de mencionar, muy probablemente esté determinando el camino por el que discurre su vida.

LAS GRABACIONES

Las llamo "grabaciones" porque crecí en una época en que los grandes ordenadores se hallaban controlados por enormes cintas magnetofónicas que "decían" a la máquina lo que tenía que hacer. Cuando la cinta se ponía en marcha, el ordenador ejecutaba el programa contenido en esta grabación. Lo mismo ocurre en el caso que ahora nos ocupa, puesto que sus "grabaciones" pueden reactivarse sin intermediación consciente alguna. Creo que, cuando haya concluido esta sección del libro, podrá decir «¡Ahora lo entiendo! ¡Ahora ya sé por qué me empeñaba en ir hacia un lugar al que no quería ir! Estaba obedeciendo simplemente a un programa muy poderoso, del que ni siquiera era consciente, un programa que me obligaba a comportarme de un determinado modo y a conseguir determinados resultados».

Quiero asegurarme de que entiende bien lo que son las grabaciones. Son tan naturales e incontrolables como los reflejos y funcionan de manera tan autónoma e involuntaria como el bombeo de sangre del corazón o la inhalación y exhalación de oxígeno y dióxido de carbono, respectivamente, de los pulmones. Como ya he dicho anteriormente, las grabaciones poseen un cierto parentesco con el diálogo interno, pero constituyen una especie aparte. Las grabaciones son pensamientos sobreaprendidos, automáticos, muy rápidos y que persisten durante mucho tiempo que:

1. Ignoran completamente la recepción de información presente y
2. le programan para alcanzar un determinado resultado sin que usted sea siquiera consciente de ello.

Supongamos, por ejemplo, que se cruza con una persona y, después de charlar un rato con ella, se dice: «Este tipo habla sin parar. Es tan aburrido que preferiría quedarme en casa en zapatillas comiendo mantequilla de cacahuete que volver a hablar con él». Esto sería un diálogo interno, una conversación en tiempo real que responde a estímulos presentes. Todo ello sucede aquí y ahora; él está ahí, usted también y, como reacción a lo que ocurre en el presente, podría perfectamente decir «Vale, me marcho. Adiós».

Las grabaciones, por el contrario, se basan en la experiencia pasada y le llevan a ignorar lo que ocurre en el aquí y el ahora. Si, en el caso del ejemplo anterior, se hubiera puesto en marcha una grabación que le llevase a rechazar a la persona con la que estaba charlando para pasar simplemente el rato, esa decisión hubiera sido el fruto de la activación de un reflejo grabado completamente independiente de lo que el otro hiciera o dejase de hacer. Supongamos, por ejemplo, que es la séptima ocasión que queda con ese "estúpido" en una terraza y que la última vez ya fue el colmo, porque se bebió su vino, se comió sus panchitos y acabó acostándose con su hermana pequeña. Probablemente entonces sus grabaciones al respecto estén ya muy "cargadas". Esas experiencias y los temas derivados que han acabado determinando la imagen que hoy en día tiene de sí mismo son los ladrillos con los que se construyen sus grabaciones. Tal vez tenga incluso toda una fonoteca entera de grabaciones, entre las cuales quizás se cuenten algunas como las siguientes:

Los hombres son muy egoístas en las relaciones.
¿Por qué siempre me relaciono con fracasados?

Los hombres siempre me utilizan, así que debo merecerlo. Si no les abandono, serán ellos los que acaben abandonándome.

Advierta que cada una de estas grabaciones:

1. Incluye un juicio con respecto a uno mismo o a los demás («Los hombres...» o «¿Por qué siempre...?»);
2. implica un contexto específico («relaciones...» o «...siempre me utilizan...») y, por último,
3. predicen un resultado determinado («...siempre me relaciono...» o «...serán ellos los que acaben abandonándome...»).

Dadas estas condiciones, compadezco al próximo tipo que se acerque, acicalado y con el coche recién lavado, a llamar a su puerta dispuesto a pasar un buen rato... porque habrá acabado con él antes de que abra la boca. Poco importará entonces que sea más amable que Mr. Rogers o más apuesto que Tom Cruise. ¡Está apañado! ¿Por qué? Porque, en el núcleo mismo de la imagen que tiene de sí misma, usted no estará en contacto con el aquí y el ahora, sino que reproducirá una grabación automática. Quizás hasta ignore la existencia y el contenido de esas grabaciones pero, en el núcleo de la imagen que tiene de sí misma, está en guardia y el mensaje es «¡Peligro! ¡Protégete! ¡Retrocede! ¡Cuídate!», con lo cual, su conducta y también, por cierto, el resultado de esa relación, estarán biográficamente determinados. Dicho de otro modo, usted se hallará tan atrapada en el pasado que no podrá ocuparse del presente. Y, lo que es más, las grabaciones están tan sobreaprendidas y se disparan de un modo tan veloz y automático, que ni siquiera podrá reconocer que habrá acabado con ese pobre chaval antes siquiera de abrir la puerta o, por decirlo de otro modo, estará tan ocupada mirando por el espejo retrovisor lo que ocurrió ayer que no podrá ver a la persona que se encuentra frente a usted.

Una cosa es aprender de los errores y otra muy distinta, por cierto, verse controlado por las grabaciones. Aprender de los errores significa tomar conscientemente decisiones mejor informadas pero, cuando el control se halla en manos de una grabación, usted no toma ninguna decisión consciente y, por decirlo así, no es más que un pasajero. Es precisamente por esto por lo que las grabaciones resultan tan peligrosas.

Supongamos, por ver otro ejemplo, que, mientras está en una entrevista para acceder a un trabajo que le gustaría mucho desempeñar, se entera de que todavía siguen considerándole un candidato. Ya ha superado un par de entrevistas y las impresiones que ha recibido hasta el momento han sido muy positivas. Es evidente, pues, que, aunque usted nunca creyera en la posibilidad de obtener ese trabajo, todavía le quedan posibilidades. Una posible conclusión racional de esa situación podría ser: «¡Vaya! Parece que las cosas van bien. Si sigo concentrado posiblemente lo consiga».

Sigamos suponiendo que precisamente entonces se dispara una maldita grabación. Todo ocurrió hace ya muchos años cuando, en la escuela secundaria, le echaron del cargo que le habían encomendado de ocuparse de los perros, un trabajo del que usted estaba muy satisfecho y desempeñaba llevando muy orgulloso el uniforme. No olvidemos que aquella tarea conllevaba una asignación económica que, por aquel entonces, no estaba nada mal. Ésa fue la primera ocasión en que fracasó en algo que realmente le importaba y, de algún modo, una experiencia que acabó marcándole. No resulta nada infrecuente que ese tipo de grabaciones se disparen en los momentos más inoportunos diciendo cosas tales como «¡Ojo, que no llevas chaleco antibalas! No olvides que la historia de tus fracasos se remonta a una edad muy temprana. Enfrentémonos a los hechos, tienes cincuenta y cinco años, estás buscando trabajo, eres el tipo de persona al que despiden y esta gente no tardará en darse cuenta».

Ésa es una grabación que predice un determinado resultado «¡Déjalo estar! Jamás conseguirás este trabajo».

Si esa grabación se "dispara" en el preciso momento en que está a punto de empezar la siguiente entrevista, puede descubrirse haciendo y diciendo cosas que boicotean todos sus esfuerzos por causar una buena impresión. En tal caso, es posible que su tono de voz, su postura, sus gestos y su conducta transmitan a su entrevistador el mensaje de que «¡Dios mío! No puedo creer que esté considerando en serio la posibilidad de contratarme. ¿Verdad que no tiene la menor intención de hacerlo?», a lo que el entrevistador puede responder pensando «La verdad es que, si usted tiene dudas, no seré yo quien se las resuelva».

Repitámoslo una vez más, las grabaciones –a diferencia de los diálogos internos, que responden a lo que sucede en el aquí y el ahora– operan internamente y afectan a los tres tiempos de su vida, es decir, el pasado, el presente y el futuro. Resumamos ahora lo que acabamos de decir:

Las grabaciones miran hacia atrás, es decir, hacia el pasado.

Una grabación es una reacción orientada hacia atrás, hacia el pasado, y consiste en la observación de un momento concreto de su historia personal. Se trata de un mensaje grabado que posee un poderoso componente emocional. Es un recuerdo codificado, muy duradero y muy refractario al cambio. Basta con que tenga lugar un acontecimiento doloroso y luego evalúe sus reacciones a ese acontecimiento para que se establezca una grabación. Luego, con el paso de los años, ya no vuelve a evaluarla por más necesario que sea, y se dispara automáticamente dictándole cómo debe reaccionar.

Las grabaciones se expresan en forma de juicios sobre usted en el momento presente.

Las grabaciones codifican las percepciones pasadas justo

por debajo del umbral de la conciencia, desde donde se reproducen una y otra vez hasta que acaban sobreaprendiéndose y automatizándose, dispuestas a asumir el control cuando se presente la ocasión. La información grabada tiene que ver con cualquier aspecto imaginable de la imagen que tiene de sí mismo, es decir, de su inteligencia, de su valor, de su coraje, de su fuerza y de sus posibilidades. Y, puesto que uno tiende a considerar las grabaciones como si se tratase de la verdad absoluta, esos juicios acaban convirtiéndose en su realidad.

Las grabaciones predicen los resultados que obtendrá en el futuro.

Basándose en esos juicios, las grabaciones predicen y controlan su pensamiento y su conducta y, en consecuencia, también los resultados que obtendrá. De esas grabaciones se derivan sus decisiones sobre el presente y sus predicciones sobre el futuro.

Considere, por ejemplo, el juicio «Soy un estúpido». Como ya hemos visto, las grabaciones hunden sus raíces biográficas en algún momento de su vida en que, como reacción a un determinado acontecimiento, usted emprendió un diálogo interno en tiempo real en el que se dijo que era un estúpido. Y como la práctica acaba haciendo maestros y lo repitió tantas y tantas veces, ese juicio acabó grabándose a fuego en su mente.

Volvamos ahora al presente. En el contexto de una entrevista de trabajo o de un examen, la grabación que se reproduce a toda velocidad justo por debajo del umbral de su conciencia podría ser algo así como «Soy un estúpido y, por consiguiente, no me elegirán para ese trabajo» o «Soy un estúpido y, por consiguiente, no puedo aprobar este examen». En ambos casos, la grabación anticipa un resultado siempre negativo: «Soy un estúpido y, por consiguiente, esto [sea lo que fuere] no funcionará». Y recuerde también que cada pensamiento, discurra o no a la velocidad de la luz, va acompañado del correspondiente correlato fisiológico, de forma que, en el mismo momento en que empieza a acosarse mentalmente, su organismo y su energía operan exactamente en la misma dirección.

Quizás ahora piense: «¡Espere un momento! ¿Y qué hay de las grabaciones positivas? ¿Qué sucede si mi biografía es positiva y mis grabaciones me llevan a creer que no puedo equivocarme y que siempre saldré ganando?». Entonces lo siento porque, si usted cree que ésa es una buena noticia, tenemos dos problemas en lugar de uno, estará equivocado y no habré conseguido explicarle lo que son las grabaciones, porque no existe nada a lo que podamos considerar una grabación positiva. Tal vez ahora se diga «¿Pero cómo puede ser negativa una grabación que diga cosas positivas? ¿Acaso no cree en el poder del pensamiento positivo y cosas por el estilo?».

Piense en una situación del mundo real. Imagine que, un día del mes de enero, está sentado en un avión al final de una de las pistas del aeropuerto de Nueva York. Está nevando, hace frío y hay mucho viento, y el piloto tiene que decidir si emprende el vuelo o no .

Suponga que el piloto en cuestión no valora la situación presente porque, en su lugar, se dispara una grabación que dice algo así como «¡A mí las cosas siempre me salen bien!» y decide seguir adelante, puesto que su grabación le repite «A mí las cosas me salen siempre bien y jamás he tenido problemas para despegar».

Suponga que esa grabación le controla hasta el punto de ignorar las advertencias de peligro y el primer tropiezo con una serie de circunstancias que superan sus habilidades. Mi primer instructor de vuelo me dijo, en cierta ocasión, algo que nunca olvidaré: «He conocido a muchos pilotos atrevidos y a muchos pilotos viejos a lo largo de mi vida, pero jamás me he encontrado con un piloto atrevido y viejo». Lo tendría usted claro si, en las circunstancias del ejemplo anterior, nuestro piloto se viese envalentonado por una grabación derivada del pasado. Es cierto que, en tal caso, la grabación podría ser "positiva", por cuanto que encierra un mensaje asertivo pero, puesto que no se basa en el aquí y el ahora, no puede, en modo alguno, ser beneficiosa. Cuando viajo en avión, no quiero que mi piloto se base en algo que ocurrió uno, dos o cinco años atrás, sino que prefiero que base sus decisiones en el presente.

Las preguntas que debe hacerse, pues, sea cual fuere la situación en que se encuentre, son las siguientes: «¿Puedo controlar esto o no?» «¿Es esto lo que quiero o no?», algo que, si se fija bien, no está en su mano cuando se encuentra a merced de una grabación. En tal caso, ese tipo de diálogo interno dispara –como si de un reflejo rotuliano se tratara– una reacción grabada que dicta su resultado.

Todo esto me recuerda un reportaje de televisión en directo que vi hace ya unos años en la inauguración de un gran espectáculo de ganado y de rodeo que se celebró en Texas. El periodista cogió por el cuello a Gus, el encargado del ganado y, arrugando la nariz y sonriendo abiertamente, preguntó: «¡Caray, Gus! ¿Cómo te las arreglas con este olor?».

–¿Qué olor? –respondió Gus, devolviéndole inexpresivamente la mirada. Y es que estaba tan acostumbrado a sus "condiciones ambientales" que ni siquiera registraba el mal olor. Es cierto que el olor llegaba hasta él, pero había acabado adaptándose hasta el punto de llegar a insensibilizarse.

Así es, precisamente, como operan las grabaciones. Tal vez, en algún momento, pueda haberlas escuchado conscientemente pero, con el paso del tiempo, ha acabado adaptándose tan bien que ni siquiera las advierte y, como sucedió en el caso de Gus, ha acabado formando parte de la rutina. Pues bien, ésta es una oportunidad para que dé un paso atrás y vuelva a percibir el olor.

Ahora quiero que cobre conciencia de sus mensajes, a fin de que pueda empezar a tomar decisiones basadas en el aquí y el ahora. Como sucede con cualquier otro diálogo interno, las grabaciones son tan singulares como el ADN. Quizás la lista que presento a continuación evoque algunas sus grabaciones habituales, es decir, de los mensajes que estoy convencido de que, de un modo u otro, están reproduciéndose en el interior de su cabeza. ¿Le resultan familiares algunas de las siguientes diez grabaciones?

1. Nunca tendré una buena experiencia. Crecí en el seno de una familia tan problemática que nunca aprendimos a divertirnos.

2. Soy demasiado feo, mi cuerpo y mi rostro son tan distintos a los de la gente conocida, que tendré que acostumbrarme a ser una persona de tercera clase.

3. Mi futuro será como mi pasado, desafortunado e improductivo. No debo esperar el éxito, porque ése no es mi destino.

4. He hecho algunas cosas tan malas, que no merezco el perdón y siempre deberé cargar con la cruz de la culpa. Los demás siempre me decepcionarán y me dañarán.

5. De pequeño me maltrataron. Todo el mundo me utilizará para sus intereses y siempre se mostrará insensible a lo que yo pueda sentir.

6. Mi familia fue de clase baja y yo también lo seré. No hay nada que pueda hacer para cambiarlo.

7. Mi padre fue un fracasado y, haga yo lo que haga, yo también lo seré.

8. Soy un líder. Los demás me toman como ejemplo de fortaleza. Jamás debo mostrar mi debilidad; debo ser fuerte y ocultar mi verdadero yo.

9. La pereza es un pecado, de modo que nunca debo relajarme.

10. Soy una persona que no se merece el respeto y la consideración de los demás.

Es posible que una o varias de estas grabaciones, o una versión diferente de ellas, esté operando en su vida. Le aliento, en la medida en que avancemos, a revisar el contenido de sus grabaciones.

LAS CREENCIAS FIJAS

Si quiere saber más sobre el contenido de sus grabaciones deberá antes familiarizarse con lo que yo llamo creencias fijas. Hablando en términos generales, cada vez que se activa una determinada grabación en su interior que le conduce automáticamente hacia una conclusión o un resultado concreto, esa grabación está "impartiendo –desde el nivel de percepción jerárquicamente más elevado, poderoso y organizado– órdenes" del modo en que se supone que funcionan las cosas. Estas percepciones o visiones organizadas del mundo son las creencias fijas.

Las creencias fijas reflejan su comprensión global del lugar que ocupa en el mundo. Son "fijas" en el sentido de que no añaden ni sustraen nueva información, es decir, que son percepciones esclerotizadas y, por tanto, inmutables. Las creencias fijas van con usted a todas partes y son esenciales para cualquier aspecto de su vida, determinando sus valores y el modo en que percibe su valía como ser humano, sus rasgos y características esenciales. De un modo u otro, determinan sus fronteras y sus expectativas sobre lo que puede ocurrir en su vida. También tienen una influencia muy poderosa en su relación con el sexo opuesto, en su desempeño laboral y en la relación con sus hijos o con su pareja.

Las creencias fijas se expresan a través de conceptos tales como "tendría que" y "debería". En realidad se trata de exigencias que le imponen la necesidad de adaptarse a una determinada visión de la vida, de no crear problemas y de no interferir con los roles que desempeñan los demás. Si sus creencias no fueran fijas, podrían llevarle a esbozar preguntas y alentar esperanzas que desequilibrarían el cauce por el que habitualmente discurre su vida. Así pues, las creencias fijas cumplen con la función de mantenerle "centrado en la tarea", de mantenerle dentro del lugar que le han asignado en este mundo, al tiempo que establecen los límites de lo que está dispuesto a aceptar.

Quizás el modo más sencillo de entender el funcionamiento de las creencias fijas sería decir que definen los papeles que uno desempeña en la vida. Dicho en otras palabras, una vez que usted conoce cuáles son sus creencias fijas, conoce también una parte del guión que gobierna su vida.

Habrá observado que los presentadores de televisión suelen llevar un "pinganillo" en su oreja, un pequeño receptor de radio a través del cual reciben las instrucciones del director. A través de ese pequeño audífono, por ejemplo, el regidor puede invitar al presentador a formular una determinada pregunta, señalarle que el programa no sigue el horario previsto o de que ha llegado el momento de la publicidad e impedir, de ese modo, que "se salga del guión".

Nuestra vida también está sometida a un guión, es decir, a un conjunto de instrucciones a las que debemos atenernos.

¿Qué es un guión? Veamos ahora las posibles respuestas que podría suscitar la palabra "guión":

- El guión es el texto de una película o de una obra de teatro.
- El guión es un relato de todo lo que ocurre.
- El guión contiene el planteamiento, el nudo y el desenlace de la obra.
- Cuando uno conoce el guión sabe también cómo se desarrolla.
- Es guión es una especie de receta que nos dice cómo debemos mezclar los ingredientes.
- El guión determina todas las tareas relacionadas con la obra.
- El guión es lo que los actores deben aprenderse de memoria.
- El guión es el plan global al que supuestamente todos deben atenerse.
- El guión es el "apuntador" que ayuda al actor a recuperar el hilo perdido.

Probablemente estemos de acuerdo en que un guión es lo que da sentido a la obra y coincidamos también en que determina todas las decisiones relacionadas con la producción, como el *casting*, el diálogo, el vestuario, las localizaciones y el paisaje. Además, después de cierto número de ensayos, los actores dejan a un lado el guión mecanografiado y sencillamente "se convierten" en sus personajes. A partir de ese momento, el guión deja de ser un texto escrito en una página y "vive" en el interior del actor y, aunque ya no necesite leerlo, permanece vivo gobernando todo lo que el actor dice y hace. Para que las acciones, actitudes y posiciones de los demás puedan funcionar, cada actor debe atenerse estrictamente al guión, sin dejar espacio alguno a la creatividad y la improvisación. Basta con que uno de los actores empiece a moverse por su propia cuenta para que se vea seriamente desaprobado, porque tal cosa interrumpe el flujo deseado y resulta, obviamente, muy inadecuado. ¿Qué es lo que sucede en su caso? ¿Se halla acaso su vida gobernada por algún guión? ¿Se atiene a algún rol determinado de antemano que le obligue a pronunciar ciertas frases y a ejecutar ciertas acciones? ¿Están los demás actores de la obra de su vida esperando que usted sea, haga, sienta y piense ciertas cosas hasta tal punto que no puede improvisar e introducir sus propias frases? ¿Teme los problemas que podría generar el hecho de que empezara a moverse a su propio aire?

¿Sabe usted cuál es el guión al que se atiene su vida? ¿Se ajusta acaso a algo esbozado hace ya muchos años por alguna otra persona? ¿Se atienen sus palabras y acciones a un guión externamente definido? ¿Sería ése el guión que escribiría usted hoy, si tal posibilidad se hallara a su alcance? ¿Está perdiendo el tiempo sin hacer lo que, si estuviera en su mano, escribiría en su guión? ¿Es usted el que determina lo que hace, dónde lo hace y con quién lo hace? ¿Se mantiene estrictamente dentro de los límites determinados por su guión o hace ya tiempo que lo dejó a un lado? ¿Ha evolucionado usted más que lo que le permite su guión o se ha dedicado simplemente a desempeñar el guión que le ha tocado en suerte?

Como hemos dicho anteriormente, el guión de su vida se asienta y erige sobre ciertas piedras angulares llamadas creencias fijas. Estas creencias fijas son las que le indican el papel que está desempeñando. Lleva tanto tiempo desempeñando un determinado guión, que las creencias que tiene sobre usted, sobre sus posibilidades y sus responsabilidades han acabado estableciéndose y fijándose. Estas creencias fijas son las que ahora quiero que aprenda a desmontar.

Veamos ahora más detenidamente la estrecha relación que existe entre el guión y las creencias fijas. Las creencias fijas describen la "acción", proporcionan un marco de referencia para entender los acontecimientos de su vida y determinan el modo en que reacciona a esos acontecimientos.

Las creencias fijas le proporcionan las palabras que debe pronunciar. Del mismo modo que el diálogo interno le proporciona las "frases", las creencias fijas representan al censor que se asegura de que esas frases no se alejen del camino previsto.

Las creencias fijas le dicen cómo van a resultar las cosas. Configuran sus esperanzas sobre los resultados, anestesian su miedo a lo desconocido y le empujan en la dirección hacia lo conocido y lo familiar, aunque resulte insatisfactorio.

Cuando usted empieza a sentir que se ha salido del camino previsto o que ha perdido el control, las creencias fijas le sirven de cobijo y vuelve a ellas con la misma tenacidad con que el actor aterrorizado se aferra a su guión. El guión le indica claramente lo que debe decir y hacer, reconfortándole de inmediato y permitiéndole recuperar el equilibrio.

Las creencias fijas determinan el *casting* de su vida y, en este sentido, expresan su decisión de las personas que deben formar parte de su vida y las que no. También determinan el escenario, los lugares y situaciones en que se desarrollará su vida, y tienen algo que decir con respecto al vestuario y las máscaras, es decir, el aspecto físico, la ropa y el estilo con el que usted decide presentarse al mundo.

Hay una cuestión clave que debe saber sobre las creencias fijas y es que, cuando se halla a merced de una creencia fija –o, dicho en otras palabras, cuando está viviendo en función de un guión–, se resistirá a cualquier cambio de ese guión. Cuando los acontecimientos contradicen sus creencias fijas, aunque reconozca que nunca ha sido más feliz ni más tranquilo, introducen un matiz de destino que produce la inquietante sensación de que las cosas simplemente no están bien. En tal caso, su diálogo interno puede ser aproximadamente el siguiente: «¡Oh Dios mío! De un momento a otro se meterán conmigo. Éste no es mi destino, éste no es mi rol». Lo que sucede es que usted no puede ser feliz siendo feliz. Si su guión es miserable será miserable, porque éste es el destino que se ha autoimpuesto. Y puede ser miserable aun en el caso de que empiece a ser feliz, por el simple hecho de que la "felicidad" no forma parte de su guión. La felicidad forma parte del guión de otro personaje y es por ello por lo que, en lugar de disfrutarla, teme que algo esté mal o que no sea más que la calma que precede a la tormenta, porque usted conoce el guión y sabe perfectamente que en él no cabe la felicidad.

En cierta ocasión trabajé con una paciente que estaba a punto de cumplir los treinta y cinco años. Nancy estaba casada con un marido agresivo y llevaba casi diez años en un trabajo que despreciaba. Con una sonrisa escéptica, me comentó que el título que había dado al guión de su vida era el de "La esclava de tercera clase", una actitud que, dicho sea de paso, impregnaba todos y cada uno de sus movimientos. Desde muy temprano había adoptado la grabación de ser una persona de tercera clase en todos los aspectos de su vida, una grabación que se hallaba tan integrada en la imagen que tenía de sí misma que se resistía a todo lo que no se acomodase a ella. Siendo una buena "oveja", había accedido a seguir un guión que la obligaba a comportarse como una persona de tercera clase. Las piedras angulares de ese guión, sus creencias fijas, no le permitían ningún tipo de salida. En algún momento del camino había adoptado los "deberías" y "tienes que" propios de esas creencias, y había aprendido las líneas directrices del guión de su vida, un guión basado en la creencia fija de que nunca estaría mucho mejor y que, en consecuencia, tenía que aceptar lo que se le ofrecía. Lo paradójico es que ese guión no reflejaba en absoluto el tipo de persona que era: una mujer inteligente, atractiva, bien educada y muy interesada por el arte.

Poco después de acabar la universidad, Nancy conoció a un hombre al que describió como muy atractivo (en sus propias palabras, «¡completamente Baldwin!») y que había logrado ya un gran éxito profesional. Pero ella se dijo: «Es demasiado bueno para mí. Estoy segura de que no tardará en desinteresarse y acabará abandonándome por otra mujer más hermosa». Así fue como un guión interno que le decía que ella no se merecía gran cosa acabó llevándola a casarse con un "Joe Six-Pack"* que la mentía y la maltrataba.

Nancy poseía la titulación necesaria para ejercer como una cualificada profesora de universidad pero, cuando consideró las alternativas profesionales de que disponía, se dijo a sí misma algo así como: «No soy lo suficientemente inteligente como para desempeñar un trabajo realmente bueno. Mejor será que me dedique a un trabajo más sencillo; así estaré más segura. (Siempre me asombra pensar en la cantidad de gente que, para estar "seguros», se conforman con trabajos que no tienen nada que ver con ellos y, de ese modo, ponen en peligro su estabilidad mental, su bienestar emocional y también su salud física.) Es cierto que también es posible comprometerse apasionadamente con un trabajo de este tipo, pero hacerlo para acomodar-

---

* Prototipo del americano medio al que le encanta sentarse frente al televisor provisto de una caja de seis botes de cerveza. (*N. del T.*)

se a un yo falso no está bien y, de algún modo, augura un futuro fracaso… y Nancy lo sabía.

Sin embargo, por desgracia, Nancy no podía superar el poder del guión que estaba gobernando su vida y, cuanto más hablábamos y más clara veía la posibilidad de emprender una vida emocionante y llena de sentido, mayor era su ansiedad. Le resultaba impensable la posibilidad de "salirse de su guión" y reconectar con la verdadera Nancy. Es por esto por lo que insistió en permanecer con un marido de tercera clase en un barrio de tercera clase y desempeñando un trabajo de tercera clase. Lamentablemente, yo y todas mis inquietantes preguntas no cabíamos en su guión, de modo que no tardó en buscar una excusa para abandonar la consulta. Yo le fallé y ella se falló a sí misma, y hoy en día sigue viviendo en su mundo limitado y pequeño. Su "trabajo" en la vida, tal y como ella lo ve, es de tercera clase. Supongo que ese guión seguirá encorsetándola durante el resto de su vida. Yo no pretendo fallarle, ni tampoco quiero que usted se falle a sí mismo.

El miedo al cambio, aun al cambio positivo, es un freno muy poderoso, porque, para algunas personas, la mera idea de salir del estrecho sendero de las creencias fijas y el guión vital que las contiene puede resultarles insoportable.

Detrás de una de las casas en que viví de pequeño había un gran solar baldío cruzado por una zanja de un metro de profundidad por dos de ancho aproximadamente en el que, a eso de los diez u once años, solía quedar con mis amigos para hacer carreras, mancharnos de barro y cosas por el estilo.

Uno de los retos a los que solíamos enfrentarnos era el de cruzar aquella zanja –a la que llamábamos "el Valle de la Muerte"– en bicicleta a toda velocidad pasando por encima de un estrecho tablón que servía de puente. No tardé en darme cuenta de que, cuando me enfrentaba al problema con la idea de que no iba a conseguirlo, acababa cayéndome, mientras que si, por el contrario, mi atención se centraba exclusivamente en llegar al otro lado, cruzaba la zanja sin el menor problema. Era como si la imagen que esbozase en mi interior sirviera de brújula a mis músculos y orientase, por tanto, a la bicicleta en la dirección correcta para atravesar el Valle de la Muerte. Por esto, cuando me acercaba al tablón centraba toda mi atención en su extremo más alejado, dejando fuera el resto de los "datos" que creía que podían llevarme a perder el equilibrio y caer.

Centrar la atención en un objetivo que merece la pena resulta muy adecuado. Pero supongamos que no hubiera zanja alguna, sino una simple tabla apoyada en el suelo. Cuando las personas adoptan creencias fijas, es decir, cuando se fijan en un determinado punto, es porque creen que no tienen otra alternativa. Entonces se obsesionan en pasar por el centro mismo del tablón, aun cuando no haya zanja alguna, porque su creencia fija les lleva a negar la existencia de cualquier otra posibilidad y, aunque dispongan de un camino más llano, más seguro y más agradable, no se alejan un ápice de su guión porque, de ese modo, se sienten más seguros. ¿Está caminando usted sobre una cuerda floja imaginaria cuando, en realidad, podría disponer de muchas otras alternativas? Yo atravesé la cuerda floja del Valle de la Muerte sencillamente para divertirme, pero supongo que, cuando uno es adulto y está haciendo lo mismo, no resulta nada divertido.

Recuerdo que, en cierta ocasión, recibimos la visita de un equipo de abogados de Georgia con quienes habíamos concertado un encuentro para diseñar la estrategia más adecuada para emprender un nuevo proyecto y, como es nuestra costumbre, les buscamos alojamiento en un hotel de lujo muy agradable y espacioso en el que pudieran disfrutar de todas las comodidades. Las habitaciones eran grandes, había muchos salones en los que podrían reunirse, servicio de habitaciones durante las veinticuatro horas del día y mucho silencio e intimidad. Pero cuando, a la segunda mañana, fuimos a recogerlos, el recepcionista nos dijo que se habían marchado la noche anterior.

Al cabo de un rato, se presentaron en nuestra sala de juntas, con aspecto de haber pasado la noche al raso y, cuando cesó el alboroto, les preguntamos qué era lo que había ocurrido para que abandonasen el hotel. Entonces nos dijeron que habían renunciado al hotel de lujo y se habían mudado a otro que difícilmente hubiera pasado la inspección de un barracón del ejército que se hallaba junto a la carretera y en el que el aire acondicionado sólo funcionaba durante el día. Como resultado de todo ello, se habían visto obligados a abrir las ventanas y a soportar el viento y un ruido ensordecedor que apenas si les había dejado dormir. Las habitaciones, por otra parte, eran tan pequeñas que habían tenido que dejar el equipaje en los coches de alquiler.

Al parecer, nuestros abogados se encontraban más a gusto en su pequeño refugio, expuestos al viento y al humo de los tubos de escape, que en un hotel de lujo, aunque ello no les hubiera costado ni un dólar. Lo más curioso fue su explicación de que no podían quedarse en el hotel de lujo porque era demasiado espacioso y silencioso o, dicho en otras palabras, que se sentían fuera de lugar en entornos que se alejaban de su experiencia personal. Era como si sus creencias fijas y sus guiones no les permitiesen un tratamiento y un acomodo de primera clase, y tampoco pudiesen permitirse salir de su guión ni siquiera durante un corto período de tiempo.

¿Cómo está usted enfocando su vida?, ¿Suenan acaso los tambores de su diálogo interno del siguiente modo?:

- Esto es "menos que" y con eso basta para mí.
- Yo no puedo hacer eso.
- Jamás conseguiré lo que creo que tienen los demás.
- No merezco lo que ellos tienen.
- Sé que estoy engañándome, pero se supone que soy una buena persona, de modo que no me quejaré.
- Siempre he sido la segunda persona de esta relación, soy un segundón y será mejor que deje las decisiones en ma-

nos de otros. Yo las puedo llevar a cabo, pero entre mis cualidades no se cuenta la capacidad de liderazgo.

El caso es que la mayor parte de las creencias fijas también son creencias limitadoras. Tenga en cuenta que las creencias fijas que tenemos de nosotros mismos suelen ser negativas, por ello nos decimos que "eso", sea lo que fuere, es algo que no podemos hacer, que no nos merecemos y para lo que no estamos cualificados.

Como ocurría en el caso de Nancy, las creencias limitadoras suelen imponernos restricciones tan poderosas que hasta nos sentimos amenazados ante la posibilidad de liberarnos de la rueda de molino de la infelicidad rutinaria. Poco importa que sus creencias limitadoras se asemejen a las que acabamos de enumerar o que sean completamente diferentes porque, en cualquiera de los casos, el simple hecho de ponerlas en cuestión puede suponer una amenaza. Nunca deja de sorprenderme el modo en que los seres humanos nos limitamos a nosotros mismos.

Nosotros creamos nuestra vida, independientemente de los problemas o del malestar físico que ello nos genere. Es el guión de nuestra vida el que determina el entorno en el que nos movemos, nuestro nivel de ingresos, el tipo de relaciones que mantenemos y nuestro estilo de vida y, aunque nos digamos que queremos más, nos incomoda mucho dar los pasos necesarios para cambiar. Resulta sorprendente que, en lugar de elegir una opción mejor –aunque, ciertamente, menos familiar–, nos conformemos con un estilo de vida que todo el mundo reconoce que es insatisfactorio.

Y recuerde que usted no es la única persona de su vida que puede estar funcionando en función de un conjunto de creencias fijas, porque los demás también pueden estar ateniéndose a un guión o a una serie de expectativas que les digan cómo deben comportarse, lo que deben decir y lo que tienen que hacer. Es por esto por lo que son muchas las personas que pueden sentirse incómodas cuando usted decide salirse del guión.

Hay un incidente que ilustra perfectamente este punto y se ha repetido con bastante frecuencia en los muchos seminarios de desarrollo de habilidades vitales que he dirigido a lo largo de mi vida. En el curso de cada seminario, los participantes deben llevar a cabo varios ejercicios específicamente destinados a cambiar las creencias fijas que tienen sobre sí mismos y que están orientados a llevarles más allá de las fronteras habitualmente demasiado estrechas impuestas por sus roles. Al finalizar cada seminario, suelo invitar a una persona seria y de carácter retentivo anal a representar en el escenario a alguien como Tina Turner o Elvis Presley (¡no se asuste, le aseguro que debería presenciarlo!). Se sorprendería al ver a una persona de ese tipo cantando a pleno pulmón y sacudiendo la peluca, mientras el resto del grupo le corea «¡Tío bueno!» y le aseguro que vuelve a casa con una visión de las cosas bastante diferente. En más de una ocasión, la mujer me llama después del seminario preguntándome:

–¿Qué le ha hecho usted a mi marido?

–¿Ha pasado algo malo? –pregunto.

–Dígame, ¿qué le ha hecho? Dave lleva ya dos semanas abrazando a los niños, cantándoles y hablando con ellos.

Dicho en otras palabras, el cambio experimentado por Dave había sido tan espectacular que despertó las suspicacias de su esposa. Su actitud era la siguiente: «Esto no me gusta nada. Me importa un bledo que sea un cambio positivo y constructivo. Sencillamente no me gusta».

Y cuando, en tal caso, pregunto: «¿Y qué es lo que no le gusta?», la respuesta habitual suele ser la siguiente:

–Es como si fuera otra persona, como si se hubiera vuelto loco.

–¿Por qué dice eso? ¿Está acaso haciendo cosas autodestructivas?

–No.

–¿La maltrata a usted o a sus hijos?

–De ningún modo.

–¿Es amable y generoso?

–Sí.

–¿Y le parece feliz y tranquilo?

–Pues sí, creo que sí.

–¿Ha hecho alguna locura, como escaparse con la niñera?

–¡Por supuesto que no!

–¿Le gustaría venir al taller el mes que viene?

–¡Sí! ¡Quiero decir… no, no! Esto… no lo sé. Mejor me lo pienso y ya le llamaré. Muchas gracias.

El problema era que Dave se había distanciado de sus creencias fijas, mientras que su esposa todavía seguía atrapada en ellas y suponía, desde su visión de «cómo funcionan las cosas», que Dave no debía desempeñar el papel del esposo y padre contento y optimista, sino el del marido emocionalmente ausente. Esto es algo que sucede con mucha más frecuencia de la que el lector puede imaginarse. Cuanto más liberado de sus creencias fijas termine una persona el seminario, más probable es que recibamos la llamada telefónica de su esposa o de su esposo. Y ello indica claramente que las personas que comparten su vida no siempre aplauden su decisión de deshacerse de sus creencias, lo que muy probablemente influirá en las creencias fijas que tiene sobre sí mismo. Así pues el cambio, por más positivo que sea, puede resultar doloroso.

¿Qué es lo que respondería si alguien le preguntara «¿cuál es el guión que está usted representando en su vida?».

¿Respondería acaso «soy una madre», «soy un padre que adora a sus hijos», «soy una esposa que escucha a su marido», «soy un marido respetado», «soy un profesional exitoso» o «soy el rey del dinero» o se identificaría, por el contrario, con la herencia que ha recibido y diría «soy el hijo de John y Mary Smith»? ¿Está acaso, en este último caso, ateniéndose al guión que le ha impuesto su familia?

IDENTIFICAR SUS PROPIAS GRABACIONES

Al comenzar este capítulo dijimos que las grabaciones están tan sobreaprendidas que discurren a velocidad de la luz, pero que también es posible enlentecerlas hasta una velocidad que nos permita cobrar conciencia de ellas y analizarlas. Y esto es algo que puede hacer escuchando conscientemente y preguntándose ciertas cuestiones claves sobre lo que ha creído en distintos momentos de su vida. ¿Cuáles son las grabaciones de su vida?

Sea paciente consigo mismo cuando se detenga y escuche sus grabaciones. Haga un alto, respire y no suponga nada. Tómese el tiempo que necesite para formularse las preguntas y registrar por escrito sus respuestas. Quizás necesite varios días de escucha, análisis y registro para llevar a cabo los siguientes ejercicios. (Utilice su diario privado para cada uno de los siguientes ejercicios.)

✍ ✍ ✍

EJERCICIO 1

Supongamos que ha quedado con una persona por la que siente un gran respeto, una persona famosa, adinerada, poderosa o alguien cuyos valores y creencias merecen toda su admiración. Puede ser cualquier persona a la que, por un motivo u otro, admire. Normalmente, antes de acudir a esa cita no se cuestionaría nada, sino que simplemente iría, por más incómoda que le resultara. Pero en esta ocasión quiero que, cuando considere ese hipotético encuentro, se cuestione a sí mismo muy cuidadosamente. Es muy importante que sea completamente sincero y anote todo lo que piense y sienta al respecto. Reconozca pues si, en tal caso, se encontraría intimidado, frustrado, ansioso, mudo o incluso indigno antes del encuentro.

¿Qué es lo que se dice concretamente a sí mismo cuando piensa anticipadamente en ese encuentro? Tómese el tiempo necesario para pensar y registrar por escrito el modo en que se sentiría al aproximarse la hora del encuentro. Tenga en cuenta que este ejercicio pondrá de relieve facetas de sus grabaciones muy importantes sobre usted, su adecuación, su valor y su importancia.

EJERCICIO 2

Durante la próxima semana revise y anote, en el momento en que despierte, su actitud y su expectativa hacia ese día. ¿Está optimista? ¿Tiene miedo o ansiedad? ¿Se encuentra amargado o resentido?

Podría ser algo así como «siempre estás por debajo de tus posibilidades», «nunca llegarás a la cima de las cosas», «hoy podría ser el día en que lo consiguieses». Recuerde que ahora no estamos hablando de un diálogo interno que discurra en tiempo real y que, en consecuencia, bajo una charla animada podría tener lugar simultáneamente una grabación mucho menos optimista. Tampoco olvide que las grabaciones predicen un resultado concreto. Lo que le pido es que se cuestione en profundidad lo que realmente espera del día.

EJERCICIO 3

Supongamos que su jefe (aunque quizás fuera más apropiado hablar de una persona importante que ocupe, en su vida, una posición de autoridad, como un patrón, un ministro de la iglesia o el jefe de su esposa) le ha enviado un mensaje emplazándole a las cuatro de la tarde.

Haga este ejercicio cuatro veces utilizando, en cada una de ellas, un conjunto diferente de circunstancias, como las siguientes:

- Usted sabe que ha cometido un error.
- Usted sabe que es inminente un recorte de personal o alguna otra mala noticia.

- Usted no tiene la menor idea del motivo de la cita.
- Usted sabe que acaban de valorar su rendimiento.

Quisiera que repitiese nuevamente este ejercicio, pero que la situación implicase ahora a alguien con quien mantiene una relación personal. Suponga que su esposa, un pariente, un amigo o incluso su hijo han quedado con usted para charlar un rato.

Repita este ejercicio también cuatro veces, pero utilizando, en esta ocasión, un conjunto de circunstancias relativamente diferentes:

- Hay un problema en la relación.
- Acaba de ocurrir un problema, una tragedia o algo malo.
- Usted no tiene la menor idea del motivo del encuentro.
- Hace mucho tiempo que no ha hablado en serio con esa persona.

Tome nota de todos los pensamientos que pueda identificar que se hallen por debajo del umbral de conciencia de su diálogo interno, es decir, de todos los pensamientos que sólo acuden a su mente cuando empieza a cuestionarse estas cosas y trata de identificar sus predicciones.

VALORAR SUS GRABACIONES

¿Advierte la existencia de alguna similitud o pauta que se repita en las distintas grabaciones? ¿Existen escenarios concretos asociados a este tipo de charla negativa consigo mismo?, ¿Acaso, por ejemplo, sus grabaciones están relacionadas con el mundo laboral o tienen que ver con familiares o conocidos? Tal vez identifique más rápidamente las grabaciones cuando piense en una determinada hora del día, como las ideas que acuden a su mente a primera hora de la mañana, o quizás sea más consciente de las grabaciones que se disparen en el curso de una determinada tarea, como cuando se prepara para dar una charla, por ejemplo. Anote en su diario los rasgos o pautas comunes que advierta.

EVALUAR LOS GUIONES

Consideremos ahora el modo en que valora sus guiones y creencias fijas.

✍ ✍ ✍

EJERCICIO 1
Tómese el tiempo que necesite para examinar todos los guiones que haya desempeñado en su vida, que posiblemente sean muchos e incluyan los roles de amigo, compañero de trabajo, padre amoroso, organizador, bailarín, profesor, atleta, esposo, inválido, hijo o hija de [nombre de sus padres], etcétera.

Recuerde que el guión gobierna lo que usted dice y hace, y también impone expectativas o roles sobre los demás. Al pensar, pues, en su guión, trate de recordar los roles que ha desempeñado que gobiernen sus acciones y que sienta que, al mismo tiempo, influyen directamente en sus resultados. Trate de recordar los escenarios y circunstancias en los que su rol determinó el modo en que los demás respondieron y se relacionaron con usted. Su guión evidenciará algunos de los demás factores internos de los que hemos hablado. Así, por ejemplo, puede descubrir un número de etiquetas dentro de su guión, un *locus* de control que lo tiñe y grabaciones que le proporcionan contenidos automáticos. Utilice estos conceptos para ayudarle a identificar detenidamente el guión. Anote todo eso en su diario.

Comience anotando simplemente el guión e identificando el rol que usted desempeñó (como madre, esposa de marido alcohólico, mujerzuela, bobo, etcétera).

Luego enumere las actividades o conductas que requiere el desempeño de ese guión. El objetivo aquí consiste simplemente en recordar lo que hizo al desempeñar el rol definido.

Describa, en uno o dos párrafos, el modo en que las personas responden o reaccionan a su rol. ¿Qué fue lo que ese rol movilizó en los demás personajes que participan del guión?

Después de haber realizado este ejercicio para un guión, siga las mismas instrucciones con cada uno de los demás guiones que haya identificado.

EJERCICIO 2

Después de haber identificado alguno de los guiones que ha desempeñado, vuelva atrás y haga lo siguiente:

1. Subraye aquellos roles que, en su opinión, más se ajusten a lo que usted quiere de su vida. ¿Qué guiones estaría más orgulloso de compartir y que los demás conocieran de usted, en el caso de que estuviera describiéndose a otra persona? Subraye también cuáles son los roles que más disfruta desempeñando.

2. ¿De qué roles estaría más avergonzado, si se estuviera describiendo ante otra persona? Señale también cuáles son los roles que más odie.

3. Escriba un par de párrafos para cada guión que haya identificado, ya sea positivo o negativo, y sobre la persona de su vida que tenía el poder de imponerle ese guión concreto. Luego escriba un par de párrafos explicando por qué cree que esa persona le asignó ese rol y lo que obtuvo de él.

UNIR LOS PUNTOS

Como señalamos en el capítulo anterior, el trabajo consiste ahora en evaluar este conjunto de roles y guiones y determinar la relación que existe entre todos. Para ello deberá esforzarse en entender el modo en que se unen para definir la persona en que se ha convertido y si le aproxima o le aleja de su verdadero yo. Es muy importante que se dé cuenta de aquellos que concuerden con su yo verdadero y de los que no, para lo cual encontrará pistas esenciales en sus respuestas emocionales.

Tengo un amigo cuyo principal rol y guión era el de ser un atleta. Le gustaba especialmente jugar al fútbol. Jugó en la escuela elemental, en la escuela secundaria, en la universidad y luego se hizo profesional hasta que, como es lógico, se vio obligado a abandonarlo. Un buen día, mientras se quejaba de estar cansado, viejo y dolorido, le pedí que evocase de nuevo aquellos días y tratara de recordar cómo se sentía. Y, por más que lo esperase, fui el primer sorprendido al contemplar la metamorfosis física que entonces experimentó, ya que se irguió en su asiento, sus ojos resplandecieron, su cuerpo pareció cobrar energía y su voz se llenó de vida. Poco después de que su mente y su corazón experimentasen los sentimientos y recuerdos musculares de aquel rol que tanto había amado, se vio completamente transformado por las emociones asociadas.

Las emociones, tanto positivas como negativas, asociadas a los roles que desempeñamos son muy poderosas, como ocurrió con mi amigo o como suele suceder en el caso de que el rol genere sufrimiento, respectivamente. Es muy importante, pues, identificar las emociones asociadas a los roles que haya desempeñado en su vida.

Ahora quiero que, usando la lista de guiones que haya identificado, se "proyecte" a sí mismo en cada uno de ellos, tratando de representar ese personaje en cuestión durante unos pocos minutos. Recuerde las palabras que solía decir cuando desempeñaba ese rol concreto y pronúncielas en voz alta. Si, por ejemplo, ha elegido el guión de "madre", imagine que está cuidando a alguien y dígale en voz alta lo que, en tal caso, podría decirle. Quizá, por ejemplo, se descubra diciendo algo así como «Abrígate bien, porque no quiero que te resfríes. Mamá te quiere mucho y no quiere que enfermes. Abrígate bien y sal a jugar. Ve con cuidado. Esto no lo haces bien, corrígelo. Ven a verme cada hora».

En modo alguno estoy afirmando que ese guión, o cualquier otro, sea esencialmente bueno o malo. Cada guión va acompañado de una serie de sentimientos asociados y quiero que preste mucha atención a lo que sienta cuando está desempeñando ese rol, de modo que convendrá hablar en voz lo suficientemente alta como para poder identificar los sentimientos y emociones que se presenten. Tome buena nota de ellos, ya sean positivos y tranquilizantes o ansiosos y generadores de ansiedad. Sea cual fuere su experiencia, quiero que identifique sus sentimientos, porque probablemente sean muy significativos.

Para terminar, tome nota con el mayor detalle posible, del guión de vida que escribiría en el caso de que tal cosa se hallara a su alcance. No pretenda complacer a nadie ni tampoco considere si es o no apropiado. Permítase simplemente imaginar qué guión elegiría, qué emoción sentiría y con quién la compartiría, si ello estuviera en su mano. Ésta es también una tarea que requiere una gran atención y un espíritu dispuesto. Permítase el tiempo, la creatividad y la energía necesarios para que ese "guión imaginario" tenga algún significado (y, en este sentido, debo decir que, si el ejercicio no le resulta divertido, es que lo está haciendo mal, en cuyo caso convendría comenzar de nuevo).

Espero que tome muy en serio esta indagación del guión que elegiría para su vida y del rol que le gustaría desempeñar en él. También espero que se dé cuenta de cómo se siente internamente cuando desempeña el guión adecuado. Tal vez no sea un guión popular y, en consecuencia, choque con las expectativas de las personas que le rodean, pero no olvide que no se trata del guión de otra persona, sino de su propio guión.

Lo que haga con ese guión depende completamente de usted. Ahora léalo en voz alta.

INTRODUCCIÓN AL PLAN

DE ACCIÓN EN CINCO PASOS

> Volar me ha enseñado que la imprevisión
> y la falta de confianza son mucho más peligrosos
> que los riesgos deliberadamente asumidos.
> WILBUR WRIGHT, en una carta a su padre
> fechada en septiembre de 1950

Antes hemos asimilado la vida a una cadena, es decir, a una serie de eslabones que se hallan conectados entre sí. Son muchos los eslabones que ha identificado hasta el momento y ya ha llegado el momento de ver el modo en que todos ellos se relacionan, entender lo que eso significa para usted y elaborar un plan que pueda servirle para escapar de esa situación.

Yo pasé mi infancia en la "bolsa de petróleo" ubicada entre Texas, Oklahoma y Colorado, y todavía recuerdo que las primeras cadenas que vi eran las gruesas, grasientas y oscuras que se utilizaban en los pozos petrolíferos, algunas de las cuales tenían eslabones tan pesados que dudo que un hombre solo pudiera levantarlas. Se trataba de una forma muy dura, peligrosa y sucia de ganarse la vida y, tal vez sea por ello que, siempre que escuchaba historias de prisioneros encadenados en una mazmorra, me imaginaba una de esas enormes y espantosas cadenas atadas al cuello y los tobillos de algún desdichado. Ésa era, para mí, la representación misma del cautiverio y de la falta de libertad. Espero poder transmitirle con la suficiente claridad cuáles son, en mi opinión, las cadenas que restringen su libertad personal aunque, obviamente, no estoy refiriéndome tanto a una imagen concreta, como a una representación clara de esa situación. Acabamos descubriendo con demasiada frecuencia que lo que hacemos en la vida es el producto de un impulso negativo, el mero resultado de la cadena que vincula nuestro pasado con nuestro presente y con nuestro futuro.

Independientemente de que sea verdadera o falsa, la idea que usted tiene de sí mismo es un producto de ese encadenamiento. Poco importa también, en este mismo sentido, que esa relación sea positiva o negativa porque, en cualquiera de los casos, resulta innegable la existencia de una cierta continuidad. El modo en que se crea y mantiene esa cadena es el tema fundamental de este libro, y la creación o recreación exacta de esa cadena y de la idea que tiene de sí mismo será el objeto concreto de este capítulo y del siguiente.

Cuando emprendimos este viaje, le pedí que echara un vistazo a su pasado, porque creo que el mejor predictor de la conducta futura es la conducta pasada, en cuyo caso los distintos eslabones que componen la cadena de su historia personal prefiguran su futuro. Desde esta perspectiva no hay el menor motivo, si su vida ha sido un cúmulo de desatinos, para esperar que su futuro se mueva por otros cauces. Si, por el contrario, dispone de las herramientas necesarias para romper esa cadena y empezar otra nueva, las cosas ya no tienen por qué seguir discurriendo por los mismos derroteros. Cuando haya identificado los vínculos que conectan determinadas experiencias del pasado con algunas experiencias del presente, sabrá dónde debe aplicar toda su energía. Es por ello por lo que, si el pasado predice el futuro y usted quiere tener un nuevo futuro, deberá comenzar elaborando una nueva historia.

Quizás, al comienzo, esa nueva historia dure únicamente un día, luego una semana, después un mes y, finalmente, un año y, de ese modo, no tarde en esbozar una nueva historia que pronostique un mejor futuro. Lo más probable es que, si lleva muchos años siendo un bebedor o un comedor compulsivo, por ejemplo, el año entrante siga siéndolo pero, apenas empiece a comportarse de manera diferente –aunque sólo sea un día–, algo se pone en funcionamiento en su interior y dice «¡Vaya! ¿Qué es esto?», y ante sus ojos empieza a desvelarse un nuevo paisaje. Cuanto más tiempo pase comportándose de un modo nuevo, más clara y exacta será la nueva predicción. Así pues, el reto consiste en aprender a desembarazarse de lo viejo y abrazar lo nuevo. Si hemos pasado tanto tiempo revisando el pasado ha sido para asegurarnos de que se quitaba la venda de los ojos para poder reconocer por sí mismo los eslabones concretos del pasado que han determinado algunos aspectos de su presente. Ahora ya los conoce.

Las experiencias externas que se ha visto obligado a atravesar a lo largo de la vida y sus reacciones internas a esas experiencias han acabado forjando la idea que hoy en día tiene de sí mismo. Como el herrero forja a martillazos sobre el yunque el metal caliente, así ha ido configurándose también su yo gracias a los golpes que, en este caso, representan sus percepciones, su diálogo interno y los mensajes transmitidos por las personas con las que se ha cruzado a lo largo de la vida. Bien podríamos decir, en este sentido, que los momentos decisivos, las decisiones críticas y las personas esenciales han sido los golpes de martillo que lentamente han ido forjando la imagen que hoy en día tiene de sí mismo.

Es muy probable que la mayor parte de este proceso haya discurrido por cauces ajenos a su conciencia y hasta es posible que crea que otra persona le haya colgado del cuello esos grilletes que le atan, le sofocan y le "atrapan" antes incluso de que aprendiera a hablar. Ya hemos dicho en varias ocasiones que nadie puede cambiar lo que ni siquiera conoce, pero lo contrario también es cierto porque, cuando reconocemos algo, estamos en condiciones de cambiarlo. Así pues, el conocimiento de los distintos eslabones que configuran la cadena de su vida le permitirá advertir aquellos que deban romperse para, de ese modo, restablecer el contacto con su yo verdadero.

Con ese objetivo, precisamente, he esbozado un plan. Ha llegado ya el momento de dejar de verse pasivamente conformado por las fuerzas externas e internas, ha llegado ya el momento de poner activa y conscientemente en cuestión todas esas fuerzas y convertirse en el artífice de su propia vida. Sólo entonces podrá alejarse del extremo ficticio y externamente definido del continuo y aproximarse al polo auténtico y autodefinido. Éste es el momento, en suma, de dejar a un lado una historia obsoleta e irrelevante y de empezar a moverse en una dirección que se asiente en el vibrante aquí y ahora. Ahora se halla usted en condiciones de poner en marcha el proceso que le permita ser y hacer lo que realmente le importe y le interese.

Si de verdad quiere cambiar su vida y la imagen que tiene de sí mismo, deberá hacer dos cosas. En primer lugar tendrá que hacerse con determinadas herramientas y, en segundo lugar, deberá valorar y utilizar muy sinceramente toda la información que haya recopilado. Estoy seguro de que el trabajo realizado hasta este momento le habrá permitido identificar y reconocer aspectos feos y desagradables, y decidir que ya ha llegado el momento de hacer algo con todo eso. La comprensión que no va acompañada de la correspondiente acción es peor que permanecer completamente dormido porque en éste último caso, al menos, puede seguir aferrándose a la trasnochada creencia de que «la felicidad se asemeja a la ignorancia». El trabajo que le propongo no consiste en revisar una y otra vez su propia vida, dándole vueltas y más vueltas a por qué esto o a por qué lo de más allá; todo eso no es más que una masturbación mental que no conduce a ninguna parte. Si realmente quiere afrontar la verdad y provocar cambios importantes, deberá asumir su responsabilidad y orientarse hacia la acción. Contentarse con menos sería una completa pérdida de tiempo. Con ello quiero decirle que, si quiere mejorar su calidad de vida y escapar de las trampas en las que hasta el momento se había quedado atrapado, debe tener la valentía de seguir avanzando hasta llegar a ser real, lo que requiere el compromiso activo de cambiar sus pautas vitales internas y externas. Se acabaron las excusas, ya no es posible seguir culpando a los demás por las decisiones que sólo usted ha tomado. Ha llegado ya el momento de separar los elementos valiosos de su idea del yo de aquéllos otros que no lo sean y de los que, en consecuencia, tendrá que desembarazarse. Ha llegado ya el momento de separar la cizaña del trigo y la mentira de la verdad, para rechazar aquéllas y quedarse con éstas. Y ello, como ya he dicho, requiere el mismo coraje tanto en la fase de identificación como en la de ejecución.

Tenga en cuenta que no todo el mundo admitirá de buen grado que se niegue a seguir desempeñando algunos de los roles que hasta el momento ha estado asumiendo... y menos todavía que decida elegir otros nuevos.

Para acelerar el proceso, revisemos ahora brevemente, lo que ha aprendido sobre el modo en que ha ido configurándose la idea que tiene de sí mismo para que su abordaje sea lo más organizado posible.

Primer punto

Usted comenzó a vivir con una constelación de dones, habilidades, destrezas, rasgos y características excepcionales y únicas. En su interior dispone de las habilidades, las aptitudes, la comprensión y la sabiduría necesarios para llevar a cabo su misión en la vida. Si su viaje a través de esta vida ha desarrollado y alentado su especial singularidad y ha permanecido centrado, habrá vivido una vida congruente con su yo verdadero pero, en caso contrario, se habrá visto sometido al control de un yo falso y dependiente del mundo.

Segundo punto

Independientemente de que usted tenga veintidós o sesenta años, su viaje a través de la vida se ha visto parcialmente determinado por una historia de aprendizaje que ha afectado muy profundamente a la singularidad con la que ha nacido. Dicho de otro modo, usted ha aprendido de sus experiencias –que, dicho sea de paso, conducen hacia la alegría y la paz, la confusión o la tristeza o una combinación entre ambas– y también se ha visto transformado por ellas.

Tercer punto

Por más que, en su vida, haya atravesado literalmente millones de experiencias, tanto internas como externas, sólo un número sorprendentemente pequeño de ellas se han constelado para acabar configurando la idea que hoy en día tiene de sí mismo. Como ya hemos visto, los factores externos que han determinado la imagen de sí mismo son de tres tipos, los diez momentos decisivos, las siete decisiones críticas y las cinco personas esenciales.

Los diez momentos decisivos son eventos –tanto positivos como negativos– muy poderosos y que, en consecuencia, han dejado en usted una huella indeleble. Algunos de ellos pueden haber servido para corroborar su yo verdadero mientras que otros, por el contrario, pueden haber distorsionado la imagen que tenía de sí mismo, alejándole de su yo verdadero y orientándole hacia una expectativa falsa de la persona que "se supone" que es.

Las siete decisiones críticas fueron aquellas decisiones que tomó y que sirvieron para mantener su yo verdadero, generando resultados que confirmaban su singularidad o, muy al contrario, le llevaron a cuestionar lo que usted era, orientándole hacia elaboraciones míticas que acabaron distorsionando la imagen de sí mismo. Estos resultados –que confirmaron o refutaron su yo verdadero– también se vieron afectados por la relación que mantuvo con las cinco personas esenciales. En este sentido, su relación con esas personas consolidó su autenticidad o le proporcionó información falsa que acabó convirtiéndose en una parte fundamental de la idea que hoy en día tiene de sí mismo.

Cuarto punto

Usted ha interpretado y reaccionado con un pensamiento y un sentimiento concreto a todo evento, grande o pequeño, que haya sucedido en su vida. En la segunda mitad de este libro hemos hablado de los cinco factores internos que han determinado el modo en que ha interiorizado esos eventos externos, a saber: el *locus* de control, el etiquetado, los diálogos internos, las grabaciones y las creencias fijas.

Recordemos que el *locus* de control determina el modo en que usted percibe y atribuye la responsabilidad de las causas de lo que le ocurre. El etiquetado, por su parte, consiste en la asignación de juicios duraderos, incorporados a la idea que tiene de sí mismo, que clasificarán lo que usted es para sí mismo. El diálogo interno es la ventana perceptual a través de la que ve y comprende al mundo y a sí mismo; la conversación, en tiempo real, que mantiene, mientras vive, consigo mismo. Las grabaciones son juicios y profecías autocumplidas que se han repetido con tanta insistencia que han acabado convirtiéndose en mensajes automáticos que discurren por su cabeza a la velocidad de la luz, mensajes que predicen los resultados que logrará en su vida y en su lucha por el éxito. Las creencias fijas son las actitudes largamente sostenidas –y, en consecuencia, muy refractarias al cambio– que utiliza para organizar su mundo y que ponen de manifiesto lo que cree que usted y otros están dispuestos a hacer. Las creencias fijas también son las piedras angulares de su guión vital y acaban delimitando lo que puede llegar a ser y hacer.

Con este "centro procesador interno" compuesto de cinco partes, usted ha generado la idea que tiene de sí mismo de un modo que confirme su yo verdadero o, por el contrario, lo ha enterrado y sustituido por un yo falso. Y uno de estos dos ha acabado gobernando su vida.

Quinto punto

Cuando uno vive en desacuerdo con su yo verdadero se encuentra física, emocional, mental y espiritualmente despojado. De este modo es posible que su cadena vital acabe sofocándole y estrangulándole, limitando y distorsionando su energía vital. Pero reprimir el verdadero yo, negar su necesidad de expresión y vivir una vida privada de pasión requiere una enorme cantidad de energía que de otro modo podría dedicar a crear lo que usted quiere.

Existe una plegaria que ruega a Dios que nos conceda la sabiduría necesaria para comprender la diferencia entre las cosas que pueden cambiarse y las que no pueden cambiarse. Yo puedo asegurarle que los factores internos son los elementos fundamentales para poner en marcha su plan de acción, es decir, el plan que restablece el contacto con su yo verdadero. Y ello es así porque, si conoce los eventos que han movilizado la imagen que actualmente tiene de sí mismo y puede identificar sus reacciones a esos eventos, sabrá cuáles son las palancas que pueden impulsar el cambio. Esas palancas son los factores internos.

Por más cierto que sea que los acontecimientos externos son muy importantes porque, en muchos casos, son los primeros eslabones de la cadena de su vida, el verdadero poder reside, sin embargo, en los factores internos de los que ya hemos hablado. Para cambiar la dirección de su vida y restablecer el contacto con su yo verdadero deberá cambiar también sus acciones y reacciones internas. Y ello es así porque, si bien resulta imposible cambiar los diez momentos decisivos, las siete decisiones críticas y las cinco personas clave que han determinado su vida, sí que puede cambiar el modo en que percibe todos esos eventos externos. Es por esto por lo que puede utilizar el poder de los factores internos que han estado gobernando su vida para reinterpretar y volver a analizar esos eventos y elaborar una forma de reaccionar nueva, más congruente con su yo verdadero. Cuando el poder de decisión está en sus manos, también lo está la posibilidad del cambio. El conocimiento que le han aportado las herramientas adquiridas a lo largo de estas páginas puede alentar una nueva visión de su vida, de su historia y de sus posibilidades.

Esto no significa que no debamos prestar atención a la conducta externa. En el ámbito de la psicología existe cierta controversia sobre el "mejor" modo de provocar cambios positivos. Hay quienes, en este sentido, afirman que, para provocar un cambio de conducta, debemos empezar cambiando los sentimientos y las emociones, mientras que otros, por el contrario, prefieren comenzar cambiando las conductas, esperando que, cuando las personas se comporten de manera diferente, sientan también de manera diferente. Estoy cansado de escuchar discusiones sobre quién está en lo cierto y quién está equivocado mientras las personas que realmente necesitan cambiar permanecen sentadas diciendo: »¿Qué importa? ¡Lo que yo necesito es un plan de acción!».

Yo, como muchos políticos, «creo en ambas posibilidades». ¿A quién le importa, en última instancia, cuál sea la respuesta última a esa pregunta? ¿Por qué no hacemos ambas cosas a la vez, es decir, por qué no trabajamos para cambiar el modo en que usted piensa y siente, al tiempo que promovemos una conducta que le acerque al éxito?

Éste es, precisamente, el objetivo del plan que está a punto de emprender. Este plan le ayudará a llevar a cabo los cambios internos necesarios, centrándose en los cinco factores de los que ya hemos hablado y, simultáneamente, a cambiar el modo en que se compromete con el mundo externo. Cuando piense, sienta y se comporte de un modo diferente, estará observándose y recopilando datos nuevos y más exactos sobre sí mismo. Y esto es algo que debe hacer observándose, del mismo modo en que observa a cualquier otra persona. Cuando vea que se "comporta" consigo mismo de un modo diferente, más auténtico y sincero –tanto interna como externamente–, estará creando una nueva historia que prefigurará un nuevo futuro.

El plan, dicho en pocas palabras, funciona aproximadamente del siguiente modo. Comenzaremos echando un vistazo a las notas que tomó en los capítulos anteriores. Luego deberá identificar cuáles de los eventos externos de su vida que han obstaculizado –es decir, no han contribuido– a que viviera en consonancia con su yo verdadero. Después tendrá que examinar el modo en que los factores internos han seguido provocando esos eventos "tóxicos". Luego reconocerá qué áreas de su vida deben ser "limpiadas" para poder mejorarla y, finalmente, aplicará algunas herramientas concretas para llevar a cabo esa depuración que, a su vez, desbrozará el camino de vuelta a su yo verdadero.

Como ya he dicho anteriormente, es imposible cambiar lo que ya ha sucedido en nuestra vida, pero sí que podemos modificar los mensajes que se derivan de esos eventos. Y si podemos cambiar su respuesta actual a esos eventos, cambiaremos también el poder que tienen en su vida actual. Este plan le obliga a determinar un "eslabón" concreto de su cadena vital, examinarlo, buscar el modo en que respondía y sigue respondiendo a él, y poner en cuestión las conclusiones que haya extraído y las conductas que se deriven de ellas. Es necesario, pues, cuestionar los pensamientos, los sentimientos y las reacciones que quizás lleve muchos años aceptando pasivamente. Tal vez en otro momento no pudiera hacer nada mejor pero, hoy en día, está ya en condiciones de hacerlo y estoy seguro de que se sorprenderá de su poder. No tiene por qué seguir cautivo de su pasado, no tiene que arrastrarse por el mundo con las heridas abiertas. Puede sanar, pero esa curación sólo es posible si no depende de los demás, sino que se origina en su interior.

EL PLAN

Volvamos ahora a los aspectos concretos del plan. En este capítulo esbozaremos una breve introducción a cada uno de los pasos que lo componen. Una vez que hayamos descrito los cinco pasos, dejaremos para el siguiente capítulo la historia y la cadena vital de una antigua paciente y consideraremos cómo pudo poner en marcha este proceso en su propia vida. Después habrá llegado su momento.

Primer paso: Identifique
un determinado acontecimiento "meta"

Para poner en marcha este plan es importante reconocer el primer y más importante eslabón de la cadena causal que acabó generando la imagen que hoy en día tiene de sí mismo y que, en algunos casos, se originó con alguno de los factores externos con los que ya hemos trabajado, es decir, los momentos decisivos, las decisiones críticas y las personas esenciales.

Es imposible, como ya he dicho, cambiar los eventos externos que ya han ocurrido. Poco importa, en ese sentido, lo que sucediera ayer o hace treinta años, porque eso ya es historia. Nadie puede modificar esos momentos, dar marcha atrás a las decisiones tomadas y cambiar las personas esenciales que han influido en su vida. Pero, a pesar de ello, resulta esencial identificar los eventos externos que han tenido un impacto tan profundo en la idea que hoy en día tiene de sí mismo. No se preocupe por no poder cambiar lo que ya ha ocurrido, porque su verdadero poder reside en sus factores internos. En las cinco áreas de respuesta interna puede encontrar las herramientas y oportunidades que necesita para redefinir la idea que tiene de sí mismo y su vida de un modo que sea congruente con la persona que realmente era cuando comenzó la distorsión.

Segundo paso: Reconsidere sus respuestas internas a ese evento desencadenante

Después de haber seleccionado un determinado evento desencadenante, deberá prestarle toda su atención y tratar de determinar el modo en que respondió e interiorizó ese evento. Tenga en cuenta que puede resultar muy difícil abordar y pensar en su vida como una totalidad y pensar simultáneamente en los momentos decisivos, las decisiones críticas y las personas esenciales. Ahora vamos a llevar a cabo esta revisión personal y analizarla paso a paso. Es como el viejo dicho: «¿Cómo te comerías un elefante?». La respuesta, obviamente, es «bocado a bocado». Olvídese, pues, de que tiene que comerse un elefante, porque eso asustaría a cualquiera; lo único que tiene que hacer es coger una oreja y empezar a comer y, antes de darse cuenta, ya habrá hecho algún progreso. Lo mismo ocurre en este caso, ya que, si vamos avanzando paso a paso, acabaremos deconstruyendo su historia y desmitificando el modo en que ha llegado a convertirse en la persona que es. Después de haber aislado un evento, pasaremos a ver con más detenimiento lo que sucedió en su interior cuando ocurrió ese evento. ¿De qué modo cambió la idea que tenía de sí mismo? ¿Conmovió su confianza y la fortaleció o, por el contrario, supuso la muerte de su inocencia?

Éste será el momento en que entrarán en juego los cinco factores internos. Le invito a que considere el modo en que esos momentos decisivos influyen cotidianamente en su diálogo interno. Si realmente fue un momento decisivo, todavía seguirá hablando consigo al respecto hoy en día mientras lleva a cabo este trabajo. Su diálogo interno puede estar influyendo indirectamente, aun en el caso de que no esté pensando en ese momento concreto.

¿Está, del mismo modo, su *locus* de control dictando el lugar al que atribuye la responsabilidad o la culpa de esos eventos? ¿Qué etiquetas ha acabado provocando en usted ese momento decisivo? ¿Qué grabaciones ha generado o ha contribuido a generar? ¿Cuáles son las creencias fijas que ha extraído como resultado de ese momento decisivo y qué papel han desempeñado en la elaboración del guión vital que esbozó en el momento en que tuvo lugar ese evento desencadenante? Deberá escribir o revisar todo lo que ha escrito al respecto de cada uno de esos procesos internos, para poder ver exactamente cuál ha sido su impacto y cuáles son los ajustes que necesita llevar a cabo.

Tercer paso: Verifique su respuesta interna a la autenticidad

¿Qué es lo que deberá hacer, después de identificar el evento "meta" y descubrir cuáles fueron y siguen siendo sus respuestas al respecto? Necesita disponer de algún tipo de indicador, un criterio que le sirva para corroborar sus percepciones y ver si merecen la pena o si simplemente estaba engañándose a sí mismo. Es necesario, por tanto, un criterio racional, verdadero y auténtico con el que pueda contrastar sus percepciones. Éste es precisamente el objetivo de este tercer paso: reconocer ese criterio y usarlo para verificar la aceptabilidad de sus reacciones internas. Pronto le señalaré, en términos muy claros y útiles, cuál es ese indicador.

Cuarto paso: Esbozar una respuesta "Alternativa Auténticamente Adecuada"

Cualquier respuesta interna que no supere el tercer paso deberá ser descartada. Después de haber examinado sus percepciones, el diálogo interno que mantiene consigo mismo, sus creencias fijas, etcétera, y haber puesto de relieve aquéllas que son irracionales, falsas o inauténticas, tendrá que romper ese mal hábito interno –aunque, en realidad, ésta es una expresión bastante desafortunada porque, en realidad, no "rompemos" hábitos– y desembarazarse de ellas. Para eliminar una conducta habitual, deberá reemplazarla con otra nueva que sea incompatible con la que quiere eliminar. A eso, precisamente, aspira el cuarto paso, a esbozar una nueva pauta de respuesta interna y esbozar lo que yo llamo un "pensamiento triple A", es decir, una respuesta Alternativa Auténticamente Adecuada que le permita superar la prueba de la autenticidad. Reemplace cualquier respuesta que no apoye su yo verdadero con otra que sí lo haga y sustituya la respuesta que genere sufrimiento y problemas por otra que le acerque a lo que quiere, necesita y merece.

Quinto paso: Identifique y lleve a cabo su Respuesta Eficaz Mínima (REM)

Este último paso reconoce que, para llegar a una conclusión emocional, muchas veces es necesaria una acción, es decir, una conducta externa. La cuestión, por tanto, es la siguiente: «Muy bien. ¿Y ahora qué es lo que tenemos que hacer?, ¿Cuál es la conducta más eficaz para conseguir ese cierre emocional con el mínimo coste en términos de energía, riesgo, etcétera?». Esa respuesta eficaz menos costosa es lo que yo denomino respuesta mínima eficaz. ¿Qué pasos debe dar en el mundo real para resolver el dolor, liberarle y permitirle, sin riesgo, alejarse de lo que no quiere y acercarse a lo que quiere?

Éste es un esbozo, *grosso modo*, del plan de acción que deberá llevar a cabo. Ahora ha llegado el momento de ser más concretos y ponernos manos a la obra.

11. PONIENDO EN MARCHA EL PLAN

> Somos nosotros mismos los que nos fortalecemos
> o nos debilitamos. El esfuerzo que ambas cosas
> requieren es el mismo.
> CARLOS CASTANEDA

Ahora que está a punto de emprender este plan de cinco pasos, conviene revisar el trabajo realizado hasta el momento. Y para ello no sólo conviene apelar a las notas escritas en su diario como estímulo para los ejercicios que voy a proponerle, sino que también resulta muy útil echar un vistazo al diálogo interno y al resultado de los *tests* del *locus* de control. A fin de cuentas, este plan de cinco pasos ha sido diseñado para asentarse y erigirse sobre los cimientos del trabajo llevado a cabo en los capítulos anteriores, de forma que no es necesario empezar desde cero.

Si ha llevado a cabo los ejercicios propuestos hasta ahora, conocerá ya la mecánica de este plan. En el capítulo dedicado a los factores internos, por ejemplo, le pedí que revisara el modo en que había respondido a ciertos acontecimientos externos de modo que, si ha completado sinceramente estos ejercicios, usted ya no será la misma persona que empezó a leer este libro, puesto que su autoconocimiento habrá avanzado desde el punto A hasta el punto B. Espero y confío en que el trabajo realizado hasta el momento le haya proporcionado una cierta claridad y se sienta ya algo aligerado de su carga. Lo que puede hacer el plan de cinco pasos es ayudarle a seguir avanzando por este mismo camino.

Permítame que ahora le refiera la historia de una antigua paciente mía a la que llamaremos Rhonda porque creo que, cuando uno trata de aplicar un determinado plan de acción a su propia vida, es muy útil tener un modelo o ejemplo al que referirse. Comenzaré diciéndole que Rhonda es, hoy en día, una mujer felizmente casada, que tiene dos hijos universitarios y que disfruta haciendo una gran variedad de cosas. Yo diría que su vida está, hoy en día, en consonancia con su yo verdadero… pero, hace tan sólo unos pocos años, las cosas eran realmente muy diferentes. Entienda que mi intención al contarle la historia de Rhonda no es la de conmocionarle porque tal vez, en algunos sentidos, su historia puede presentar visos aún más trágicos que la de ella. Mi propósito, por el contrario, es el de ilustrar el modo en que una persona puso en marcha, en su propia vida, este plan.

Cuando llegó a mi consulta, Rhonda tendría poco más de treinta años y, apenas empezó a hablar, me quedó claro que su yo verdadero estaba hecho polvo. Por aquel entonces, Rhonda era una persona que se despreciaba, carecía de autoestima y no tenía la menor confianza en sí misma. De hecho, creía que no tenía nada para ofrecer a los demás y que, en consecuencia, no merecía nada a cambio. Se disculpó por «hacerme perder el tiempo», en lugar de aprovecharlo con «alguien que realmente lo mereciese». Rhonda estaba viviendo, en suma, una vida espantosa sometida a una idea falsa de sí misma que no reflejaba, en modo alguno, su yo verdadero. Pero, aunque se hallaba completamente desorientada y había perdido mucho tiempo, no tardamos en descubrir el primer eslabón de aquella terrible cadena, ya que a los doce años había sido golpeada, violada y explotada sexualmente por su padre biológico. En las siguientes sesiones revisamos minuciosamente los detalles de aquellos terribles episodios y, en ellas, Rhonda disculpó en varias ocasiones a su verdugo.

Finalmente Rhonda me dijo que, durante unas vacaciones de verano, su padre, representante regional de una gran empresa, la llevó consigo en sus viajes de trabajo de varios miles de kilómetros por varios estados para visitar a sus clientes. Pronto resultó evidente que su padre era un alcohólico y un psicópata. Solía volver borracho de madrugada a la habitación del hotel acompañado de clientes a los que quería agasajar y se pasaban la noche de juerga jugando a las cartas, gritando, peleando y manteniendo relaciones sexuales con las prostitutas o las mujeres que habían ido recogiendo por los distintos bares por los que habían pasado. En varias ocasiones, aquellos cerdos borrachos la habían violado ante la mirada ausente de su padre. Pero, por más aturdido que pareciese, siempre estaba enojado, y la más leve resistencia de su parte desataba por igual su lengua y sus puños. Si ella alzaba la voz o trataba de escapar, él la golpeaba brutalmente y la culpabilizaba diciendo: «¡Pequeña zorra egoísta! ¿Es que quieres arruinar mi negocio? Estos hombres te alimentan y te permiten vivir bajo techo. ¿Quieres que tu madre y tus hermanos se mueran de hambre? ¡No eres más que una putilla! Te dejas arrastrar a los asientos traseros del coche de tus estúpidos novios y te niegas a hacerlo con quienes pueden ponerte un plato en la mesa». (¿No le parece realmente espantoso?) Todo esto, obviamente, era falso, y Rhonda jamás había mantenido relaciones sexuales con nadie antes de que su padre le arrebatase la virginidad. Esta hermosa muchacha era virgen antes del primer viaje con su padre aquel atroz verano que acabó destrozando su autoestima y, con ella, toda esperanza, optimismo y confianza en sí misma. La conducta de su padre había acabado convirtiéndola en un mero rol y, con el espíritu roto, acabó aceptando una visión falsa de sí misma y asumiendo el correspondiente guión vital que la acompañaba.

Para complicar todavía más las cosas, su padre acababa de fallecer y, en consecuencia, Rhonda era un hervidero de emociones. Por un lado, se sentía aliviada por la muerte de aquel desalmado pero, por la otra, se sentía culpable de no experimentar la menor tristeza y, en su caldero emocional, burbujeaban también la rabia y la frustración por no haber tenido la oportunidad de expresarle todo el daño que le había hecho. Me quedaría muy corto si dijese que, cuando solicitó mi ayuda, Rhonda tenía una visión muy seriamente dañada y distorsionada de sí misma y varios grandes conflictos emocionales sin resolver.

Rhonda había acabado interiorizando el adoctrinamiento patológico y basado en una información falsa y distorsionada al que la sometió su padre, y se torturaba a diario con él. A una edad muy temprana y vulnerable se había visto obligada a abandonar la visión verdadera de sí misma y a reemplazarla por una completa ficción. El reto al que nos enfrentábamos consistía, obviamente, en desembarazarnos de toda aquella confusión, despejar la contaminación provocada por el sufrimiento, la duda, la autocondena, la ira, el odio y la amargura, y permitir que de ese modo Rhonda pudiera restablecer el contacto con un yo verdadero que no había experimentado desde que era una niña. Yo quería llevarla a un punto en que pudiese volver a respetarse a sí misma y recuperar así la dignidad, el valor y el optimismo. El desfiguramiento psíquico al que había sido sometida había distorsionado todos sus factores internos –en los que residía su auténtico poder– y los había puesto al servicio de un yo falso. Veinte años después de aquel primer y terrible viaje, su diálogo interno todavía la saboteaba. Las grabaciones que se disparaban en su cabeza no dejaban de hablar de impotencia y desesperación, y sus etiquetas eran "sucia", "puta" y "mujer-zuela". Su *locus* de control, por último, era irracionalmente interno, y las creencias fijas que definían su guión vital no le ofrecían la menor posibilidad de escapar de aquella situación. Era como si todas las cosas terribles que vivió hubieran dejado en ella «una herida que nunca cicatrizaría».

El lector entenderá perfectamente las dificultades y problemas a los que nos enfrentamos cuando, después de haberme hecho una idea global de la situación en la que Rhonda se encontraba, finalmente se dispuso a poner en práctica el plan de cinco pasos. Veamos ahora, usando como ejemplo ilustrativo el caso de Rhonda, el modo de poner en marcha este plan.

Debo comenzar insistiendo una vez más en la necesidad de realizar bien el trabajo, puesto que los ejercicios propuestos aquí serán los que den sentido a todo lo que haya hecho en los anteriores capítulos. El mejor enfoque, en mi opinión, consiste en tomar un determinado acontecimiento desencadenante como, por ejemplo, el primer eslabón que haya identificado en el primer paso y que siga con él hasta haber completado los cinco pasos. Empiece, pues, con un determinado evento y no lo abandone hasta haber concluido los cinco pasos; luego pase a otro acontecimiento diferente y trabaje con él del mismo modo...

No pretenda acelerar el proceso ni se excuse diciendo que todo esto requiere demasiado tiempo y demasiado esfuerzo. Tenga en cuenta que la regla informática según la cual «mete basura y sacarás basura» resulta también perfectamente aplicable a los ejercicios que está a punto de realizar. Si trata de ir más aprisa de la cuenta, es decir, si no lleva a cabo una valoración sincera y completa de sí mismo sino que, en su lugar, se contenta con un mero vistazo por encima a la información, los resultados que obtendrá serán, en el mejor de los casos, muy superficiales. Supongo que lo que voy a decirle ahora le parecerá una obviedad pero, en cualquiera de los casos, debe saber que no hay momento más oportuno que éste para dedicar toda su energía, atención y esfuerzo a la tarea que nos ocupa.

Coja, como siempre, su diario, y elija el lugar y el momento más tranquilo y reservado que pueda. En el mejor de los casos, debe estar dispuesto a permanecer sentado durante una hora o más para someter un determinado acontecimiento al proceso de cinco pasos que le propondré. Tenga en cuenta que ciertos acontecimientos le requerirán varias sesiones que, por otra parte, puede llevar a cabo en varios días. Quiero que profundice hasta llegar al fondo de sus reacciones internas. Procure no centrarse exclusivamente en una parte de lo que le agobie o le obsesione, sino que debe estar dispuesto a enfrentarse a todo, ir más allá de su respuesta emocional y trabajar con los distintos factores que influyan en su vida. Cuando haya llevado a cabo todo el proceso con un acontecimiento, el siguiente requerirá un mínimo de una hora, etcétera.

A modo de ejemplo,considere, para cada uno de los pasos, el caso de Rhonda y sus posibles respuestas. Las respuestas deberían ser el fruto de una reflexión mesurada y de una evaluación sincera de su vida. Si los eventos que descubre son menos dramáticos –¡Dios lo quiera!– que los de Rhonda, no se desaliente por ello. Basta con que un determinado acontecimiento sea importante para usted para que merezca toda su atención y todo su esfuerzo.

Comencemos.

Primer paso: Determine el evento

Comience prestando atención a su respiración, relaje su cuerpo y su mente, y pregúntese cuál es la cadena de su vida, es decir, la serie de eventos, circunstancias y respuestas que hayan acabado determinado la persona que actualmente es.

Empiece considerando, de entre los acontecimientos externos cruciales que anteriormente haya identificado, cuál ha sido el factor más nocivo de toda su vida. Obviamente, será

un momento decisivo
una decisión crítica o
una persona esencial

En este punto puede ser útil revisar el material que anteriormente haya escrito sobre esos factores externos.

Describa ahora brevemente ese acontecimiento. Para ello bastará con unas pocas frases que quizás pueda incluso rescatar de sus escritos anteriores, aunque las cosas tal vez puedan haber cambiado desde entonces y necesite modificar o agregar algo a lo que entonces respondió. Éste es el momento adecuado para hacerlo.

Veamos, a modo de ejemplo, lo que escribió Rhonda en este primer paso: «Aquella mañana de jueves del mes de junio, mientras estaba cargando el equipaje en el coche, me dijo que preparara mis cosas, porque iba a marcharme de viaje con él. Yo le conocía, le odiaba y sabía que no tenía que irme con él. Ignoraba lo que podía ocurrir, pero sabía que lo lamentaría. Podía haber ido a la cocina a rogarle a mi madre que me dejara quedarme con ella, podía haberme escapado o, si hubiera dicho lo correcto, haberla persuadido incluso de que se viniera con nosotros y me protegiese, pero lo cierto es que me limité a hacer lo que él me dijo. Para mí aquél fue tanto el más importante de los momentos decisivos como la peor de todas las decisiones críticas que he tomado a lo largo de toda mi vida». Sé que, cuando usted lea esto, probablemente piense: «¡Vaya locura! ¿Cómo puede sentirse responsable de lo que hizo ese bastardo?», y tendrá usted toda la razón, pero debe recordar también que ésa fue la reacción interna e inducida por la culpa de una Rhonda muy confundida que, al mismo tiempo, refleja el mundo ilusorio en que ha vivido desde entonces. Es evidente que se trata de una idea irracional, ¡pero dígale eso a una veinteañera asustada y llena de sentimientos de culpabilidad!

Pregúntese, después de haber leído este breve resumen,

cuál es su propia respuesta al respecto. ¿Ha identificado el momento más dañino de toda su vida y lo ha descrito con sinceridad? Recuerde que vamos a limpiar toda la confusión que pueda estar distorsionando su vida y, si no quiere matar la mitad de las "serpientes" que aparezcan en su vida, no tiene que equivocarse en este punto.

Segundo paso: Reconsidere su respuesta interna a ese evento

Recuerde que, en este paso, su respuesta debe referirse a cada uno de los cinco factores internos que hemos descrito y discutido en el correspondiente capítulo. Utilice las siguientes preguntas para estimular sus pensamientos:

Considerando los eventos que ha descrito en el primer paso:

1. ¿A qué atribuye usted la responsabilidad o la culpa de ese evento o, dicho en otras palabras, cuál es su *locus* de control?

   La primera ronda de preguntas que formulé a Rhonda fueron las siguientes: ¿A quién atribuye la responsabilidad de aquel evento? ¿Cree que, a los veinte años, tenía realmente la posibilidad de negarse a subir a ese coche? ¿Sabía lo que iba a suceder? ¿Provocó acaso la violación? ¿Se atribuye la responsabilidad de la enfermedad de su padre y de los demás pervertidos con los que se relacionaba? A juzgar por su respuesta al primer paso, Rhonda se atribuía la culpa de todo lo sucedido.

   No sé de nadie que haya provocado deliberadamente su violación, por lo que estoy completamente seguro de que tanto usted como yo consideraríamos que la respuesta de Rhonda debía ser un sonoro no, pero, una vez más, la nuestra es una perspectiva diferente de la de una chica de veinte años que se halla sometida al control de su padre.

La siguiente pregunta, todavía relacionada con la cuestión de la atribución de responsabilidad, fue: ¿quién decidió el modo en que usted respondió a aquel evento, diciéndose cosas tan terribles a sí misma?

Y, puesto que nadie puede atribuir sus reacciones al exterior, la respuesta de Rhonda tuvo que ser «fui yo».

Siguiente pregunta: ¿Controlaba usted la situación?

Esta pregunta se centra directamente en la responsabilidad y la vergüenza. Se asombraría del gran número de personas que se avergüenzan de hechos en los que sólo han desempeñado el papel de víctima. Además, son muchas las familias que quieren correr rápidamente un velo con el que ocultar este tipo de episodios y no dudan en considerar culpable a la víctima por ser tan egoísta de querer hacerlo público o, de algún modo, de querer abordarlo.

Formúlese todas estas preguntas que tienen que ver con el *locus* de control del hecho más crítico que haya vivido y anote por escrito sus respuestas. Le advierto que no estoy pidiéndole que escriba lo que intelectualmente le parezca más adecuado. Es fácil adivinar cuál sería la respuesta "correcta" o socialmente deseable, pero no es eso lo que quiero que escriba. Anote solamente lo que piense acerca del evento más tóxico de su vida cuando está a solas consigo mismo. No olvide que sólo puede cambiar aquello que antes reconozca, de modo que le recomiendo que sea brutalmente sincero. ¿Qué es lo que realmente cree, al margen de lo que diga su intelecto racional, acerca de la responsabilidad de ese evento?

2. ¿Cuál ha sido, desde entonces, el tono y el contenido de su diálogo interno? ¿Mantiene acaso conversaciones en tiempo real, es decir, a "velocidad normal", consigo mismo en las que reflexiona sobre los cambios que, de un modo u otro, ha desencadenado en su vida ese evento?

¿Qué es lo que se dice cuando reflexiona sobre ese acontecimiento? ¿Qué es lo que se dice en aquellas otras ocasiones en que, aunque no esté reflexionando directamente en ese evento, se siente avergonzado o culpable al respecto?

Son muchas las víctimas de abuso sexual que, como Rhonda, no percibieron –o no se permitieron percibir–, al comienzo, lo que realmente estaba ocurriendo. Por ejemplo, lo primero que pensaron muchas de estas personas era que se les estaba prestando una atención especial y sólo más tarde advirtieron intenciones más destructivas. Los hay que se sienten estúpidos a causa de su ingenuidad, mientras que otros deciden deliberadamente interpretar el evento de un modo que proteja al agresor, especialmente en el caso de que se trate de un miembro de la familia. En este sentido, por ejemplo, la chica que se ha visto violada por un familiar puede llegar a creer que se trató de un accidente o de una muestra especial de afecto. Pero, independientemente de que el evento haya sido semejante o completamente diferente al de Rhonda, las preguntas realmente importantes serían las siguientes: ¿De qué modo percibió su conducta?, ¿De qué modo percibió las intenciones y las conductas de los demás implicados? ¿Qué se dice hoy en día con respecto a todas esas cosas? ¿Cómo ha acabado afectando, el modo en que etiquetó y reaccionó a ese evento, su confianza y compromiso con el mundo? ¿Si hoy en día, por ejemplo, tiene problemas con su pareja actual, se menosprecia a sí mismo porque se siente "dañado"?

Al margen de todo esto, sin embargo, tome buena nota de todos los diálogos internos negativos que se presenten, estén o no relacionados con ese evento. Quizás su diálogo interno esté salpicado de mensajes de duda, incompetencia o cualquier otro residuo derivado del más tóxico de los momentos decisivos de su vida. También debe registrar cuidadosamente todos aquellos acontecimientos que socavaron la confianza en sí mismo, aunque su manifestación actual no implique referencias concretas al origen.

3. ¿Cuáles son las etiquetas con las que se ha calificado a sí mismo como resultado de ese evento?

¿Qué conclusiones ha extraído sobre sí mismo como consecuencia de ese evento? En este punto, Rhonda descubrió que se calificaba con etiquetas tales como "sucia", "persona destrozada", "nada que ofrecer", "avergonzada" y "mera cosa que sólo puede servir para el placer de los demás".

Considere las etiquetas que se haya asignado como resultado de este evento concreto. Reconsidere las etiquetas que ha puesto de relieve en el Capítulo 9 y agregue o elimine aquellas que crea que faltan o sobran, respectivamente. Tal vez ahora que ha revisado el tema pueda incluir algunas más.

4. ¿Cuáles son las grabaciones que ese evento ha contribuido a generar?

¿Ha desarrollado, como resultado de lo que le ha "enseñado" ese evento, alguna respuesta automática que le juzgue y prefigure cuál será su comportamiento en una determinada situación? Si, en alguna situación estresante, advierte la presencia de una grabación concreta que le transmite mensajes de fracaso, ¿es esa grabación consecuencia directa del acontecimiento que estamos considerando aquí?

Rhonda, por ejemplo, descubrió que el evento había desencadenado la expectativa de que todas las relaciones que entablase abocarían a un resultado similar, e identificó también varias grabaciones ligadas a los hombres, las relaciones, el hecho de ser utilizada y el hecho de avergonzarse de la intimidad. Por ello esperaba ser rechazada cuando mantenía una relación íntima. Un ejemplo de una de las grabaciones de Rhonda era el siguiente: «Los hombres son unos cerdos que sólo me quieren para mantener relaciones sexuales y, apenas accedo, se deshacen de mí. Me siento atrapada».

Examine las expectativas o predicciones que haya generado en usted ese evento externo concreto. Identifique también con el mayor lujo de detalles posible las grabaciones concretas que se deriven de él.

5. ¿Cuáles son las creencias fijas y el guión de vida que ha elaborado como resultado de ese evento?

¿Sospecha usted que su vida no es más que la representación de un guión que se deriva de ese acontecimiento, es decir, un conjunto de palabras, pensamientos y conductas que, una y otra vez, repite ciegamente? ¿De qué manera se ha limitado a sí mismo como resultado de ese evento? ¿Ha renunciado simplemente a esperar que el mundo le trate de otro modo? ¿Se ha limitado acaso a lo que es en este instante?

Rhonda, por ejemplo, vivía un guión que la obligaba a resistirse a cualquier oportunidad de relacionarse con los hombres, aunque tal cosa ocurriese en un entorno seguro y relajado, temiendo que ello pudiera desequilibrar su previsible –aunque doloroso– estilo de vida. Ella vivía en función de sus creencias, alternando la promiscuidad más flagrante con la abstinencia más vergonzosa.

¿Qué relación guardan estas creencias con su experiencia más temprana? Tome nota de cualquier relación que advierta entre el acontecimiento que esté considerando y las creencias fijas en función de las que vive.

No dude, para ello, en volver a leer los capítulos concretos relativos a los factores internos y todo lo que escribió a propósito de ellos para estimular una respuesta más completa a cada una de las cinco preguntas que hemos incluido en este segundo paso.

Detengámonos ahora unos instantes para pensar en dónde podría estar Rhonda en este punto, porque es muy posible que, al concluir el segundo paso de su plan, Rhonda hubiera identificado varias conductas internas muy reveladoras.

Rhonda, como usted, no pudo modificar los acontecimientos externos que habían ocurrido en su vida ni las decisiones que tomó después de aquel evento tan trágico, pero sí que pudo cambiar lo que hoy en día se dice y hace al respecto y, aunque pueda parecerle una victoria pírrica, le aseguro que, cuando ella la aplica a su vida, no lo es.

Espero que usted esté cambiando ya su diálogo interno y también confío en que siga aprendiendo a hacerlo en la medida en que vayamos avanzando. Tal vez, por ejemplo, haya descubierto que usted no fue el responsable del acontecimiento que está revisando. Son muchas las personas que, cuando llevan a cabo este trabajo, contemplan, por primera vez en su vida, el acontecimiento con ojos maduros y se dan cuenta de que habían pasado muchos años recordándolo con los ojos que tenían de niños, con lo cual adquieren una nueva perspectiva que les permite esbozar juicios más certeros sobre sí mismos.

Recuerdo a un hombre que se consideraba un irresponsable y no confiaba en sí mismo para nada como consecuencia de un desgraciado incidente que tenía que ver con la muerte accidental por ahogo de su hermano pequeño. El hecho es que, en el momento de la tragedia, él se encontraba en la escuela pero, un buen día, escuchó fortuitamente decir a su madre que, si hubiera estado en casa, la tragedia no habría ocurrido, un comentario casual que desde entonces llevó consigo –oculto en algún rincón de su mente– como una pesada carga, haciéndole sentirse culpable de la muerte de su hermano. Sin embargo, cuando revisó objetivamente el hecho se dio cuenta de que el comentario de su madre tal vez no había sido tanto una acusación como un elogio hacia su responsabilidad porque, de haberse hallado presente, su hermano podría haberse salvado. Cuando, poco tiempo después, visitó a su madre, pudo comprobar –para sorpresa de su horrorizada madre al enterarse de la carga que su hijo había soportado todo aquel tiempo a causa de un simple malentendido– la veracidad de esa interpretación más exacta y madura. Huelga decir el alivio que entonces experimentó.

Son muchas las cosas asombrosas que podemos descubrir sobre nosotros mismos cuando empezamos a escuchar nuestro diálogo interno. Es cierto que el hermano pequeño de nuestro hombre había muerto para siempre, pero el modo en que interpretó y percibió su muerte cambió completamente y, en consecuencia, lo mismo sucedió también con su vida.

Tercer paso: Compruebe la autenticidad de su respuesta interna

Como acabamos de ver, la comprensión de lo que nos decimos a nosotros mismos puede tener efectos muy terapéuticos, pero no basta con ello para recuperar la autenticidad. En este paso deberá establecer algunos criterios claros de autenticidad con los que corroborar la veracidad de sus respuestas internas.

No es difícil de imaginar pues que, a pesar de todos sus avances, alguien como Rhonda dijese: «Me doy perfecta cuenta de que el abuso sexual dejó en mí una profunda cicatriz psíquica y de que mi reacción al respecto tuvo efectos muy contraproducentes. He reconsiderado mis factores internos y también me doy cuenta del modo como reaccioné ante lo que sucedió. No es de extrañar que ahora me sienta tan mal. Me siento mal por lo que ocurrió y también por el modo como reaccioné. Entiendo perfectamente todo eso. ¿Pero qué debo hacer a partir de aquí?».

Bien, lo que deberá hacer a partir de ahora es conocer los cuatro criterios de cualquier evaluación auténtica de sí mismo. Luego deberá utilizar esos criterios para evaluar cada una de sus respuestas internas (creencias, diálogos, etiquetas, etcétera).

Esos criterios auténticos le ayudarán a determinar si sus respuestas y reacciones contribuyen a acercarle al yo verdadero o, por el contrario, le alejan de él y le aproximan al yo falso. Estas cuatro reglas le proporcionarán una ayuda muy valiosa para valorar las distintas atribuciones, etiquetas, diálogos internos, grabaciones y creencias fijas. Además, cada una de sus respuestas aprobará el examen, por así decirlo, o lo suspenderá y, en este último caso, sabrá que necesita abrir su mente a nuevas opciones. Ahora voy a enseñarle a comprobar si lo que se dice a sí mismo es verdadero o falso o, dicho en otras palabras, a diferenciar lo auténtico de lo ficticio. ¡Quiero que llegue a un punto en el que tratar de mentirse le resulte tan difícil como encontrar una aguja en un pajar!

Considere estos cuatro criterios como preguntas o retos y, cuando los utilice para valorar su pensamiento o su percepción, se dará cuenta de lo verdaderos o falsos que son sus pensamientos internos. Las cuatro preguntas son las siguientes:

1. ¿Se trata de un hecho verdadero?

   ¿Es lo que piensa, siente, percibe o atribuye objetiva y verificablemente cierto? ¿Qué es lo que dirían a este respecto observadores externos independientes? ¿Coincidirían acaso con usted, por decirlo en otras palabras, personas que no tuvieran en ello la menor implicación personal? ¿Es algo que simplemente cree hoy en día porque fue lo que entonces creyó? Tenga en cuenta que con demasiada frecuencia actuamos en función de creencias completamente equivocadas cuya veracidad jamás nos hemos detenido a valorar. Quizás simplemente esté aferrándose a creencias que eran ciertas cuando tenía tres o siete años, o tal vez nunca lo fueron. También puede ser que ni siquiera lo sepa, en cuyo caso, convendrá que deje de actuar en función de algo que acepta simple y descuidadamente como verdadero sin tener la menor prueba de ello.

2. ¿Sirve, el pensamiento o actitud al que se aferra, a sus intereses?

Hay veces en que nos aferramos a creencias que nos provocan sufrimiento, dolor, frustración y pérdida por el simple hecho de que tememos renunciar a ellas. El criterio que voy a proponerle en este punto es muy sencillo: desembarácese de todo pensamiento, sentimiento o acción que no le sirva y no le ayude a ser y a hacer lo que realmente quiere. En cambio, si le hace sentirse feliz, tranquilo y satisfecho, siga adelante con ello. Sea inflexible en la aplicación de este criterio y verá cómo la calidad de su vida cambia inmediatamente. No haga caso de las justificaciones que se dé para explicar por qué tolera pensamientos, creencias, acciones y omisiones que no le sirven. ¡Si no le sirve, deje de hacerlo!

3. ¿Sus pensamientos y actitudes fomentan y protegen su salud?

¿Le generan acaso problemas las cosas que se dice a sí mismo? ¿Su vanidad, por ejemplo, le lleva a conducir un vehículo, por ejemplo cuando no se siente seguro, corriendo así el riesgo de sufrir un accidente? ¿Le provoca problemas la insistencia en tener la razón? ¿Lo que piensa, siente y cree sobre sí mismo le genera, acaso, tensiones y sufrimientos que acaban enfermándole? ¿Tiene creencias egoístas que le lleven a defenderse cuando tal cosa no es necesaria? ¿Provocan sus pensamientos una armonía física en su cuerpo o, por el contrario, le hacen estar siempre nervioso y excitado, agotándole inútilmente y dejándole vulnerable a la enfermedad? Quizás haya llegado ya el momento de darse cuenta de que seguir sosteniendo esas creencias no sólo no le ayuda sino que, muy al contrario, le daña.

4. ¿Esta actitud o esta creencia, me proporciona lo que quiero, necesito y merezco?
   Esta pregunta es tan directa como suena. ¿Cuál es su objetivo? ¿Cuál es la meta que está tratando de alcanzar? Tal vez se diga: «mi objetivo es tener una sensación de paz interna, una serenidad inconmovible que fluya de una conciencia asentada en la roca sólida de mi valor como persona». Quizás el objetivo sea el de «relacionarme más profunda y amorosamente con mis hijos», «que mi matrimonio funcione mejor» o «conseguir un ascenso». Sea cual fuere el objetivo, advierta cuál es su respuesta interna y pregúntese: «¿Me acercan mis actitudes, creencias o pensamientos a lo que quiero, o me arrastran y mantienen atado a circunstancias que no quiero?».

Pongamos ahora en práctica estos criterios, usando el evento que Rhonda estaba considerando. Supongamos que Rhonda ha adoptado la creencia fija de que es una persona sucia y despreciable. Se avergüenza de lo sucedido y considera que, aunque haya sido de manera involuntaria, ella es responsable y, en consecuencia, está dispuesta a someter esta creencia a la prueba de los criterios de autenticidad para determinar su veracidad o falsedad.

Primera pregunta: ¿Se trata de un hecho verdadero? ¿Es algo en cuya veracidad coincidiría todo el mundo?

–¡No! ¡No! ¡No! –respondería muy probablemente Rhonda–. No es verdad. Ahora sé, como adulta madura y objetiva, que fui utilizada y que abusaron de mí. No soy, por tanto, una persona repugnante. Fui víctima de personas despreciables, pero yo no lo soy. Nadie sabe lo que ha sucedido en mi vida, y mucho menos todavía los eventos que han tenido en ella una influencia decisiva...

Segunda pregunta: ¿Le sirve de algo aferrarse a ese pensamiento o actitud?

–No sólo es inútil –es una posible respuesta–, sino que está limitando mi vida. ¿Por qué querría seguir aferrándome a eso? ¿Me anima o, por el contrario, me debilita? ¿Me hace feliz o triste? A menos que quiera tener algo que me entristezca haría bien, pues, en renunciar a ello.

Tercera pregunta: ¿Esos pensamientos y actitudes protegen y fomentan su salud?

–Es cierto –podría responder– que aferrarme a la creencia de que soy una persona despreciable no me provocará una muerte súbita, pero también lo es que no protege, en modo alguno, mi salud. Es más, en muchas ocasiones desencadena juicios contrarios a mi felicidad y, muy a menudo, a mi salud.

La lección que puede extraer del tercer paso debería ser muy clara. Si usted ha respondido negativamente a las dos primeras preguntas y positivamente a la tercera, es evidente que está sosteniendo una creencia falsa y, en consecuencia, tóxica. Mal podrá entonces, mientras ese veneno siga actuando en su mente, adentrarse en los dominios de la paz y de la alegría. Renuncie inmediatamente a esa creencia.

Cuarta pregunta: ¿Le proporciona su pensamiento y actitud lo que quiere?

–No, no lo hace –podría responder Rhonda–. Quiero sentirme limpia, sana y feliz. Quiero sentir que merezco el respeto de los demás, y eso no me lo proporcionan mis reacciones, mis percepciones y mis creencias actuales.

Vuelva ahora a las anotaciones tomadas en el segundo paso y verifique cada una de las respuestas usando los cuatro criterios que acabamos de mencionar. En este punto puede ser útil considerar su descripción escrita de la respuesta y explicar, en pocas palabras, por qué no pasa la prueba de la autenticidad. Sea lo más completo y sincero que pueda en su respuesta a estas cuatro preguntas.

Deje, en suma, de insultarse. Si una determinada creencia no pasa la prueba de la autenticidad, deshágase ahora mismo de ella.

Resumamos ahora los cuatro criterios:

1. ¿Se trata de un hecho verdadero?
2. ¿Le sirve para algo este pensamiento o actitud?
3. ¿Fomenta y protege su salud?
4. ¿Le proporciona esta actitud o creencia lo que quiere, necesita y merece?

Cuarto paso. Elabore una respuesta alternativa auténtica y acertada

Si se ha comprometido a encontrar el camino de regreso a su autenticidad tal vez pueda preguntarse: «¿Qué debo hacer para trascender este acontecimiento tóxico? Para empezar, debo dejar de responsabilizarme de cosas que en su momento no estaban bajo mi control. Debo cambiar mi diálogo interno, es decir, lo que me repito a diario continuamente. También debo determinar las etiquetas que me asigno y ponerlas en cuestión para verificar su autenticidad, y, por último, tengo que identificar las grabaciones concretas que me mantienen atado al pasado y las creencias y juicios con las que, de un modo u otro, me mutilo. Esto es todo lo que debo hacer antes de seguir adelante.

Luego quizás se pregunte: «Muy bien, ya me he dado cuenta de lo que me digo a mí mismo y he cuestionado cada una de mis respuestas. ¿Y ahora qué?».

Después de haber cobrado conciencia de que su diálogo interno no pasa la prueba de la autenticidad (y no la pasará, porque no es cierto, no le sirve para nada, no protege ni fomenta su salud y no le proporciona lo que quiere), habrá llegado ya el momento de llevar a cabo lo que yo llamo el pensamiento triple A. Y ello significa que deberá reemplazar las respuestas falsas con pautas de conducta alternativas, auténticas y acertadas (AAA) que, obviamente, deberán satisfacer los cuatro criterios de autenticidad mencionados en el paso anterior. El siguiente paso, pues, consiste en generar estas AAA y reemplazar con ellas las que no funcionen.

Supongamos que el diálogo interno de Rhonda diga algo así como «Soy una persona sucia y depravada. No soy más que un puñado de basura al que los hombres sólo se acercan en busca de sexo».

Una vez que Rhonda haya sometido este diálogo interno a los cuatro criterios racionales de autenticidad y haya visto (como obviamente ocurrirá) que no los supera, deberá dar un paso hacia delante y elaborar alguna respuesta AAA, es decir, alguna respuesta alternativa, auténtica y acertada.

En lugar de seguir sosteniendo la creencia de que es "mercancía dañada", Rhonda tendrá que adoptar la nueva perspectiva y considerarse una persona importante y respetable. Tal vez, para ello, pueda necesitar considerar la creencia alternativa de que no es culpable y de que nadie tiene el menor derecho a juzgarla. También deberá generar una AAA que diga algo así como «Debo dejar de juzgarme a mí misma. Yo no hice nada malo. Debo estar a mi lado y darme cuenta de que poseo cualidades que me convierten en una persona única y especial».

Una segunda alternativa que podría probar sería la de considerarse como alguien que ha dejado que su pasado se disolviese o, al menos, que ha dejado de darle importancia a ese evento, para lo cual también es necesario tomar la decisión de vivir en el presente y no en el pasado.

Veamos ahora una técnica muy sencilla que podrá ayudarle a llevar a la práctica el pensamiento AAA, para lo que tendrá que hacer la siguiente gráfica. Comience dividiendo verticalmente la página y, en el lado izquierdo, enumere las creencias falsas que sostenga actualmente. A estas alturas, ya sabrá lo que debe anotar en esa lista, porque ya conoce los pensamientos, sentimientos y creencias falsas que no pasan la prueba de los cuatro criterios de autenticidad. Luego haga un ejercicio de *brainstorming* y enumere, en el lado derecho, junto a cada una de las creencias actuales, tantas creencias alternativas como pueda. Después someta a la prueba de autenticidad a cada una de estas alternativas y quédese únicamente con aquellas que la pasen.

Éste podría ser el aspecto de los comentarios de Rhonda al respecto:

Creencia presente	Creencias alternativas
Soy "mercancía dañada"	1. Soy un ser humano que, si bien ha sufrido, puede curarse.
	2. Soy un ser humano digno y merecedor de respeto.
	3. Vivo en el presente, en donde puedo tomar mis propias decisiones, en lugar de permanecer cautivo del pasado, de sus recuerdos y del dolor.

Verifiquemos ahora la veracidad de estas posibles alternativas:

1. ¿Es cierta la alternativa?: Sí.
2. ¿Están estas creencias alternativas al servicio de sus intereses?: Sí.

3. ¿Protegen y fomentan su salud?: Sí.
4. ¿Le proporcionan lo que realmente quiere?: Sí.

Conclusión: Las tres respuestas alternativas parecen auténticas, de modo que Rhonda tiene ahora la posibilidad de decidir adoptar una, dos o las tres.

Elabore ahora su propia gráfica AAA. Dedique a este cuarto paso todo el tiempo que necesite. No olvide corroborar la autenticidad de cada respuesta AAA recurriendo a los cuatro criterios mencionados.

No olvide, como última fase del cuarto paso –y para que no haya posible error acerca de sus diferentes opciones– señalar con un círculo los pensamientos AAA que pasen la prueba. Ahora está empezando a forjar los eslabones de la nueva cadena de vida que ha elegido deliberadamente.

Quinto paso: Identifique y ponga en práctica su respuesta eficaz mínima (RME)

En este paso, al que llamaremos RME, debe preguntarse: ¿qué es lo que debo hacer para cambiar las cosas?

El objetivo del quinto paso es el del cierre emocional, lo que supone cerrar el capítulo de su situación y del dolor asociado o, dicho de otro modo, dejar en el estante el Libro del Dolor y no seguir cargando a diario con él.

Advierta que la fórmula RME incluye el término "mínima". Así pues, la RME es lo mínimo que debe hacer para conseguir el cierre emocional. Ilustraré lo que no es una RME diciendo que a veces oigo a personas que se esfuerzan en esbozar situaciones muy complicadas que avergonzarían a cual quiera cuando, para llegar a una solución emocional, bastaría con una explicación y una disculpa. El concepto de RME, por su parte, aspira a satisfacer la necesidad de llegar a una conclusión sin generar más problemas, y también apunta a conservar sus recursos. Tal vez, en este sentido, sea útil recordar a aquellos antiguos guerreros que llevaban a cabo largas deliberaciones en las que discutían largamente las decisiones a tomar que implicaran el menor coste de dolor y de sangre. Nuestra intención, del mismo modo, no es la de arrasarlo todo, sino la de obtener los máximos resultados con el mínimo coste. En lo que se refiere a su RME, usted es su propio consejero.

Analice las alternativas de acción de que dispone y, para pensar en su RME, sírvase de este test de cuatro partes:

1. ¿Qué acciones puede emprender para acabar con este sufrimiento?
2. ¿Cómo se sentiría si llevara a cabo esa acción con éxito?
3. ¿Se asemeja ese sentimiento al que quiere tener?
4. No olvide que la acción en cuestión implica el término "mínima". ¿Existe alguna otra acción, emocional o conductual, que le proporcionase la resolución emocional que quiere sentir con menos esfuerzo?

Rhonda, por volver nuevamente a su caso, debía buscar su posible RME preguntándose: «¿Qué sería lo mínimo que debería hacer para sentir que finalmente se hace justicia y me siento reivindicada y liberada de la prisión emocional en que he estado viviendo todo este tiempo?».

Su padre ha muerto, pero quizás ella todavía conozca el paradero de alguno de sus "amigotes". Tal vez la RME de Rhonda fuera la de visitar a uno de ellos y decirle directamente: «No creas por un instante que he olvidado lo que me hiciste. Ahora quiero que me escuches, porque quiero que sepas el dolor que me causaste. Tu acción ha mutilado mi vida. Quiero que sepas, bastardo hijo de puta, el efecto de lo que hiciste sobre mi vida, mi matrimonio y la relación con mis hijos».

Ésta podría ser la RME de Rhonda, porque quizás necesite llevar a cabo esta catarsis o tal vez, por el contrario, debería luchar porque ese tipo de delitos no prescribieran, denunciar a ese bastardo y conseguir que acabara con sus huesos en la cárcel.

¿Cuál es, considerando ahora su propio evento desencadenante y la naturaleza y la intensidad del sufrimiento que ha soportado, su propia RME? Tal vez usted no sienta la necesidad o no tenga el valor de emprender ninguna de las acciones que hemos visto en el caso de Rhonda. Quizás lo que tenga que hacer es escribir una carta y poner por escrito todos sus pensamientos y sentimientos. Tal vez con eso baste. Pero, si el evento incluye a otra persona, quizás deba incluso enviar esa carta. Quizá, como en el caso de Rhonda, si no pudiera enviarle la carta, necesitase ir al cementerio, colocarse ante la tumba del violador y leerla en voz alta.

Ésta última fue, por cierto, la decisión que tomó Rhonda. Primero consideró la alternativa de leerle la carta a su madre, como una forma de desahogar sus sentimientos, pero no tardó, sin embargo, en descartar esta posibilidad por considerar que se trataba más bien de una "respuesta máxima eficaz" que, aunque le sirviera, podría tener efectos secundarios innecesarios, como la posible culpabilidad, pena, furia y negación de su madre, gravemente enferma.

Finalmente tomó la decisión de visitar el cementerio donde estaba enterrado su padre y leer en voz alta la carta ante su tumba, una acción que, por más inútil que pueda parecerle, se mostró sumamente eficaz. Mientras estaba leyendo aquella carta a su difunto padre, Rhonda se permitió gritar, llorar y expresar su dolor más profundo y, cuando acabó, advirtió que se había liberado de un enorme peso que oprimía su pecho.

Tal vez, si no bastara con esa situación, deba usted echar basura sobre su tumba. Sin embargo, sea cual fuere su RME, debe identificarla y llevarla a cabo, debe realizar esa acción hasta que pueda decir: «¡Muy bien! ¡Ya está! Con esto basta. Ahora puedo ver las cosas con más claridad. Esto ya ha concluido y soy libre para volver a ser la persona que sé que soy».

EL PERDÓN

La eficacia de una RME depende, por una parte, de la acción, por otra, del pensamiento AAA que le acompaña, por otra, del perdón y, en último caso, de la elaboración de un guión que le permita alcanzar el éxito.

Ahora ha llegado el momento de hablar del perdón, un elemento absolutamente imprescindible –por más difícil que pueda resultar– para que una RME alcance el cierre emocional. Entienda que, cuando uso la palabra "perdón", estoy refiriéndome a algo que sucede exclusivamente en su interior, y que en modo alguno me refiero a asumir una postura en la que todo lo que le haya ocurrido en su vida esté ahora "bien".

El perdón me parece tan importante porque, sin él, uno se encuentra irremisiblemente abocado a una vida marcada por el enfado, la amargura, el odio y todas las emociones, en suma, características de la tragedia. Y uno mismo es el único que se ve perjudicado cuando carga con esas emociones y permite que contaminen todos y cada uno de los aspectos de su vida cotidiana. El perdón no es un sentimiento que debamos esperar que se derrame pasivamente sobre nosotros, sino el fruto de una decisión que debemos tomar para liberarnos de la prisión emocional de la cólera, el odio y la amargura. Y, aunque no sea una "decisión" sencilla, se trata, sin embargo, de una decisión necesaria.

Si me preguntase si debería perdonar Rhonda a su padre por haberla secuestrado, violado y explotado, no tengo la menor duda en responder positivamente, pero no tanto porque él mereciese su perdón, sino porque ella se merecía ser libre. Son muchas las personas que se niegan a perdonar porque consideran que el perdón es un insulto que trivializa su sufrimiento, pero ése, en mi opinión, es un error. Quienes arrastran la pesada carga de la ira lo hacen porque creen que jamás podrán cancelar el sufrimiento que se han visto obligados a soportar. Los sentimientos de los que estamos hablando son heridas emocionales –infligidas, en algún momento, por alguien que ha acabado convirtiéndose en el depositario de nuestra emoción negativa– que todavía permanecen abiertas y, en este sentido, son situaciones inconclusas. Sin embargo, más pronto o más tarde llega el momento en que uno tiene que decirse: «Hasta aquí hemos llegado. Así no puedo continuar pero, para seguir adelante, antes deberé curar las heridas abiertas por la ira, el odio y la amargura. Me doy permiso para seguir adelante. ¿Qué le vamos a hacer si, al liberarme de mis emociones negativas, dejo sin castigo a esa alimaña? Quienes incurren en actos tan atroces se verán obligados a afrontar algún día un juicio mucho más duro que el mío. No me corresponde a mí hacer justicia y ha llegado ya el momento de asumir la responsabilidad de mi curación». Así pues, a usted le corresponde encontrar la fuerza y el coraje necesarios para perdonar y que tal vez descubra dejando esa cuestión en manos de Dios o emprendiendo el proceso de cinco pasos que acabamos de esbozar.

Aplique los criterios de autenticidad que hemos mencionado a su enfado y a su percepción. Supongamos, por ejemplo, que crea que su padre no le alabó lo suficiente y que, por ese motivo, su vida dista mucho de ser un lecho de rosas. ¿Es cierta esa noción? Tal vez sí, tal vez no le apoyasen y, en consecuencia, su crítica satisfaga el primero de los criterios. Pero recuerde que perdonar a quienes le han ofendido no tiene tanto que ver con los demás como consigo mismo. Quizás sea cierto y, obviamente, no hay nada malo en reconocer que le han dañado. En modo alguno estoy pidiéndole que oculte los problemas debajo de la alfombra, y tampoco pretendo que los minimice diciéndose que, a fin de cuentas, aquello no fue tan importante. Lo único que quiero es que se pregunte: «¿Cuál es el precio que debo pagar por seguir enojado? ¿Me sirven para algo esos pensamientos?». Ciertamente, no satisfacen su necesidad de reparación y, por otra parte, suponen una carga demasiado pesada. Así pues, este tipo de percepciones y sus correspondientes reacciones no superan la segunda prueba de la autenticidad y, por consiguiente, deberían ser rechazadas. ¿La venganza alienta y protege su salud? Obviamente, la ira y la venganza corroen su cuerpo y carcomen su alma, y tampoco pasan esta prueba. Quizás, dicho en otras palabras, lo que se diga a sí mismo sea cierto, pero no sirve a sus intereses ni a su salud. También es evidente –en lo que respecta a la cuarta prueba de la autenticidad– que seguir arrastrando un corazón lleno de amargura no le permitirá alcanzar lo que quiere. Ahí precisamente es donde radica el verdadero poder del perdón ya que, por más cierto que sea lo que le ocurrió, usted siempre puede renunciar deliberadamente a la venganza, dejarla a un lado y seguir adelante.

Las creencias que pasan la prueba de la autenticidad, por el contrario, son aquellas que le permiten superar los vínculos destructivos que le atrapan y asumir el control de su vida emocional. Es por esto por lo que debe tomar la decisión –coherente, por otra parte, con las cuatro pruebas de la autenticidad–, de romper cualquier vínculo que le mantenga atado al odio, el miedo o el resentimiento. Y para ello será necesario que no siga alimentándolos de energía a través del diálogo interno. Los nativos americanos utilizaban una técnica muy sabia para castigar la conducta ofensiva, desconectándose del agresor y negándose a reconocer su presencia, de modo que la persona en cuestión acaba convirtiéndose "invisible". Éste era el peor de todos los castigos posibles porque, en lugar de responder al agresor con la rabia y la venganza –lo que no hace más que proporcionarle cada vez más poder– se desidentificaban completamente de él y reservaban su energía para cosas más importantes. Éste es el tipo de libertad que proporciona el perdón. Cuando aprenda, pues, a retirar su energía de las personas que le han dañado, éstas acabarán desapareciendo de su pantalla de radar.

El objetivo de la REM consiste en "limpiar" la imagen que tiene de sí mismo. Si, en lugar de responder con un enojo impulsivo y desproporcionado, renueva sus respuestas internas y depura las puertas de su percepción, la idea que tenga de sí mismo le llevará a emprender acciones más constructivas que le permitan alejarse de lo que le desagrada y acercarse a lo que quiere.

Recuerde que lo que le ha encadenado al sufrimiento y la distracción son distintos acontecimientos externos negativos y el modo en que ha reaccionado internamente a ellos, desconectándose de su yo verdadero. Ésos son los portazos, los baches y los choques que han dañado al "vehículo de su yo" y han acabado enterrado a su yo verdadero bajo un montón de basura. Si quiere, pues, restablecer el contacto con su yo verdadero, antes deberá asegurarse de limpiar todas las situaciones emocionales inconclusas que estén contaminando su vida y la visión que hoy en día tiene de sí mismo. Limpie, pues, el objetivo de ese proyector, pulse el botón y recupere la imagen clara y distinta que una vez tuvo de sí mismo.

Cuando aplique activamente los principios descritos en este libro y esboce un guión acorde a sus necesidades, empezará a caminar por el sendero que conduce al éxito. Comprométase a corroborar la autenticidad de todas las batallas en que esté implicado y verá cómo no tardan en desvanecerse de su vida las sensaciones de pesadez y limitación. Entonces dispondrá de mucha más energía para dedicarla a sus objetivos y descubrirá que la promesa de alegría y paz que anteriormente le hice es cierta.

Tal vez, al comienzo, este proceso le parezca lento. Corroborar la veracidad de toda creencia negativa que aparezca en su diálogo interno requiere práctica, y no sería extraño que se descubriese adjudicando etiquetas y grabaciones falsas. A fin de cuentas, usted tiene un largo historial de hábitos aprendidos –a los que hemos llamado respuestas internas– que no desaparecerán tan fácilmente. Pero usted puede cambiar su diálogo interno, usted puede cambiar el modo en que se etiqueta a sí mismo, usted puede pulsar el botón de *"eject"* de las grabaciones que ha registrado hasta el momento y, de ese modo, ir más allá de las creencias fijas que le mantienen atrapado. Usted puede verificar la autenticidad de todas esas respuestas internas y, en el caso de que no superen la prueba, elaborar respuestas alternativas más auténticas y adecuadas.

Elegir respuestas alternativas, auténticas y adecuadas significa establecer hábitos genuinos, agendas que expresen su yo verdadero, de modo que su vida deje así de estar al servicio de una falsa identidad y se ajuste a su verdad interna.

El yo verdadero se caracteriza por la confianza, la esperanza, el optimismo, la alegría y el propósito. Ya es hora de empezar a comportarse de ese modo.

A partir de hoy debe dar un paso hacia delante y asumir la responsabilidad de vivir una vida auténtica. A usted le corresponde crear la cadena de vida que quiere. Ahora es el momento de poner en práctica las herramientas que le he transmitido.

12. EL SABOTAJE

Hablar mal de los demás es un modo poco honrado
de ensalzarnos a nosotros mismos.

WILL DURANT

Joan estaba eufórica. Después del fracaso de su matrimonio decidió que había llegado el momento de dejar de preocuparse por la felicidad de los demás y empezar a ocuparse de sí misma. Había perdido tanto tiempo y energía adulando a una suegra arrogante y presumida que, cuando se divorció, fue como si se hubiera quitado una losa de encima. Al comienzo se enfadó consigo misma por haber soportado los malos tratos de su suegra y de su hijo mimado, pero ahora, después de un tiempo que le pareció interminable, las cosas empezaban a cambiar, dejó de culparse, se dio cuenta de que su única oportunidad estaba en el presente y se aprestó a recuperar su vida.

Hacía tanto tiempo que se había traicionado a sí misma que, en su caso, no se trataba tanto de "regresar a su vida" como de "llegar a ella". Uno de los principales momentos de traición tuvo lugar cuando, a instancias de su padre contable, relegó a un segundo plano su interés por el arte y se decidió a estudiar contabilidad. «¡Sé seria! –le había dicho– ¡Tienes que ganarte la vida! ¡Jamás lograrás nada si te dedicas a enseñar a adolescentes a jugar con arcilla!» Pero a aquellas alturas habían sido tantas las ocasiones en que se había traicionado a sí misma que no tuvo la menor dificultad en acatar automáticamente la propuesta de su padre. Cada vez le resultaba más sencillo negarse a sí misma y tomaba sus decisiones, grandes o pequeñas –con quién casarse, dónde vivir, qué coche comprarse, dónde ir de vacaciones y hasta el hecho de no tener hijos–, con el único propósito de complacer a los demás, como si su proyecto vital se centrase exclusivamente en no crear problemas.

Pero todo eso quedó atrás cuando restableció el contacto con su yo verdadero y recuperó su fortaleza. Había leído muchas cosas, había emprendido una terapia y se había puesto en cuestión a sí misma de todos los modos posibles. Escribió centenares de páginas en su diario y aunque a veces se escandalizara al releerlo, siguió ahondando y volviéndose cada vez más real. Finalmente, al cabo de cuatro meses de arduo trabajo se recompensó con un viaje de cuatro maravillosas semanas a un balneario de Arizona, en donde perdió los diez kilos que en los últimos años parecían habérsele pegado a las caderas. Por primera vez en mucho tiempo se sentía en plena forma y cierta noche, cuando llegó a su alojamiento, recibió un mensaje telefónico anunciándole que acaba de ser aceptada y finalmente podría estudiar la anhelada carrera de bellas artes. ¡Pero Joan no sólo había perdido unos cuantos kilos y se sentía más fuerte que nunca, sino que también se había enamorado! Era como si, en su interior, hubiese descubierto a una persona completamente diferente, una Joan fascinante con la que había perdido el contacto en un pasado remoto. Y todo eso fue lo que ocurrió en el mismo momento en que volvió a establecer contacto con su yo verdadero.

Durante el vuelo de regreso a casa, revivió todo lo ocurrido aquel año y apenas si podía contener la excitación al pensar en lo que dirían sus amigas cuando les contase las buenas noticias. Estaba segura de que Alice y Becky se alegrarían mucho al enterarse del giro que había tomado su vida, especialmente por haber conseguido "salir del túnel" en el que se había sumido los últimos meses, mientras se esforzaba en poner orden en su vida. Durante una llamada telefónica que les hizo desde Arizona trató de transmitirles la magia que rodeaba al balneario, pero no les dijo una sola palabra de Mark, sino que lo guardó como una sorpresa.

Estaba segura de que Alice se alegraría mucho porque, después de todo, fue ella la que, sabiendo lo traumático que había sido su divorcio, le recomendó visitar el balneario y le insistió en la necesidad de emprender una nueva vida. Durante todo aquel tiempo Alice se había portado muy bien con ella, indicándole que estaba atravesando una oportunidad excelente para reflexionar, dejar atrás los malos días, reorganizar su vida y comenzar de nuevo. Sí, estaba tan segura de que Alice se pondría muy contenta, que no podía contener la excitación.

Becky, por su parte, también se alegraría pero, sabiendo lo pesimista que era, seguro que cuestionaría la realidad del cambio. Becky era muy inteligente y divertida, pero sus comentarios siempre estaban cargados de una ironía que traslucía su visión escéptica de la vida. Quizás fuese por ello que jamás se sorprendía del fracaso de cualquier intento de cambio. Poco importaba lo mucho que los demás se esforzasen, porque Becky siempre mantenía una actitud de franca suspicacia. En esta ocasión, sin embargo, las cosas eran muy diferentes y estaba segura de que, apenas la viese, se vería obligada a admitir que ella había experimentado una auténtica transformación. Eso era, al menos, lo que pensaba, pero lo más curioso era que, a diferencia de otras ocasiones, no parecía importarle gran cosa. Sería perfecto que Becky se alegrase pero, en el caso contrario, tampoco ocurriría nada.

Eran tantas las experiencias –unas buenas y otras no tanto– que había atravesado con Alice y Becky, que bien podría decirse que eran almas gemelas y que su amistad era ahora, quince años después de haberse conocido en octavo curso, mucho más firme y sólida que nunca. Durante todo aquel tiempo habían visto crecer y marchitarse su matrimonio, y Joan fue la primera de todas en separarse. Ella y Becky trabajaban en una oficina y Alice cuidaba de sus hijos, pero se veían todos los sábados para comer y no desaprovechaban ocasión para hablar de sus cosas, contarse los últimos chismes y quejarse de lo miserable que era la vida en aquel pequeño pueblo en el que nadie parecía feliz. Aquel sábado, sin embargo, las cosas eran muy diferentes y Joan estaba exultante, porque estaba a punto de superar todo aquello y empezar una nueva vida.

Nada podía haberla preparado para hacer frente a la ducha de agua fría que aquel día la esperaba. Es cierto que sus amigas se mostraron interesadas por sus aventuras, pero no lo es menos que no expresaron la menor emoción y su interés parecía forzado. La felicitaron tibiamente por su pérdida de peso, luego se hizo un embarazoso silencio y, finalmente, Becky habló y, con una sonrisa amarga y una leve elevación de ceja, admitió que la pérdida de diez kilos era ciertamente un logro… pero –agregó rápidamente– no debería sorprenderse si los recuperaba en menos tiempo del que había tardado en perderlos, respaldando su comentario con los resultados de una estadística que acababa de leer en una revista. Cuando la charla derivó hacia el tema de Mark, Becky se mostró francamente escéptica y le preguntó cómo podía saber que era una persona "legal" porque a ella, sin ir más lejos, le parecía el típico buscavidas que suele frecuentar esos centros. Es cierto que la felicitó por haberse permitido mantener una relación, pero insistió en que, muy probablemente, no volvería a verlo. Su mensaje implícito era evidente: «¡Acaba de una vez con todas esas tonterías! ¡Ya ha pasado el tiempo de las fantasías! ¡Tómate el postre y vuelve al hoyo con todos los demás!».

Conociéndola, a Joan no le extrañó la muestra de cinismo de Becky, pero la reacción de Alice la dejó sin habla. Fue como si los comentarios de Becky hubieran desatado los sentimientos que Alice había estado reprimiendo durante semanas. Ahora que Becky «le había dado permiso», Alice soltó una serie de comentarios tan amargos que hirieron a Joan como si le hubiese arrojado encima el contenido de una botella de ácido. Según dijo, Joan empezaba a vestir como una "fresca" y a comportarse como si estuviera segura de todo lo que hacía. ¿Quién se pensaba que era? ¿Qué podía ver Mark, en el supuesto de que fuese una buena persona, en una pueblerina como ella? Alice parecía fuera de sí y la trató como si fuera una prostituta, una falsa y una traidora que no dudaba en dar la espalda a sus amigas. «¿De dónde has sacado –le dijo– la estúpida idea de que, a tus años, puedes volver a estudiar? ¡Si quieres ser más que nosotras, vete a la universidad y afronta las consecuencias!»

Al concluir el almuerzo, Joan volvió temblando al estacionamiento y buscó a tientas las llaves del coche entre el torrente de lágrimas que la embargaba. No se había sentido tan maltratada desde la época de la universidad y de los enfrentamientos con su padre. Era como si acabase de salir del cine y descubriese, súbitamente, que nada había cambiado y todo seguía como siempre. Estaba completamente aturdida. Creía haber descubierto su verdadero yo, soñaba con un futuro nuevo y había encontrado a alguien que la amaba por lo que realmente era. ¿No se daban cuenta de todo eso sus amigas? ¿Acaso no se daban cuenta de su felicidad? Acababa de descubrir un camino que le permitía avanzar hacia donde quería, en lugar de seguir el camino dictado por los demás, pero sus mejores amigas acababan de decirle que lo estaba haciendo todo mal, que estaba muy equivocada y que su maravillosa aventura no era más que un cuento de hadas. Alice y Becky siempre habían servido, para ella, de caja de resonancia y le habían dado sabios consejos. ¿Quién estaba ahora equivocada? ¿Es que no era más que la patita fea que siempre creyó ser? ¿No había sido todo más que un sueño? ¿Debía dejar a un lado las cosas que de verdad le interesaban y regresar a su antigua vida? Después de todo, resultaba difícil imaginar a la «antigua y buena Joan» siendo la estrella de cualquier cosa, aunque sólo fuera de su propia vida. Se hallaba en una auténtica encrucijada. ¿Debía seguir su camino o sabotearse y volver a asumir, como esperaban sus amigas, los viejos roles de siempre?

Esta situación no es nada extraña. Con demasiada frecuencia, en el momento en que vislumbramos nuestro yo verdadero, atisbamos también posibilidades nuevas y nos sentimos amenazados, en cuyo momento podemos echarnos atrás y buscar cobijo en el viejo guión. Tal vez entonces acabemos convenciéndonos de que todo eso no era más que un sueño y que las emociones que hemos experimentado con tanta intensidad y claridad son absurdas. Entonces empezamos a temer que las personas cuyas opiniones respetamos nos miren como bichos raros y crean que nos estamos volviendo locos, nos avergonzamos por nuestra audacia al creer en la posibilidad de cambiar y tampoco es infrecuente que, cuando estamos a punto de escapar de las garras del yo falso, nuestros "amigos" se esfuercen en mantenernos atados al camino que, en su opinión, nunca debimos abandonar.

Pero debe entender, para empezar, que esa reacción no siempre es voluntaria. Los amigos y la familia no tienen la menor intención de mantenerle atado a un yo falso; hay quienes lo hacen movidos por el deseo de protegerle mientras que otros, sin embargo, tratan de protegerse a sí mismos del cambio y, aun otros, por último, pueden estar simplemente tratando de conservar intacto el mundo que comparten con usted.

En mi opinión, la gente no sabe cómo promover el verdadero bienestar de los demás. Para ello se precisa de una gran dosis de sabiduría y de confianza. Confiar en sus decisiones, dar un paso atrás y permitirle vivir desde su yo verdadero requiere que las personas que le rodean confíen en el proceso tanto o incluso más que usted. No es difícil, en tal caso, que se sientan amenazados y hasta que teman perderle, porque crean que usted está desarrollándose a un ritmo más acelerado. Es por esto por lo que, en ocasiones, se empeñan –de manera consciente o no– en mantener el *statu quo*. A fin de cuentas, sólo una persona auténtica puede saber lo que se necesita para restablecer el contacto con el yo verdadero.

Lograr el apoyo de las personas que le rodean no es nada sencillo porque, para ellas, su situación puede parecer un tanto inestable. A fin de cuentas, usted está poniendo en cuestión todo valor y creencia que tenga sobre sí mismo, está poniendo en tela de juicio sus relaciones y tal vez parezca que no tiene las ideas lo suficientemente claras. Además, también empieza a experimentar con conceptos e ideas nuevas que algunos pueden considerar ridículas. Para complicar todavía más las cosas, este proceso de desarrollo va acompañado de un ajuste continuo en el que los avances van seguidos de retrocesos que permiten alcanzar un grado de convicción mucho más profundo que los vuelve mucho más significativos y duraderos que las resoluciones que solemos tomar antes de dormirnos. A la vista de todos esos avances, retrocesos, moderaciones y cambios, los pesimistas pueden llegar a la conclusión de que usted ha fracasado y hasta pueden llegar a comentarle: «¿Ves como yo ya te lo decía?». El caso es que la vida es un largo proceso en el cual uno se ve obligado a tragarse muchos sapos. No se desaliente, por tanto, con las críticas sobre las revueltas del camino porque, con demasiada frecuencia, quienes las esgrimen están demasiadas asustados como para hacer frente a los rincones oscuros de su propio camino y niegan su nuevo guión sencillamente porque pone en tela de juicio el suyo.

Quizás, por ejemplo, comience usted a cuestionar su relación con Dios, lo que, obviamente, no tiene nada que ver con "vender su alma al diablo". Usted tiene todo el derecho a cuestionar la idea de Dios que le han transmitido los demás y preguntarse si resuena en los niveles más profundos de su fe o si "es así" simplemente porque alguien se lo dijo, un cuestionamiento que, cuando es sincero, puede llevarle a establecer una relación más intensa, viva y personal con Dios. Pero también debe saber que algunas de las personas que le rodean no estén dispuestas a alentarle en ese proceso.

Algo parecido ocurre cuando alguien decide asumir la responsabilidad de su salud física. La experiencia nos enseña que las terapias más eficaces suelen ser aquellas que tienen en cuenta las preferencias del paciente, lo que, dicho sea de paso, no siempre agrada a la familia del paciente. Hace unos años vi un reportaje de televisión sobre una mujer llamada Deborah Frankie Ogg que ilustraba muy claramente este punto.

Después de haber sido diagnosticada de cáncer, Debbie Ogg no tardó en llegar a la conclusión de que la medicina tradicional no tenía nada que ofrecerle y decidió probar una terapia alternativa que combinaba las hierbas medicinales con el trabajo con la imaginación dirigida. Cuando la familia de Debbie se enteró de esta decisión, respondió quitándole importancia; algunos reaccionaron mostrando su preocupación, otros hicieron algún que otro comentario sarcástico sobre los "hechiceros" y las hierbas "raras", y la inmensa mayoría trató, de un modo u otro, de hacerla volver al "buen camino" de la medicina convencional. Finalmente, en un episodio memorable que tuvo lugar en torno a la mesa del comedor, Debbie se despidió de sus familiares y les dijo que no volviesen hasta que hubiera completado su incursión al mundo alternativo. Como ella misma dijo: «No puedo luchar a la vez con el cáncer y con vosotros. Necesito que alguien crea en mí y, si no podéis hacerlo, deberéis marcharos hasta que todo haya concluido».

Este ultimátum transmitía el mensaje de que ella decidiría quién la acompañaría en aquel proceso y quién no. Así fue como determinó la terapia que iba a seguir, quién sería su médico, quién formaría parte de su sistema de apoyo y a quién necesitaba a su lado. Como es natural, algunas de sus decisiones fueron beneficiosas y otras no, pero quedó bien claro que era ella la que gobernaba su vida y que, fuera cual fuese el resultado, estaba dispuesta a asumirlo. Felizmente, la terapia resultó eficaz y vivió para contarnos su historia... aunque ello no garantiza que funcione bien en todos los casos.

Cada uno tiene, en suma, la responsabilidad de emprender el abordaje que más adecuado le parezca y, en este sentido, usted también tiene la obligación de comprometerse, como Debbie, en encontrar el camino de regreso a su yo y a su vida verdaderos. Usted también debe aprender, como lo hizo Debbie, a remar en su propia canoa, algo que resulta más sencillo cuanto menor sea el número de pasajeros que le acompañen. Usted tiene todo el derecho de elegir a las personas que le rodean mientras lleva a cabo, cuando y donde quiere, su trabajo... y no debe pedir perdón por ello. No siga pretendiendo que ignora cuáles son, en realidad, sus intereses, porque lo sabe tan bien como que ahora está sentado ahí. Ya es hora de que se dé permiso para actuar conforme a ese conocimiento. Usted tiene derecho a elegir a las personas que quiere que le acompañen y, si quiere tener éxito, deberá hacerlo con los ojos bien abiertos.

Mi trabajo me ha permitido poner al descubierto varias de las dinámicas que se ponen en funcionamiento cuando la gente reacciona negativamente a cualquier intento de restablecer el contacto con el yo verdadero. Y conviene que usted también las conozca para eludir los intentos de sabotaje que puedan presentarse en el camino que conduce a su curación.

Existen cuatro pautas destructivas básicas mediante las cuales los demás pueden tratar de obstaculizar su búsqueda de autenticidad. Permanezca muy atento a estas pautas, sobre todo cuando más vulnerable se sienta y busque, como hizo Joan, un camino de salida cada vez que se encuentre atrapado. Recuerde que las personas que reaccionan con una de esas pautas de conducta son para usted, lo pretendan o no, "personas tóxicas".

Lo más probable, como ya he dicho anteriormente, es que

la intención no sea la de dañarle, sino la de protegerse a sí mismos, a su propia vida, a sus propios miedos y a su propio yo falso.

Poco importan aquí las intenciones, porque la cuestión no es si las personas tienen o no la intención de dañarle. No se apresure tampoco a calificar esta actitud de egoísta, porque lo único que interesa aquí son los resultados. Poco importa, por tanto, la intención o no de pisarme el pie porque, en cualquiera de los casos, mi pie se hallará igualmente magullado. No cabe pues, en este punto, ser magnánimo y entrar a considerar las intenciones y no puede permitirse, en este sentido, el lujo de decirse: «¡Vaya! Me has fastidiado, pero sé que no lo hiciste a propósito».

Las cuatro categorías a las que antes me refería son las siguientes:

1. Sobreprotección
2. Manipulación de poder
3. Etiquetado y
4. La seguridad que proporciona el *statu quo*.

SOBREPROTECCIÓN

Este tipo de sabotaje encierra el siguiente mensaje básico de miedo: «No creo que seas capaz de ser más que lo que eres. Estás creando las condiciones para el fracaso. Déjalo estar o acabarás haciéndote daño. Cuanto más arriba subas, más dura será la caída. No tengas, por tanto, grandes esperanzas. Quédate conmigo y yo cuidaré de ti. ¿Crees acaso que podrás hacer frente tú solo a un mundo tan duro?».

En cierta ocasión trabajé con la familia de un adolescente muy dotado para el salto con pértiga. David era todo un atleta que se tomaba muy en serio el deporte, pero su madre, empeñada en protegerle a toda costa del posible fracaso, no dejaba de insistir en la necesidad de que no se tomase las cosas muy a pecho. Según decía, si se esforzaba en ser el mejor y ganar el campeonato estatal, seguramente acabaría decepcionándose y ella no podía permitir que su "corazoncito" se rompiese. Temía, en suma, que el fracaso pudiera dañar la autoestima de su hijo y, en consecuencia, su mensaje era: «Si no lo intentas, no fracasarás y, si no fracasas, no sufrirás». A decir verdad, todos sabemos lo difícil que es ver competir a nuestro hijo y no parece que ella estuviera dispuesta a soportar tal presión.

Es cierto que David no podía "expulsarla de su equipo" pero, afortunadamente, sí que podía desconectar de ella. Cuando finalmente llegó el momento del campeonato, su madre estuvo continuamente junto a él diciéndole "No te preocupes. No te esfuerces tanto. Descansa un poco". Me gustaría decirles que ganó, pero lo cierto es que quedó tercero y, por más decepcionado que se quedara, estaba justificadamente orgulloso de sí mismo y de su esfuerzo. Más tarde consiguió una beca para una pequeña pero excelente universidad y ganó muchas competiciones como *sprinter* y saltador de pértiga. Hoy en día es entrenador y disfruta con su trabajo y, en cualquier momento, ganará el campeonato estatal. ¡Y le aseguro que disfruta esforzándose en conseguirlo!

Aunque todavía era joven, David tenía muy claro que no quería que su madre boicoteara la visión que tenía de sí mismo. Sabía lo que quería y también sabía que debía superar los obstáculos que, con la mejor de las intenciones, le imponía su madre. Pero, a diferencia de David, son muchas las personas que no se han cuestionado a sí mismos ni tampoco han cuestionado el intento de sus padres de "protegerles" del dolor de fracaso. Ésas son las personas de las que no se oye hablar, porque no creían lo suficiente en sí mismos y, en consecuencia, jamás se permiten esa posibilidad.

Las madres sobreprotectoras como la de David son muy

peligrosas, porque se muestran muy amorosas y bienintencionadas y sus métodos son casi invisibles. Su influencia, además, puede ser muy poderosa, porque proviene de alguien en quien el sujeto confía y que transmite sus "sabios consejos" en nombre del amor y la preocupación, algo contra lo que resulta muy difícil luchar, especialmente en el caso de que uno no esté muy seguro de sí mismo.

Es cierto que resulta doloroso intentar algo y fracasar, pero lo que debemos subrayar no es el fracaso, sino el intento. Dicho en otras palabras, el viaje de regreso al yo verdadero no es un viaje jalonado exclusivamente por el éxito. Colóquese en su sitio, pues, frente a los pesimistas, y haga lo que tenga que hacer.

LA MANIPULACIÓN DE PODER

La manipulación de poder es una forma de sabotaje que nos obliga a renunciar al poder en aras del mantenimiento de una relación, un caso que se ve claramente ilustrado con el ejemplo de Joan con que iniciamos el presente capítulo. Ella había descubierto en sí misma el asiento del poder, había descubierto que podía perder peso y que era capaz de encontrar a una persona que la quisiera, y empezó a creer lo suficientemente en sí misma como para emprender una nueva carrera. Sin embargo y por desgracia, sus amigas se sintieron tan amenazadas por aquel éxito que temieron perderla y, en lugar de ponerse de su lado o de poner los intereses de Joan por encima de los suyos, trataron de arrastrarla a la fuerza hacia el tipo de relación que antes mantenían, y poco importaba –como poco le importaría a usted– que lo hicieran de manera consciente o inconsciente.

Es necesario aprender a valorar los mensajes que nos transmiten las personas más próximas. No quiero que se vuelva paranoico, pero quisiera que escuchase y pensase por sí mismo.

¿Está su pareja diciéndole que «no puede hacerlo» porque, en caso contrario, se sentirá amenazada? Las personas que realmente se interesan por usted le dirán siempre la verdad, aun cuando usted no quiera escucharlas y, del mismo modo, buscarán también el modo de ayudarle a obtener lo que quiere, por más que el cambio les asuste. No suponga, pues, ingenuamente que cualquiera que le muestre su desacuerdo con su plan está tratando de boicotearle, porque tal vez sólo pretenda proporcionarle un consejo muy valioso. Deberá, pues, examinar sus motivos con los ojos bien abiertos. Hay quienes se sentirán amenazados por el aumento de su poder y, de manera consciente o inconsciente, tratarán de impedir que salga de su capullo. Esta forma de sabotaje recurre al mecanismo de tratarle como a un niño para conseguir, de ese modo, que se someta a la autoridad de su poder.

Poco importa la edad a la que tenga lugar este tipo de intercambio, porque la lucha por el poder puede durar toda la vida. Y las frases que suelen acompañar a este intento son del tipo «¿Pero quién diablos te crees que eres?» «¿Qué crees que haces actuando de un modo tan santurrón?» «¿Qué loco te ha dicho que puedes hacer tal cosa?». El poder es adictivo y no es fácil que alguien que haya tenido poder sobre usted renuncie fácilmente a él. Después de todo, si el poder está en sus manos, ¿por qué debería renunciar y entregárselo a usted?

No olvide que, cuando escrute su entorno en busca de la fuente de este tipo de mensajes, deberá también escuchar su propia voz, porque quizás sea usted el que se esté saboteando a sí mismo. No es nada infrecuente que, en estos casos, su yo falso se ponga a gritar más fuerte que nunca. En cualquiera de los casos, sin embargo –tanto si es su voz como la de cualquier otro–, debe ser muy cuidadoso con los mensajes que interioriza.

ETIQUETADO

Coincidirá conmigo en que las personas que se sienten inadecuadas carecen de algo que consideran absolutamente necesario. En tal caso, la aparición en escena de alguien que posea ese rasgo suele ir acompañada de la sensación de injusticia, del resentimiento, de la cólera y del miedo.

Imagine que llega a una cita con sus amigas y les dice: «¿Sabéis qué? ¡Me acaba de tocar la lotería y me he casado! ¡Mirad mi nuevo anillo!».

Es cierto que algunas se alegrarán mucho de la noticia pero, como ya hemos visto, también es posible que otras piensen «¡Zorra!». No todo el mundo se alegrará de sus éxitos pero, si se deja arrastrar por los celos de los demás, estará permitiendo que le definan de un modo que les convenga y no les resulte amenazador. A esto me refiero cuando hablo del etiquetado, es decir, del intento de los demás de atraparle y colocarle en un nivel inferior al que ellos ocupan. De manera sutil o no tan sutil, consciente o inconsciente, las personas celosas sabotearán todos sus intentos de que usted alcance un nivel superior al de ellas. Tenga en cuenta también que la alianza con las personas celosas suele ser muy confusa, porque cambian su actitud y se ponen de su lado cuando fracasa y en su contra cuando tiene éxito.

LA SEGURIDAD DEL *STATU QUO*

Por más lamentables que sean sus condiciones de vida, son muchas las personas que siguen anhelando el *statu quo* y que se resisten ferozmente al cambio, aun cuando sea para mejor. Y esto es así porque el *statu quo* les proporciona una sensación de seguridad. Son personas que viven en función de un falso guión, de modo que cualquier intento de cambio lo pone todo, para ellos, patas arriba. En este sentido, hay personas que no están dispuestos a asumir sus debilidades porque, por más falsa que sea su vida, parece sencilla ya que, de ese modo, todo el mundo conoce las reglas y sabe a qué atenerse... aunque ello suponga la destrucción.

Recuerdo muy vívidamente a los Lincoln, una familia con la que trabajé durante casi un año y a la que todavía me refiero como «los luchadores Lincoln», porque eran el grupo más caótico y pendenciero con el que nunca me he encontrado. Cuando se enfadaban rompían cualquier cosa que se encontrara a su paso. Se lanzaban lámparas, rompían las puertas, destrozaban coches y no parecía haber nada que les detuviese. Según dijeron, acudieron a mi consulta porque querían cambiar esas pautas de conducta pero, al cabo de unas cuantas sesiones, resultó evidente que, en realidad, nadie quería cambiar nada. El padre estaba frustrado porque su esposa no le hacía caso, la madre estaba muy molesta porque los hijos la maltrataban y no le mostraban el menor respeto, y los hijos, por su parte, estaban rabiosos porque sus padres no parecían enterarse de nada... y toda esa frustración acumulada les llevaba a enfrascarse en continuas peleas.

Aunque las cosas en casa de los Lincoln no podían ir peor, cuando tuve el "descaro" de sugerirles la posibilidad de cambiar respondieron como si les acabase de acusar de asesinato, como si hubieran hecho el pacto de luchar hasta la muerte y de que cualquier cambio fuese una traición. Era demasiado arriesgado buscar un modo diferente de hacer las cosas. Concentrarse maduramente en sus necesidades personales hubiera requerido de ellos una sinceridad y apertura con los demás y consigo mismos de la que carecían y, por ello mismo, habían adoptado el acuerdo implícito de permanecer atrapados en el *statu quo*.

En una de nuestras últimas sesiones, Susan, la madre de este puñado de tarambanas dijo que estaba harta de aquella situación, que quería salir de ella y que había tomado la decisión de ir a la escuela nocturna para estudiar enfermería. Debería usted haber visto la increíble respuesta que desencadenó en el grupo este comentario. Uno de los hijos dijo: «¿Pero qué estás diciendo? ¡No estarás pensando en la posibilidad de abandonarnos todas las noches! ¿Cómo puedes pensar siquiera algo así? Eres demasiado vieja y tonta. ¿Y qué pasa con nosotros? ¿Acaso no te importamos nada? ¡Menuda egoísta!».

Obviamente, la familia tardó menos de una hora en convencer a Susan de que era incapaz de hacer otra cosa más que seguir peleando. Yo traté de enfrentarles a lo que estaban haciendo, pero la misma Susan no tardó en sumarse a sus filas y, en cuestión de minutos, eran como una jauría de perros salvajes dispuestos a abalanzarse sobre cualquiera que amenazase el *statu quo*. (La verdad es que, en ocasiones, todavía me pregunto por qué sigo haciendo terapia.)

El caso es que el *statu quo* ofrece un refugio seguro ante el miedo al cambio. El cambio es considerado como una amenaza, lo que significa que cualquier movimiento que haga para restablecer el contacto con su yo verdadero puede despertar las resistencias del grupo o de la pareja que, en tal caso, reaccionará violentamente ante la amenaza percibida.

No permita que el compromiso con el *statu quo* adormezca su espíritu o su pasión por la autenticidad. Usted está vivo por una razón especial y esa razón consiste en llegar a ser lo mejor que usted pueda ser. No deje que, por mera comodidad, nada ni nadie asuma la responsabilidad que en ello le compete.

HAGA EL SIGUIENTE EJERCICIO

A continuación le presentaré un par de ejercicios que deberá llevar a cabo de manera especialmente discreta y cuidadosa, porque posiblemente impliquen a personas que ocupan un lugar muy importante en su vida. El objetivo es simplemente el de poner de relieve el modo en que los demás pueden boicotear sus esfuerzos por restablecer el contacto con su yo verdadero.

Recuerde que ese intento de sabotaje no siempre es consciente y que, en muchos casos, puede originarse incluso en el intento de protegerle y de buscar lo mejor para usted. Pero no olvide que, por más elevado que sea su intento, el resultado es siempre el mismo.

Paso 1

Escriba en su diario los nombres de las personas que –intenciones aparte– crea que pueden boicotear su búsqueda de autenticidad. Luego, junto a cada nombre y remontándose a las descripciones que le he dado, anote el tipo de sabotaje al que puedan someterle. Entienda también que el objetivo de este ejercicio no aspira a culpabilizar a nadie, sino a alertarle de las personas que, aun del modo más amable y bienintencionado, podrían obstaculizar su avance.

Paso 2

Anote también, junto a cada una de las personas que haya enumerado en su lista, la respuesta que debería darle. ¿Va a sonreír y mostrar aprecio, desviando cortésmente su interferencia, sabiendo internamente que ello no le desviará de su camino? ¿O acaso, por el contrario, necesitará ser más directo, diciéndole a esa persona que se dedique a sus cosas y no se meta con usted? Utilice la siguiente tabla como una guía para llevar a cabo los dos pasos en que hemos dividido este ejercicio.

Posible saboteador	Método probable de sabotaje	Mi respuesta

Ya sabe usted cuál es la moraleja de esta historia: El mundo no está destinado a cuidarle, sino que apunta a la conformidad, independientemente del modo en que ello case con sus dones, habilidades, destrezas, deseos y visiones. Si deja que el mundo en general, o los demás en particular, determinen su vida, no vivirá desde su yo verdadero, sino que lo hará desde un yo falso, una mera estructura de conveniencia para el mundo y para todas las personas que encuentre en él.

Negar su yo verdadero es venderse y traicionarse a sí mismo. Por ello he tratado de vacunarle contra la manipulación que puedan llevar a cabo las personas más cercanas y una sociedad que tiene sus propios objetivos, y por ello concluyo también este libro del mismo modo que lo empecé, invitándole a ponerse manos a la obra.

La maquinaria del *marketing*, sus padres, sus jefes, sus amigos y toda la gente que le rodea tiene la necesidad de que usted sea de un determinado modo. Y es muy probable que usted haya accedido y haya acabado adaptándose a esas expectativas, aunque ello haya supuesto sacrificar sus dones, sus habilidades y sus sueños. Cuando esas necesidades no tienen en cuenta su yo verdadero, usted debe prescindir de ellas y hacerse caso a sí mismo.

Los estadistas que firman tratados importantes saben bien la importancia del «confía, pero comprueba». Es cierto que las partes implicadas en esos acuerdos pueden firmar por escrito sus promesas, darse la mano y decir «Tiene usted mi palabra», pero ello no les libera de la necesidad de velar por el escrupuloso cumplimiento de los acuerdos firmados. «Estoy seguro de que, como dice, ha reducido su arsenal de armas nucleares, pero permítame que las cuente». También, en lo que respecta a la necesidad de restablecer el contacto con su yo verdadero, debe asumir la misma actitud del «confía, pero comprueba». Créame cuando le digo que éste es un trabajo que realmente merece la pena; confíe en que usted tiene en su interior todo lo que necesita para ser, tener y hacer lo que quiere. Confíe en que usted es, con mucho, el mejor de los jueces para determinar lo que más le conviene, pero, al mismo tiempo, no se olvide de verificar la autenticidad de sus pensamientos y de comprobar que sus interpretaciones y respuestas internas superan con éxito la prueba de la autenticidad.

Utilice las herramientas que le he proporcionado y no olvide la "prueba" de la autenticidad de cuatro fases de la que hemos hablado en el Capítulo 11. Cuando se encuentre en una encrucijada, como lo estaba Joan en el estacionamiento después de almorzar con sus antiguas amigas, asuma el control de la situación y sométase a esa prueba. Le aseguro que, si Joan se hubiera sentado simplemente en su coche durante unos pocos minutos y hubiese aplicado esos cuatro criterios a sus pensamientos, no hubiera tardado en detectar el sabotaje al que estaba siendo sometida y se habría dado cuenta de que la opción de volver a su viejo yo, el yo falso que parecían preferir Alice y Becky, no superaba con éxito la prueba de la racionalidad. Descubrir los errores implicados en ese tipo de pensamiento le habría permitido recuperar el necesario optimismo y el equilibrio perdido. Lo mismo es válido también para usted de modo que, apenas sospeche la presencia de algún sabotaje, no dude en someterse a esta prueba y descarte, sin más consideraciones, cualquier pensamiento que no la pase.

También deberá desarrollar el pensamiento alternativo auténticamente adecuado. ¿De qué otras opciones dispone, después de haber descubierto que su respuesta inicial no pasa la prueba de la autenticidad? Abra completamente el abanico y considere el mayor número posible de opciones. Genere todas las respuestas que pueda y verifique luego la autenticidad de cada una de ellas, quedándose únicamente con aquéllas que sean alternativas, auténticas y adecuadas.

Con todo ello no quiero decir que este proceso en dos pasos discurra de manera natural, y mucho menos todavía al comienzo. Pero lo mismo sucede cuando aprende a tocar un instrumento, a ser un buen padre o cualquier otra cosa que merezca la pena. Ya sabe que, para conseguir algo, necesita tiempo y esfuerzo. Es por esto por lo que, si se compromete en llevarlo a cabo, día tras día, puede acabar convirtiéndose en un experto en el pensamiento triple A y en la vida triple A.

Cuando usted era niño no podía defender su autenticidad, pero ahora está ya en condiciones de hacerlo. Y la primera persona ante la que debe afirmarse es ante sí mismo.

EPÍLOGO

Si tu barco no llega, nada hasta él.
JONATHAN WINTERS

Al emprender este viaje le confesé que, en un determinado momento de mi vida, me "traicioné" a mí mismo y me rendí ante las expectativas impuestas por los demás, la inercia de la cadena de la vida y el dinero. Aquella capitulación me mantuvo diez años atrapado sin tener la valentía ni la capacidad necesarias para hacer nada al respecto. Durante todo aquel tiempo dejé a un lado mis necesidades y mis intereses, y me dediqué simplemente a satisfacer las expectativas de los demás. Retrospectivamente considerada, no me parece una historia muy ejemplar, y hasta es posible que el lector se pregunte: «¿Pero en qué diablos estaría pensando este hombre?» (¡Vaya, vaya! ¡Usted acosándome a mí, en lugar de hacerlo al revés!). Pero, por poco edificante que pueda haber sido, así eran las cosas y yo era la única persona que hubiera podido cambiarlas. Afortunadamente, sin embargo, acabé recuperando el control de mi vida porque, en caso contrario, jamás hubiera escrito este libro.

No obstante, por más que hubiera capitulado a las expectativas de los demás, también se trataba, de algún modo, de mis propias expectativas. Es cierto que no estaba haciendo lo que conscientemente quería hacer, pero no lo es menos que también sentía el impulso vago, a la vez que intenso, a adaptarme y ceder. Si usted tiene una familia, sabrá bien la fuerza que tiene la cadena de la vida y que uno va hacia donde está su gente, hace lo mismo que ellos y vive en su mundo. Es por esto por lo que, mientras sentía la necesidad de permanecer en el seno de mi familia y de atenerme a sus pautas vitales, mi verdad personal se hallaba seriamente dañada. Me parecía egoísta pensar siquiera en hacer algo diferente por el simple hecho de quererlo. Por otro lado, además, me sentía seguro y cómodo y, en un determinado nivel, estaba bien... o eso era, al menos, lo que entonces me parecía.

Durante aquellos diez años –que, por cierto, me parecieron cuarenta– me engañé a mí mismo, engañé a mi esposa y engañé a mis hijos. Todo lo que ahora sé no se lo debo a ser especialmente inteligente, sino al hecho de haber pasado tanto tiempo haciendo mal las cosas que, finalmente, no me quedó más remedio que aprender a hacerlas mejor. Tal vez se encuentre usted hoy en día en la misma situación en la que me encontraba yo. Entonces no tenía ninguna otra posibilidad, pero ahora sí que la tengo. Así fue como terminó esta historia.

Después de la conversación con Robin aquella tarde de otoño, tomamos la determinación de que, a pesar de las expectativas, las posibles consecuencias y el omnipresente miedo al cambio, había llegado el momento de no perder más el tiempo. A fin de cuentas, la vida no es un ensayo que podamos corregir en la próxima ocasión, sino un auténtico estreno. Es imposible recuperar el tiempo perdido, y nosotros nos dimos cuenta de que ya habíamos perdido demasiado. Por esto decidí acabar de lamentarme por lo que hacía o dejaba de hacer con mi vida personal y profesional, y me dispuse a hacer algo al respecto. Tomamos una decisión, dimos el pistoletazo de salida y, tres meses más tarde, nos habíamos desembarazado de la larga y pesada cadena vital que nos atrapaba y habíamos empezado otra nueva. Al comienzo buscamos alternativas que mantenían un pie en terreno seguro al tiempo que, con el otro, tratábamos de alcanzar nuevo suelo. Afortunadamente, sin embargo, no tardamos en darnos cuenta de la inadecuación de esas soluciones a medias y nos dijimos: «Dejémonos de rodeos porque no tenemos el valor suficiente. Si lo hacemos, hagámoslo bien, hasta el final».

Robin también me señaló amablemente que mi cabeza ya calva debía aprender a ver un poco más allá de su ombligo, porque me había olvidado por completo de que a ella le gustaba el cambio. Luego añadió que lo único que le interesaba era su esposo y sus hijos, y que le importaba bien poco dónde nos asentásemos, siempre y cuando estuviéramos juntos. (¡Detesto que sea más inteligente que yo, especialmente en lo que se supone que es mi ámbito de competencia!)

Mis creencias fijas y un guión vital que giraba en torno a la modalidad "estás atrapado" habían cerrado tanto mi "ventana de datos" que me había olvidado por completo de los recursos con que contaba mi esposa. A fin de cuentas, ella no estaba tan atrapada como yo y era mucho más flexible de lo que yo creía. Me había olvidado de su predisposición al cambio. ¡Ver para creer!

Por no alargar más este relato, decidimos que lo que realmente quería debía hallarse en otro lugar, haciendo otras cosas y en un entorno social completamente diferente. Así fue como, con el reconocimiento explícito y en voz alta de lo que realmente quería, esbozamos un curso de acción.

Primero hablé con mi padre: «Te quiero y quiero a mi familia, pero detesto mi vida, detesto mi trabajo y detesto este pueblo. Así que ha llegado ya el momento de partir».

–¿Has perdido la cabeza, hijo mío? –respondió mi padre– ¿Has trabajado durante diez años para construir todo esto y ahora decides emprender un proyecto disparatado? ¡Debiste caerte de cabeza cuando eras un bebé!

Entonces respondí que ojalá la caída hubiera sido más fuerte porque, en tal caso, no hubiera permanecido tanto tiempo atrapado en aquella situación. Luego le recordé que, a fin de cuentas, él había hecho exactamente lo mismo porque, en caso contrario, jamás hubiera ido a la universidad, jamás se hubiera convertido en un psicólogo y todavía seguiría anclado en el pequeño pueblo de cinco mil habitantes en que nació. Esto le hizo callar un rato pero, al poco, volvió a la carga con renovado brío diciendo que mi caso era distinto, porque él había sido lo suficientemente sensato como para escapar de los problemas mientras que yo, por mi parte, parecía dispuesto a lanzarme de cabeza a ellos. (Para no herir la susceptibilidad del lector, he expurgado de este relato todas las lindezas que nos dijimos, pero baste decir que mi padre acabó llegando a la conclusión de que me había vuelto loco.)

Sin embargo, a pesar de todos estos consejos, no tardamos en mudarnos a un pueblo elegido por nosotros, en donde inicié una nueva carrera que me apasionaba y juntos nos zambullimos en un entorno social que compartía, tanto en lo personal como en lo profesional, nuestros intereses y nuestra perspectiva. Es cierto que atravesamos momentos difíciles y algunos hasta espantosos, pero debo decirle, con toda sinceridad, que jamás me he visto en la obligación de cuestionar la validez, tanto para mí como para mi familia, de esta decisión. No tenía la menor duda porque, por primera vez en muchos años, sentía que estaba haciendo lo que debía. A partir del momento en que establecí contacto con mi yo verdadero y comencé a escucharlo, todas "las pelotas de playa" que había estado esforzándome en mantener bajo el agua empezaron a salir a flote por doquier, al tiempo que "las grandes rocas" rodaban cuesta abajo sin esfuerzo alguno. Yo volví a sentirme vivo de inmediato, como si súbitamente hubiese recuperado aquellos diez años. Me sentía pletórico, me acostaba lleno de energía y me despertaba a primera hora de la mañana dispuesto a emprender el nuevo día.

Me sentía completamente vivo, ya sea que estuviera trabajando, en casa con la familia, entrenando al equipo de baloncesto infantil o simplemente a solas conmigo mismo.

Lo que antes era un problema dejó de serlo y lo que funcionaba bien empezó a funcionar mejor. Jamás cuestioné la adecuación de mi nueva empresa, porque la pasión que sentía y el hecho de que todo funcionase natural y auténticamente evidenciaban que no estaba equivocándome. Estaba tan emocionado que todo el mundo –mi socio, mis clientes, mis colaboradores y hasta el personal administrativo– se vieron arrastrados por aquella vorágine de energía. Por fin tenía la sensación, al finalizar el día, de que estaba orgulloso de lo que había hecho. Y cuando mi "ventana de datos" volvió a abrirse de par en par, empecé a advertir la presencia de multitud de posibilidades en los ámbitos personal, espiritual y profesional. La empresa que entonces pusimos en marcha no tardó en convertirse en la industria líder del sector en todo el mundo. Entonces empecé a escribir libros y a participar en programas de televisión, y descubrí el modo de insuflar nueva vida en una educación y una profesión con la que había llegado a decepcionarme. Al cabo de un año todos estábamos mucho mejor y hasta los miembros de mi familia (incluido mi padre) que, cuando rompí con mi vida anterior, habían creído que estaba chiflado, se dieron clara cuenta de los cambios positivos que había experimentado nuestra vida. ¡Supongo que también debería haber cambiado de nombre y de identidad! (¡Tranquilas, hermanas, que no es más que una broma!)

El cambio de residencia, de carrera y de estilo de vida fueron, en mi caso, elementos muy importantes para llevar a cabo el cambio y quizás, en el suyo, también lo sean… o tal vez no. Lo que realmente importa es que uno se comprometa a descubrir y restablecer el contacto con su yo verdadero. Le exija éste lo que le exija, lo que realmente importa es que uno se ponga en cuestión y empiece a vivir una vida que le permita ser quien realmente es. Y lo único que, para ello, se necesita, es dar una oportunidad a su yo verdadero. Cada uno de nosotros es tan especial que sólo usted sabrá lo que eso significa. Tenga en cuenta que, si no se esfuerza por vivir su singularidad, nadie lo hará por usted. El caballo de carreras tiene que correr, el pájaro tiene que volar, el artista tiene que pintar y el maestro tiene que enseñar. ¿Qué es lo que usted tiene que hacer? Lo único que le resta, si ha llevado a cabo todos los ejercicios que le he propuesto en este libro, es ponerlo en práctica.

Nos veremos a plena luz del sol.

♠ ♠ ♠

APÉNDICE A

Cuestionario de atribución del control de la salud

Decida su grado de acuerdo o de desacuerdo con cada una de las siguientes afirmaciones. Para ello, de entre las cuatro opciones de respuesta que le presento, deberá seleccionar aquélla que mejor exprese el modo en que se siente al respecto. Si está completamente de acuerdo y no tiene la menor reserva señale CA; si está básicamente de acuerdo, pero con algunas reservas señale LA; si disiente, pero tiene algunas reservas señale LD y, en el caso de que esté completamente en desacuerdo, señale CD.

✍ ✍ ✍

Completamente
de acuerdo: 8 puntos
Ligeramente
de acuerdo: 4 puntos

Levemente
en desacuerdo: 2 puntos
Completamente
en desacuerdo: 1 punto

Sección I

	Completamente de acuerdo	Levemente de acuerdo	Levemente en desacuerdo	Completamente en desacuerdo
1. Enfermo por no haber seguido una dieta nutritiva y sana	(CA)	(LA)	(LD)	(CD)
2. Para curarme de una enfermedad debo esforzarme y cambiar mis hábitos de vida	CA)	(LA)	(LD)	(CD)
3. Creo que la buena salud depende de los buenos hábitos de vida, como el ejercicio y el adecuado control del estrés	(CA)	(LA)	(LD)	(CD)
4. Creo que, si quiero mejorar, debo asumir mi propia responsabilidad	(CA)	(LA)	(LD)	(CD)
5. Mejorar depende de mis esfuerzos, no de los médicos ni de los hospitales	(CA)	(LA)	(LD)	(CD)

Sección II

	Completamente de acuerdo	Levemente de acuerdo	Levemente en desacuerdo	Completamente en desacuerdo
6. Lo más importante para mejorar es tener un buen médico	(CA)	(LA)	(LD)	(CD)
7. Mi salud depende de la experiencia y de los cuidados de mis médicos	CA)	(LA)	(LD)	(CD)
8. Nuestro gobierno y otros gobiernos están usando armas secretas que nos enferman	(CA)	(LA)	(LD)	(CD)
9. Mejoro porque tomo la medicina adecuada	(CA)	(LA)	(LD)	(CD)
10. Para estar sano debo depender de los médicos. Lo que ellos dicen es lo correcto	(CA)	(LA)	(LD)	(CD)

Sección III

	Completamente de acuerdo	Levemente de acuerdo	Levemente en desacuerdo	Completamente en desacuerdo
11. Enfermar es cuestión de suerte	(CA)	(LA)	(LD)	(CD)
12. Si no enfermo soy muy afortunado	(CA)	(LA)	(LD)	(CD)
13. La muerte es un accidente, porque nadie sabe realmente cuándo va a enfermar	(CA)	(LA)	(LD)	(CD)
14. Si me resfrío es porque he tenido la desgracia de topar con esos gérmenes	(CA)	(LA)	(LD)	(CD)
15. La vida es cuestión de oportunidad y suerte	(CA)	(LA)	(LD)	(CD)

APÉNDICE B

Cuestionario de control del Yo

Haga aquí lo mismo que en el caso del Cuestionario de Atribución del Control de la Salud (Apéndice A) y determine su grado de acuerdo con cada una de las siguientes afirmaciones. Si está completamente de acuerdo y no tiene la menor reserva señale CA; si está básicamente de acuerdo, pero con algunas reservas señale LA; si disiente, pero tiene algunas reservas señale LD y, en el caso de que esté completamente en desacuerdo, señale CD.

☞ ☞ ☞

	Completamente de acuerdo	Levemente de acuerdo	Levemente en desacuerdo	Completamente en desacuerdo
SECCIÓN I				
1. Si no me conozco a mí mismo es porque no me he tomado el tiempo necesario para valorar quién soy realmente	(CA)	(LA)	(LD)	(CD)
2. Si quiero comprenderme deberé prestar atención a mis percepciones de la vida	CA)	(LA)	(LD)	(CD)
3. Creo que tengo el poder y el talento para ser la persona que quiero ser	(CA)	(LA)	(LD)	(CD)
4. Creo que, si quiero convertirme en la persona que soy, antes deberé responder a cuestiones muy difíciles sobre mí mismo	(CA)	(LA)	(LD)	(CD)
5. Para reconectar con mi yo verdadero debo ser muy sincero conmigo mismo	(CA)	(LA)	(LD)	(CD)

Sección II

	Completamente de acuerdo	Levemente de acuerdo	Levemente en desacuerdo	Completamente en desacuerdo
6. El mejor modo de saber quién soy consiste en preguntárselo a mis amigos	(CA)	(LA)	(LD)	(CD)
7. Mis amigos son los más expertos en mí	CA)	(LA)	(LD)	(CD)
8. Hay expertos que me dirán cuál es mi verdadero yo	(CA)	(LA)	(LD)	(CD)
9. El yo verdadero es lo que otros creen que soy	(CA)	(LA)	(LD)	(CD)
10. Mi autoestima y estatus dependen de los demás	(CA)	(LA)	(LD)	(CD)

	Completamente de acuerdo	Levemente de acuerdo	Levemente en desacuerdo	Completamente en desacuerdo
SECCIÓN III				
11. Deprimirme es cuestión de suerte	(CA)	(LA)	(LD)	(CD)
12. Si obtengo lo que quiero soy muy afortunado	CA)	(LA)	(LD)	(CD)
13. Ganar o perder es cuestión de suerte	(CA)	(LA)	(LD)	(CD)
14. Si algún día consigo ser yo será gracias a alguien	(CA)	(LA)	(LD)	(CD)
15. La vida es cuestión de oportunidad y suerte	(CA)	(LA)	(LD)	(CD)